問題のある子ども

なにが、神経症を引き起こすのか

THE PATTERN OF LIFE

アルフレッド・アドラー
Alfred Adler

坂東智子 訳

興陽館

問題のある子ども
なにが、神経症を引き起こすのか

アルフレッド・アドラー

坂東智子 訳

The Pattern of Life
Alfred Adler

大人の神経症は、子どものころの「問題」として始まります。「問題」のある子どもはだれもが、将来、神経症になる可能性があります。

ですが、問題のある子どもは、問題のある環境で育っただけかもしれません。

そういう子どもたちは、言ってみれば、劣悪な環境に対して正常に反応したのです。

問題のある子ども　目次

問題のある子ども

なにが、神経症を引き起こすのか

はじめに——編集者ウォルター・ベラン・ウルフ

子どもの神経症のあらましと症状の理由がわかる本

〔1900〜1935年。オーストリア出身の医学士、精神分析医（カウンセラー）、作家。ウィーンで生まれ、アメリカで教育を受け、大学院進学のためにウィーンに戻る。ウィーンで、アルフレッド・アドラーの助手になり、その後ニューヨークに戻って、アドラー心理学を使ったカウンセリングを行う。将来を大いに期待されていたが若くして亡くなった。『どうすれば幸福になれるか』（一光社、1994年）などの著書がある。〕

I

人間の本質を理解するには、人間のさまざまな「行動パターン」を理解する必要があります。アルフレッド・アドラー〔1870〜1937年。オーストリア出身の医師、精神分析医、教育者、個人心理学（アドラー心理学）の創始者。1935年にアメリカに移住〕は、そうした行動パターンを理解するための秘訣を紹介し、現代心理学に比類のない貢献をしました。わたしは「個人心理学（アドラー心理学）」の手法を学んでいる身ですが、本書——英語で発表された事例集――を編集する前は、彼の手法を知るには、彼や教え子たちがドイツ語で発表した事例を研究するしかありませんでした。ですが、事例の多くはヨーロッパ特有の環境で起きたものなので、アメリカの読者にはわかりにくいように思えます。

とはいえ、「個人心理学」の原則と実践は、世界のどこでも有効です。それについては、アメリカ国内の事例のみを扱った本書を読んでいただければ、わかってもらえるはずです。本書では、十分な数の事例を通じて、人間の行動には根本的な一貫性（不変性）があることを示しています。アドラーはウィーン在住の心理学者、教育者で、1929年にアメリカに滞在したときに、ニューヨーク市のニュー・スクール・フォー・ソーシャル・リサーチ（現ニュースクール大学）で、一連の講義を行いました。講義では、アドラーに相談が寄せられた「問題を抱えている人（子ども）の事例」を取り上げ、その事例について分析し、解決策を示しました。講義で取り上げる事例を事前に選別するとか、制限するといったことはしていません。本書は、その講義を再現したものです。講義で取り上げられた事例は、アメリカの大都市の小学校や児童相談所でよく見られるものです。事例のなかには、ニューヨークの精神分析医（カウンセラー）によって相談が寄せられたものもありますが、多くは、ニューヨークの小学校の教師によって持ち込まれた、彼らが自分では手に負えない「問題のある子

ども たち」の事例です。

そうしたカウンセラーや教師たちは、自分のクライエントや問題のある子どもを、アドラーがウィーンに設立した児童相談所のために彼自身が作成した「問題のある子どもの調査マニュアル」に従って、徹底的に調べ上げました。本書では、簡素化のために小見出しはつけていませんが、本書の構成は、個人心理学を研究するための事例が欲しいと思っている方なら、どなたでもすぐに理解できるものになっています。アドラーの講義は次のような段取りで行われました。まず、講義に向けて、クライエントや問題のある子どもを調査したカウンセラーや教師たちが、一定のフォーマットに従って、クライエントや子どもの症状(問題)、プロフィール、経歴(生育歴)などを記した資料を用意しました。アドラーは、クライエントや子どもたちに会ったこともなければ、事前にカウンセラーや教師から話を聞くこともしていません。講義の場で、症状(問題)などを記した資料を一文ずつ読みながら、彼がクライエントや子どもについて推測したことを述べました。ときには、資料の記述にミスリードされたこともありましたが、ほとんどの場合、子どものパーソナリティーを生き生きと描き出しました。たいていは、子どもの精神状態を正確に見抜いて、カウンセラーや教師たちの調査結果を予測しましたし、つねに子どもや子どもを取り巻く人たちを優しく思いやりながら、子どものそれまでの人生を明らかにしました。

アドラーが精神医学を駆使した見事な推理力を発揮して、症状（問題）を手際よく分析したあとは、子どもが置かれた状況について簡単に説明し、子どもへの心理療法やアドバイスのねらいをざっと説明します。その後、子どもの親御さんに講義の場（教室）に入ってもらい、受講者たちの面前で、アドラーが質問し、アドバイスを提供します。さらに、子ども自身にも入ってもらい、その子どもが置かれた状況を、アドラーが本人にわかりやすい言葉で説明します。子どもへの対応は、その後は、資料を作成した教師やカウンセラーに任され、彼らが、アドラーが講義のなかで説明した解決策を実行することになります。ときには、のちの講義の席で、以前に取り上げた子どものその後の様子が報告され、改善が見られたと伝えられたこともありました。

とはいえ、すべての子どもに改善が見られたわけではありません。教師やカウンセラーが子どもの考え方を改めようと努力したのに、親御さんの神経症が治らず、理解や協力が得られなかったせいで、子どもの状態に改善が見られなかったケースもありました。あるいは、家計が苦しかったり、子どもが別の疾患にかかったり、子どもが神経症を発症した状況を変えられない事情があったりしたために、改善が進まないケースもありました。一時的に改善したものの、新しい環境に入って新たな問題に見舞われたために、親御さんが子どもの言動の意味をもっとよく見抜けるようになるまで、あるいは子どもが神経症のトリックを使い果たすまで、心理療法を続けることが必要になったケースもありました。また、集中的なカウンセリングと指導が功を奏して、著しい改善が見られたのに、古いタイプの教師が担任になるという、どうすることもできない問題のせいで、逆戻りしたケースもありました。その教師は、子どもを非難し、やる気を失わせたことで、何カ月にもわたる辛抱強い取り組みの成果を、ほんの数日で台無しにしたのです。とはいえ、講義で取り上げた子どもの多くに明確な改善が見られ、それまでの行動パターンを完全に変えた子どもも少なくありません。

読者のみなさんには、この本が心理療法についての総合的な解説書ではなく、子どもの神経症のあらましと症状（問題）の解釈のしかたを示した本であることを、お伝えしておいたほうがいいでしょう。この本の一番の価値は、子どもや大人たちの症状（問題）の改善に取り組んでいるすべての人々に、人間の行動のさまざまなパターンを紹介していることです。

症状（問題）を改善するテクニックは、こうした本を通じて教えることはできません。エッチングの銅版画作りから印刷までの物理的、化学的な作業を示した本で、エッチングのテクニックを教えることができないのと同じです。この本を通じて、読者のみなさんに、人間を

「レッテルを貼られた静的な機械のようなもの」とみなすのではなく、「動き、生き、目標を達成しようとする存在であり、複雑な世界で、存在意義と安心感を求めて努力している存在」とみなすよう働きかけることができたら、この本は目的を果たしたことになるでしょう。

Ⅱ

「個人心理学」の原則と実践については、現代心理学へのアドラーの貢献を科学的に解説している著作物に、余すところなく紹介されています。ここで「個人心理学」の原則をお伝えするのは、すでに「個人心理学」に精通している読者のみなさんを退屈させる恐れがありますが、アドラーの著書を読むのはこの本が初めてという読者が、事例がよく理解できないとか、事例と「個人心理学」の原則との関係がつかめないといったことのないよう、「個人心理学」の原則をざっとお伝えしておこうと思います。

「人のパーソナリティーには一貫性（不変性）がある」という考え方が、個人心理学の土台になっています。ただし、この考え方は新しいものではありませんし、個人心理学独自の原則でもありません。

キリストが誕生するはるか前に、古代ギリシャの劇作家たちも、人間には「一貫性（不変性）」が欠かせないと考えていました。また、童謡「ハンプティ・ダンプティ」の無名の作者も、歌詞に「王様の馬と家来の全部がかかっても、（壁から落ちて）壊れた卵を元に戻せなかった」と書いて、生きものの「一貫性（不変性）」を破壊すべきではないことを伝えています〔「ハンプティ・ダンプティ」は、この童謡に登場する、卵の姿をしたキャラクターの名前でもある。童謡は次の通り。――ハンプティ・ダンプティが塀に座った／ハンプティ・ダンプティが落っこちた／王様の馬と家来の全部がかかっても／ハンプティを元に戻せなかった〕。アドラーは、子どもの問題行動を記した資料を読んで、子どものその後の行動を予測しましたが、もし、人のパーソナリティーに一貫性がなかったとしたら、どんな心理学者も人の行動を予測することはできないでしょう。哲学的に考えても、一つの身体に二つ以上の精神が宿っているとみなすことには無理があります。同様に、人の行動が、何らかの動機や衝動が働いた結果でしかないと考えることにも、無理があります。というのも、動機や衝動の相対的な効力は、だれにも予測できないからです。もし一人一人の人間が、量ることのできないエネルギー（力）同士のやみくもな相互作用の偶発的な産物にすぎないとしたら、体系的な心理学は成り立たないでしょう。もし、元素の原子価が毎日のように変わったら、化学という学問が成り立たないのと同じです。偉大な詩人や、抜け目のない老婦人、小説家、成功を収めた将軍、実業家たちも、人には「一貫性（不変性）」があるからこそ、人を理解できるのだと気づいていると考えていいでしょう。

アドラー心理学の二つ目の大原則は、「個々の生物は、明確なライフパターンにもとづいて、明確な目標（目的）に向かって動く、動的な統一体（dynamic whole）である」という考え方です。レミ・ド・グールモン〔1858〜1915年。フランスの詩人、作家、批評家〕が『愛の博物誌——美しくも残酷な生き物の性本能』〔小島俊明訳、出帆社、1976年〕に記したように、「生命の目標（目的）は、生命を維持すること」です。「生物」と「生命のない物質」との違いは、その目標があるかないかなのです。「砂山」には目標がありません。あなたが砂山から、シャベルで砂を少々取り除いても、砂山の本質的な性質は変わりません。砂山のままです。ですが「生物」の場合は、単細胞のアメーバであれ、ハチドリやキリンであれ、生きている「目標（目的）」があり、体のつくりや生き方が、その目標を達成するのに適したものになっています。あなたが「生物」から、本質的な部分を取り除いたら、その生物は必ず、生気のない細胞のただの集まりに変わるでしょう。

どの生物も、生命と目標を維持するために、明確な「ライフパターン」と、環境と闘うための明確で特徴的な「テクニック」を備えています。「パターン」の複雑度は、生物の適応能力や進化する能力によって異なり、そうした能力が高いほど、「パターン」は複雑になります。ですから、「人間」の行動のパターンは、あまり動かない固定的な生物である「カシの木」のパターンよりもはるかに複雑です。わたしたちが「精神（プシケ）」と呼んでいるものは、純粋に生物学的な意味では、「適応」や、「統覚（独自のものの見方）」「さまざまな資質の動員」といった機能を持ち、攻撃防御戦略を使って生命を維持しているもののことです。

では、人間が生きている「目標」は何でしょう？　といっても、ここで、人間の存在についての哲学的考察に入るつもりはありません。客観的かつ冷静に見れば、個々の人間は、ある程度「安全」で、ある程度「完全（すべてが揃っている／欠けているものがない）」な状態を目指していることに気づくのではないでしょうか。人間は、ある程度「安全」で「完全」であるなら、生き続けるのに耐えることができます。そして人類の「目標」は「人類の存続」でしょう。

生物のどの種《しゅ》（生物分類の基本単位）も、身を守るための特徴的な「テクニック」を備えています。たとえば、カメは甲羅を備え、カメレオンは周囲の色への適応力、野ウサギは動きの素早さ、トラはどう猛さと強さを備えています。同様に、人類も身を守るための特徴的なテクニックを備えています。わたしたちは、そうしたテクニックを「共同（集団）生活」「社会（人づき合い）」「文明化」などと呼んでいます。こうしたものが最善の手法であることは、人類が何千年にもわたって存続していることで証明されています。考古学の調査結果を見る限り、人間はずっと集団で暮らしてきたようです。最近、最も原始的な人間「北京原人」の骨が発見され、わたしたちの祖先が太古の昔からコミュニティー（共同体）のなかで暮らしていたことが判明しました〔1920年代に北京原人の骨が発見された。当時は、北京原人は現在の人類の祖先と考えられていたが、現在では、DNA解析によって否定されている〕。

首の短いキリンなど考えられないのと同じで、「人と交わらない人間」というのも考えられません。ですから、人間の行動についての学問である心理学は、どの学派のものも「社会心理学」だと言っていいでしょう。個人の運命は、その人が属する集団の運命と切っても切れない関係にあります。このことも、「個人心理学」の基本原則になっています。あなたがだれかのことを理解したいなら、その人が属する集団内での、その人の相対的な状況を理解しなければなりません。「行動主義心理学」の研究者たちが取り組んでいるような、その人を研究所に隔離して、ひたすら観察するというやり方では、その人を理解することはできません。その人は隔離された瞬間に、人間としてではなく、檻に入れられた動物として行動するからです。厳密に言えば、その人はもはや人間ではないのです。ですから、だれかを理解したいなら、その人の行動を、まわりの人たちと関連づけて解釈しなければなりません（「行動主義心理学」はアメリカの心理学者ジョン・ワトソン（1878〜1958年）が創始した心理学。「行動主義」とは、人の精神状態に頼らなくても、科学的に「行動」を研究できるという主張。行動は、遺伝と環境の組み合わせによって決定されると想定している）。雪の斜面に生えた松と、日当たりのよい谷に生えた松では、違った育ち方をします。同様に、人間も、まわりの環境（人々）が変われば、行動のしかたも変わってくるのです。

人間が集団で生活するようになったのは、人間は弱い存在だからです。おそらくわたしたちの祖先にとっては、集団で生活することが、身を守るための最も効果的で最も手っ取り早い方法だったのでしょう。人間のライフパターンは、もとはと言えば、個々の人間が弱いために、「安全」という目標を目指してまわりの人々と団結したことから始まったパターンだったのです。人間の「強み」はどれも、そのパターンに合ったもので、人間の「弱点」はどれも、孤立の脅威から生まれています。人間は、身体の成長の過程で「生物の進化の過程」を反復し、一つの細胞（単細胞）から、互いに影響を及ぼし合う細胞組織や器官（臓器）から成る、まとまりのある身体を作り上げます。同様に、精神の成長の過程でも、精神的に「まとまる」過程をたどることになります。

どの人間も、生まれたばかりのときには、無力で体力もなく、他人に頼りきりのパラサイト（寄生者）です。人間の赤ちゃんは、親や、最初のコミュニティー（共同体）である家族の助けがなかったら、ほんの数時間で、悲惨な死に方をするでしょう。子どもは、親に養われながら、体力をつけ、能力を伸ばしていくのです。成長期の子どもは、実質的には、その子どもを養っているまわりの人々（コミュニティー）のパラサイトと言っていいでしょう。

成長するにつれ、正常な人は、その人が属する社会集団に貢献する一員として出発できるだけの能力を身につけます。正常な大人は、人と人とをつなげる「手段（テクニック）」がたくさんあることを確認することで、ある程度の「安らぎ」と「安全」を、そして、人生を生きる価値のあるものにする「自分に欠けているものはなく、自分には価値があるという意識」を手に入れます。そして人は、仲間たちとつながる「手段」がたくさんあればあるほど、安全性が高まります。とくに重要な「手段」となるのは、「会話」「共通感覚《コモンセンス》」「理性」「論理」「アイデア」「共感」「愛」「科学」「芸術」「宗教」「政治」「責任能力」「自立」「誠実さ」「人の役に立てること」「遊び」「自然を愛する気持ち」といったものです。これらの「共同生活のテクニック」のどれかが欠けていたら、人としての成功も、安全も、部分的にしか手に入らないでしょう〔「コモンセンス」という言葉は、「常識」の意味で使われることが多いが、本書では、「共通感覚」

の意味で使われている。「私的感覚」の対になる言葉〕。

とはいえ、残念ながら、だれもがこうした「正常な人」のパターンで成長するとは限りません。それは、人間の子どもには、重大な生物学的特性があるからです。ほかの動物の子どもにも、無力で親に頼りきりの時期がありますが、ほかの動物の子どもは、知的能力が発達すれば、それに並行して身体能力も発達します。子ネコがネズミを認識することができたら、ネズミに忍び寄り、捕まえて、食べることができます。ですが、人間の子どもは、知覚能力と運動能力が釣り合っていないのです。

人間の子どもは、食べものや暖かさ、保護を母親に頼っていることを認識できます。子どもは、やらなければならないのに自分にはできないたくさんのことを、母親ならできることがわかっているのです。子どもには、父親は何でもできる万能の巨人のように見えます。子どものまわりの世界は、逃れることができない法則に従って動いています。子どもにとっては、自分のまわりで見知らぬ大人たちが、暗闇と光、食べものと空腹、会話、移動といったものを自在に操り、すべてを見通しながら、着実に動いているように見えます。そして子どもは、自分の相対的な「弱さ」にも気づいています。動物の子どものなかで、人間の子どもだけが、自分の能力不足を感じているのです。それは、人間の子どもは身体よりも知能のほうが早く発達するからです。そうした状況のなかで、個人心理学の土台となっている「劣等感」が生まれます。

ただし「劣等感」は、決してマイナスになるものではありません。それどころか、人類の発展を促す重要な要因になってきました。望遠鏡や顕微鏡は、人間の目にワシの目ぐらいの能力があったら、発明されていなかったでしょう。蓄音機（エジソンが発明した、音声を録音し、再生する装置）やラジオ（無線通信）、電話は、人間同士でもっとうまくコミュニケーションを取りたいという欲求がなかったら、生まれていなかったでしょう。パフューマー（調香師）の優れた嗅覚や、シェフ（料理人）の優れた味覚は、より下等な（より進化していない）動物が備えていた知覚能力を人間が鈍らせたことへの補償（埋め合わせ）ではないでしょうか（心理学でいう「補償」は、欠点や不満などを埋め合わせるために、別のよい点を伸ばそうとする、意識的または無意識の防衛機制のこと）。現代社会を構成するものは、新聞であれ超高層ビルであれ、飛行機であれオーケストラであれ、蒸気ショベル（蒸気エンジンの掘削機械。ディーゼルエンジンのショベルが登場したため、1930年代以降は使用されていない）であれ絹のストッキングであれ、人間の弱さを埋め合わせたいという根源的欲求の産物なのです。

人間のだれもが「劣等感」を受け継いでいるのは、動物の世界のなかでの、人間の身体的、生物学的な位置づけによるものですから、必ずしも個人の責任ではありません。人間の歴史を見れば、「劣等感（劣っていること）」を克服したという記録がいくらでもあります。おそらく、「天才」というのは、個人の欠点を社会に貢献する形で埋め合わせたいという本能を発揮しているにすぎません。見たところ、どの天才の仕事も社会に役立っています。わたしたちは、「天才」というと、てこ（ハンドル）とか車輪、斧《おの》、笛、布の織り方、文字といったものを発明した、称賛を受けなかった人たちのことは忘れて、そうしたすでに存在するものを新しい形で組み合わせただけの、現代の天才たちのことばかり思い出します。ですが、ほんとうの「天才」の歴史は、原始時代の人々の、生き残るための闘いの歴史ではないでしょうか。

人間はだれもが、個人的な欠点を、社会（まわりの人々）に役立つ形で埋め合わせる力を備えています。ところが、今の社会をざっと見渡してみると、そうした「補償（埋め合わせ）」をする勇気があるのはごく一部の人だけのように思えます。現在「神経症」を抱えている人の数は、「天才」の数をはるかに上回っています。では、社会に役立つ「補償（埋め合わせ）」ができないのは、いったいなぜでしょう？

「劣等感」は、社会（まわりの人々）に適応したり、有意義な仕事をしたりすることで、うまく埋め合わせることもできます。ですが、人類にとって残念なことに、さまざまな要因によって「劣等感」が「劣等コンプレックス」に強化され、そうした補償（埋め合わせ）が妨げられています。子どもの「劣等感」が「劣等コンプレックス」として表面化するほど強くなる要因の一つは、「身体的な欠陥があること」です。子どもが、通常感じる「弱さ」に加えて、身体に欠陥があるという具体的な「弱み」を抱えた場合は、価値のある人間になるための闘いが、一段と困難になるのです。「身体的な欠陥」のなかには、特定の器官や器官の機能が実際に人より劣っているケースもあります。一方、たいした欠陥ではなく、医学上は重要ではないものの、人づき合いのうえで気恥ずかしいケース――たとえば、太りすぎや痩せすぎ、色素欠乏症（白皮症）、ほくろ、赤毛、がに股、ひげが濃いなど――もあります。「容姿が醜い」というのも、「身体的な欠陥」の特殊なケースと考えていいでしょう。また、奇妙に思われるかもしれませんが、「格別に美しい」というのも、「劣等コンプレックス」につながることがあります。たとえば、美しい子どもが、まわりの人たちが自分に求めているのは美しさだけだと思い込んで、「劣等コンプレックス」を抱えることがあるのです。

子どもの劣等感を強める二つ目の要因は、その子どもの社会的、宗教的、経済的な状況と関係があります。社会的マイノリティー（社会的少数派）、あるいは宗教的マイノリティー、経済的弱者（貧困層）の子どもたちは、マイノリティーならではの問題も抱えることになるので、「劣等感」をさらに強め、非行に走ったり、犯罪に手を出すことがあります。一方、大金持ちであることも悲惨な結果を招くことがあります。それは、子どもが豊かな環境で育つと、労働への適切な刺激を受けないことが多いからです。

子どもの劣等感を強める三つ目の要因は「家族のなかでの立場（生まれ順）」によるものです。「一人っ子の子ども」が劣等コンプレックスを抱いている場合は、両親に異常なほど大事にされたことや、社会（まわりの人々）に適応するための訓練（しつけ）が不十分だったことが原因だと考えていいでしょう。一人っ子は、生涯にわたって、失ってしまった子ども時代の楽園を探し続けることがよくあります。

「一人目の子ども」は、生まれてしばらくは一人っ子の立場にありますが、二人目の子どもが生まれたら、その立場を失います。異常なほど大事にされる立場から転落したことで弱気になり、直面する問題に客観的に取り組む勇気が十分に備わらないこともあります。「二人目の子ども」は、上の子と同じ家で育ち、同じミルクを飲み、同じ部屋で寝ているにもかかわらず、上の子とはまったく違う環境に身を置くことになります。二人目の子どもはつねに自分の前に、上の子というペースメーカーがいます。上の子を追い越そうと躍起になると、客観性を欠いた反抗的な子どもになることがあります。「末っ子の子ども」は、自分よりも成功している上の子たちと競うのが怖くて、小さくなっていることがあります。きょうだいは女の子ばかりという、きょうだいで「ただ一人の男の子」や、きょうだいが男の子ばかりの「ただ一人の女の子」は、「ただ一人」という立場のせいで、弱気になっていることがあります。いずれの立場であれ、リスクのない立場は一つもありません。「家族のなかでの立場（生まれ順）」を考慮に入れるというのが「個人心理学」の重要な教えの一つであり、「個人心理学」が、生まれ順の重要性と、子どもを神経症にする「生まれ順」は一つもないことを指摘した、最初の人文科学になっています。

「性別」が、子どもの負担を増やす要因になることがあります。わたしたちは「男性が描く理想」を中心に据えた社会、男性の価値観や男性の活動が強調されている社会で暮らしています。ですから、女性が男性より劣っていないことを示す科学的な証拠が十分に示されているにもかかわらず、多くの人がいまだに「女性は、より劣った性」だと考えています。そうした考えは、偏見による完全な間違いであることが顕微鏡や機械を使った検査で明らかになりましたが、今でも幅広く根づいています。そんなわけで、女の子は、そうした考えが間違っていることを証明するという、余分な負担を背負うことがあるのです。きょうだいで「ただ一人の女の子」の場合は、自分の選択に従って通常の成長を遂げることができなくなることがよくあります。

とはいえ、男性に有利な偏見は、女の子だけにダメージを与えるわけではありません。男の子のなかにも、身体のささいな欠点、あるいはほかの弱気にさせる要因を抱えていることで恐怖にとらわれ、自分は「完全に男になること」ができないのではないかと思っている子どもがたくさんいます。そういう子どもは、残りの人生を、男性としての能力を示すことや男性としての責任を果たすことを回避しながら過ごすことになります。近年、夫婦の不和や、離婚、同性愛、青少年の性的非行が増加していることは、わたしたちが性差を重視しすぎていることや、今日の男女関係の特徴となっている「相手からの敬意が欲しい」という思いが一因となっているのではないでしょうか。

前にも触れましたが、人間の正常な成長過程は、二つの段階に分けられます。第一段階は、「個性化」の初期の段階で、この段階では、まわりの人たちに負担をかけながら成長します（「個性化」は、人が本来持っている可能性を実現し、人格を完成していくこと。自己実現）。第二段階は、「社会（まわりの人々）への適応」の段階で、社会（まわりの人々）に貢献する形で、個性化を続けることを特徴とします。子どもは、まわりの大人たちとある程度いい関係を築き、ほかの子どもたちと友だちづき合いを始めていない限り、自然に第二段階へと成長することはありません。友だちづき合いを始めるときには、たいていは、母親があいだに入っています。

母親は、社会（まわりの人々）のなかで、子どもが最初に接触する人です。母親から愛情を受けることで、子どもは、最初の社会（まわりの人々）からの承認を得ることになります。子どもは、自分がほかの人間に愛されている（喜ばれている）と気づいたら、ただちに「社会（まわりの人々）への適応」のプロセスを開始します。子どもは母親の腕のなかで――ただし、母親は生みの親である必要はありません――、自分のまわりに、初めて完全に信頼できる人を知覚し、そのときから「人への適応」という正常な目標に向かって成長し続けるのです。

母親には、二種類の役割があることは明らかでしょう。一つは、子どもが成長の第一段階にあるときに、子どもにまわりの人たちといい関係を築かせること、もう一つは、成長の第二段階にあるときに、子どもが自分で成長する力や、ほかの子どもたちに適応する力を身につけられるよう励ますことです。ですが、こうした、慎重を要する役割が完ぺきに果たされることはほとんどなく、母親がいろいろな間違いを犯すなかで、人間の限りなく多種多様なパターンが生まれます。間違いのなかでも典型的なものがいくつかあり、そのどれもが、一見してそれとわかる「問題のある大人」を生み出します。

今日では、子どもが乱暴な扱いをされることは、昔ほどはありませんが、今は利己主義の時代ですから、自分の子どもをほったらかしにしたり、ほんとうは嫌っていたりする母親がたくさんいます。非嫡出子〔法律上の婚姻関係がない男女のあいだに生まれた子ども〕や醜い子ども、望まれなかった子どもは、たいていの場合、反社会的な性格になります。原因は、保護者がそうした子どもに関心がなかったり、子どもにまわりの人たちとのいい関係を築かせなかったせいです。「ほったらかしにされた子ども」や「嫌われた子ども」は、貧困層に最も多く見られ、貧困は浅ましさや病気につながりますから、多くの犯罪者が貧困層から生まれているのも不思議ではありません。ほったらかしにされた子どもや嫌われた子どもは、どん底の生活のなかで「勇気」や「自立」を学びますが、彼らの勇気は、社会に反逆するための「にせの勇気」と考えていいでしょう。

そうした子どもたちが、母親の愛の温かさを知らず、「共同体感覚」〔自分のことだけではなく、ほかの人たちにも関心があること。社会性〕や「自分は社会に必要だという意識」を養う機会もなく育つのを、社会（まわりの人々）が許している限り、彼らが犯罪を働いても、その責任をすべて彼らに負わせることはできないでしょう。彼らには、自分が「敵国で暮らしている嫌われたスパイ」「理解されないよそ者」のように思えるのです。

彼らには、一部の人にはチャンスを与え、ほかの人たちには与えない今日の社会構造が、強欲なドラゴンのように見えます。だから彼らは武器を取り、そうした社会構造と闘うのです。彼らよりもはるかによくいるタイプは「甘やかされ、過保護にされた子ども」です。そういう子どもは幼少期のあいだじゅう、母親から、温かいどころか熱いほどの愛情をたっぷり受けて育ちますが、その愛情が、子どもの精神に殺人的なダメージをもたらします。多くの母親が「いい関係を築く」という一つ目の役割を、十分に果たさないどころか、やりすぎているのです。

彼女たちは子どもに「自分にはお母さんがどうしても必要だ」と思わせているので、子どもは、自分で考え、自力で行動する能力をいつまでも養えません。子どもがそうした温室育ちをするのも、その子どもがいつまでもおとぎ話の王子様やお姫様みたいに暮らせるなら、悪くはないかもしれません。ですが残念ながら、そんな暮らしはできません。わたしたちの社会は、個人に、最大限の貢献、最大限の適応を求めています。社会がほうびを出すことはほとんどありませんが、個人は、社会からチャンスを与えてもらうお返しに、社会に役立つ仕事をしなければならず、個人がそれを怠ったときには、すぐに罰が与えられます。

「甘やかされた子ども」の世の人々に対する姿勢（考え方）は、いくつかの点で「嫌われた子ども」のものとほとんど同じです。甘やかされた子どももまた「敵国の人（敵対するよそ者）」であり、最初はトランペットのファンファーレとすばらしいスピーチ、花束の贈りもの、市の鍵（特別な来賓や顕著な活躍をした住民などに市が贈る鍵の形の飾り。鍵は「城門のフリーパス」「特別な信頼」の象徴とされる）などで歓迎されますが、大きくなるにつれて期待は裏切られ、かつての心からの歓迎は、自分の目の前の仕事（課題）にはまったく関係ないのだと気づくのです。親が子どもを甘やかしたり、心配しすぎたり、過保護にしたりするのは間違っています。そういうことをしていたのでは、子どもは、のちの人生で果たさなければならない共同体（地域社会）での役割への準備が十分にできません。当然ながら「嫌われた子ども」も「甘やかされた子ども」も劣等感を強め、将来の「社会への適応」は困難になります。おそらく現代社会では、子どもが「自分は無力だ」という気持ちを過度に強めることが、間違ったライフパターンを築く最大の要因ではないでしょうか。

ライフパターンは、たいていの場合子どもが5、6歳になるころには定まります。つまり、子どもは一連の明確な経験を通じて、劣等感を抱いた状況について、独自の明確な感情を抱くようになり、そのうち、その「明確な経験」がその子どもの人生の「目標」になるということです。その「目標」は、たいていの場合、具体的なフレーズの形で表現されます。そうした子ども時代に作られた行動パターン――初めて劣等感を抱いたときから、自分が安全で、完全で、優位に立てるような明確な目標が定まるまでの行動パターン――は、のちに教育を通じて洞察力（本質を見抜く力）を得たり、突発的に状況が変わったりしない限り、一貫性のある不変の傾向として継続することになります。

人が経験から学ぶことはめったにありません。経験から学べる、つまり自分のライフパターンを変えられるのは、自分を客観的に眺める能力を身につけている場合に限られます。この能力は、自然に身につくことはめったにありません。たいていは何らかの外的影響、あるいは教育がきっかけとなって身につきます。大多数の人は、自分のパターンに合った経験を選んでいます。無意識のうちにそうしているので、経験が適切なものになるのです。わたしたちがどんな経験をするかは、わたしたちが子どものころに劣等感を覚えたのはどんな状況だったのか、その劣等感を埋め合わせるためにどんな目標を目指したのかで決まると考えていいでしょう。自分のライフパターンを完全に理解できるようになった人や、必要であれば自分の目標を変えることができる人、自分の振る舞いの欠点と長所に気づいている人だけが、自分の運命を支配できると言えるでしょう。個人心理学を学んだら、自分のほんとうの「目標」や「ライフパターン」に気づけるようになりますし、その「目標」や「ライフパターン」

を改善して、少なくとも、ひどく神経質に振る舞うという大きな間違いをもっと小さな間違いに置き換えられるようになります。そこが、個人心理学のすばらしいところです。

人は、「人より優れる（自分が上位に立つ）」ための具体的な目標が決まったら、それからは、その目標の達成を目指して、障害があっても可能な限り、まっすぐに進み続けます。わたしたちは一人一人が、その目標を達成するために、適切な「ツール（道具）」一式と、適切に評価するための「基準」を選びます。わたしたちはそのツールを「性格」と呼び、ツール（道具）一式を「パーソナリティー」と呼んでいます。パーソナリティーというのは、一人一人が自分の目標を達成するために選んだ道具や装置をすべて合わせたものと考えていいでしょう。そう考えたら、心理学のほかの学派でよく使われている、「パーソナリティーの分裂」という理論などは、ただの作り話ということになるでしょう。この理論は、特定の精神現象を描写しているだけで、その原因を説明しているわけではありません。前にお伝えした通り、人のパーソナリティーには一貫性（不変性）があります。ですから、「パーソナリティーの分裂」のように見えても、実際には、別々の場面に対応するために別々のツールセットを選んでいるだけなのです。もし、株のブローカーがある日の市場では強気に買い、次の日には弱気に売るのを見て、「パーソナリティーの分裂」と捉えたりしたら、それこそ滑稽というものです。そのブローカーの「目標」と「パターン」は、どちらの日でも変わりはなく、「お金をもうけること」。そのための道具が変わっただけなのです！

どんな道具を選ぶかは、その人の体格や体質、環境、どんな時代に生き、どんな抵抗にあうかで、変わってきます。ですから世のなかには、「野心家」のように、積極的なライフパターンの人もいれば、「聖人」のように、従順なライフパターンの人もいます。ムッソリーニ（１８８３〜１９４５年。イタリアの政治家で、ファシズムを構築した）とマハトマ・ガンディー（１８６９〜１９４８年。インドの政治指導者）は、目指した「目標」は同じだったかもしれませんが、時代と環境が違ったため、別々の手段を選ぶことになりました。子どもの場合は、親がどんなことにとくに関心を持っているかが、ライフパターンに影響することがよくあります。牧師の息子が（道徳上の）罪人になったり、弁護士や警察官の息子が犯罪者になったりすることがよくあるのは、偶然ではありません。子どもが、威圧的な親の見せかけの権威に抑えつけられていると感じて、反抗心を抱いていたら、親の心理的な弱みを見つけ出し、親のライフパターンのアキレス腱（弱点）を突くものです。兄弟のあいだでは、兄が何かの分野に優れた才能を持っていたら、弟は同じ分野で競争するのを恐れるものです。また、一人目の子どもが父親をお手本として見習っている場合は、二人目の子どもは、「大事にされる立場」をめぐって上の子と争っているので、お手本としては、母親のほうを選びたくなるものです。そして、一人目の子どものお手本を軽視することで、自分に残された唯一の道で「自分は安全で、完全だ（欠けているものはない）」という意識を作り上げます。

こうして一人一人が「統覚の枠組み（ものごとを判断する枠組み）」を形成し、それを基準にして、自分のすべての経験を評価します。プロクルステスと彼の悪名高いベッドの話は、この「統覚の枠組み」を最もよく表しているたとえ話ではないでしょうか〔プロクルステスはギリシャ神話に登場する盗賊。通りがかった人々に「休ませてやろう」と声をかけ、自分のベッドに寝かせた。もし相手の体がベッドからはみ出したら、その部分を切断し、逆に、ベッドの長さに足りなかったら、長さに合うまで体を引き伸ばした。彼に捕まって、生きて帰れた人は一人もいなかったという。ベッドにぴったりのサイズの人間がいなかったのは、ベッドの長さが調節可能だったからだとされている〕。プロクルステスは、不運な訪問者が、自分のベッドに背丈が小さすぎた場合は、訪問者の体をベッドの長さに合うまで引き伸ばし、訪問者の背丈が大きすぎた場合は、足を切り落としました。同様に、一人一人が「統覚の枠組み」という「プロクルステスのベッド」を通して、自分のすべての経験を眺めます。このことが、たくさんの人が同じ経験をしても、その影響は人によって異なる理由の説明にもなるでしょう。別のたとえを挙げるとしたら、「大戦争」でしょう〔「大戦争」は、第一次世界大戦のこと。この文章が書かれたときには、まだ第二次世界大戦は起きていない〕。あの戦争を通じて、けだものになった人もいれば、戦争神経症〔戦闘体験がストレスとなって発症する神経症〕になった人、世界平和を目指す熱心な活動家になった人もいますが、ライフパターンのタイプによっては、自分の（戦争）経験からまったく影響を受けなかった人もいます。

個人心理学は、行動の関連性を調べ、比較研究を行う「科学」であって、行動の規範を示す「法典」ではありません。無条件に何かをしなさいと要求することはありませんし、あらゆる病気への万能薬や、人を困難な状態から救い出すための簡単な処方箋を示しているわけでもありません。ですが、ここで、今の時代に合った「行動基準」をざっと挙げておいたほうがいいでしょう。それがあれば、神経症の人や、犯罪者、精神障害の人たちの行動と比較することができます。ここで、あえて「正常な人」のパターンを説明するとしたら、それは次のような人のパターンになるでしょう。「欠けているものがない完全な人間になることを人生の目標とし、社会的に価値のある、生産性の高い仕事をすることで、自分の弱点や子どものころの（嫌な）経験を埋め合わせている人」。そういう人は、正直、誠実、責任を負うといった性格を備えることになるでしょう。そして年を重ねるにつれ、人づき合いの輪が広がり、貢献の幅が広がり、落ち着きや勇気が増すことになるでしょう。また、そういう人は自主的に行動し、自分で判断し、自主的にサービスを提供するでしょうが、活動は時代や社会の要求に沿ったものになるでしょう。そういう人にも虚栄心や野心があり、価値のある人間になろうと必死に努力しますが、満たされなかった虚栄心や野心は、公共の福祉への貢献に注ぐことになるでしょう。職場の異性に対しては、仕事仲間として尊重し、仕事を公平に分担するばかりか、さまざまな特権も分け与えることになるでしょう。

あえて「正常な人」の行動基準を示しましたが、こうしてざっと挙げただけでも、ほとんどの人がいくつもの点で基準からそれていることがわかるのではないでしょうか。博愛精神や人道主義を人生の目標にする人は、ごく少数です。多くの人が、次のようなフレーズで人生の目標を設定します。「神のようになりたい」「みんなの注目の的になろう」「みんなに愛されたい」「幸せになるには、どんな女性（あるいは男性）も性的にとりこにする必要がある」「男として完ぺきになりたい」「できるだけ少ない労力で、できるだけ多くの幸福を手に入れたい」「邪悪な人たちの陰謀から、身を守らないといけない」「責任ある仕事は避けて、小さかったころの楽園ぐらしに戻ろう」「一生、赤ちゃんでいたい」「知恵を出して、わたしの環境をコントロールしたい」「ずっと病気でいよう。そうすれば、社会（まわりの人々）がわたしの面倒を見てくれる」「リスクはすべて避けなければならない」。

たくさんの人がこうした目標や似たような目標を抱くのは、子どものころの状況を間違って評価したことが原因です。子どもが最初に抱いた「劣等感」が強ければ強いほど、その埋め合わせとして「人より優れる（自分が上位に立つ）」ための目標を高く設定し、神業のような目標を設定するものです。病気の子どもは完全に健康になりたいと思い、貧しい子どもは金持ちになりたいと思うものです。近視の子どもは世界を見る価値のある（美しい）ものに変えたいと思い、不器用な子どもは完ぺきに器用になりたいと思います。嫌われた子どもは人間の能力を超えるほどの「愛情の上乗せ」を要求し、無能な子どもは全能（完全無欠な能力）を望みます。目標が設定されるのは幼児期であって、「人は成長するにつれて能力や安心感を手に入れる」と気づくはるか以前のことですから、目標が人間の願望や活動の範囲を超えるものになることがよくあるのです。

ときには、成長の過程で自分は目標を達成したという主観的な感覚を得る手段が見つかることがあります。その場合は、その手段が第二の目標に変わります。そうなると、最初の目標を見失い、その後も生涯にわたってお気に入りの手段の愚かな繰り返しと引き延ばしを続け、人間としての能力にダメージをもたらすことになります。一例を挙げましょう。甘やかされていた子どもが、母親の愛情を一身に受けるという立場を失って、「責任を問われることもなく、甘やかしてもらえる赤ちゃんになる」という目標を目指すようになったとしましょう。その子どもが大病を患います。するとその子どもは、かつてのように両親がそばにいて、両親の心配と注目を一身に受けることになります。子どもはその経験から、「病気になること」が、力を手に入れ、目標を達成する手段になることを学びます。子どもは、「病気になること」を第二の目標にし、初めてのタスクや、決断、問題、障害などに直面するたびに、同じ手段を使う、つまり、「病気になる」ようになります。

こうした形で、「手段」（たいていは価値のない手段）が「目標」に変わることの悲劇は、ほんとうの力を身につけるための「正常な発達」の機会を失うことです。そうした機会があったら、客観的な「安全」も得られたはずです。主観的な「安全」を得たところで、たいした効果はありません。というのも、健康を害するという非科学的な方法で主観的な安全を手に入れるのは間違っていると、本人もわかっているからです。そして、いっそうの努力をして病気を繰り返したいという内面の欲求に苦しみ、しまいには、思い込みによる自己憐憫の泥沼にはまり、世のなかとの接触やほんとうの価値観を失うばかりか、生きる喜びも失います。神経症の人の悲劇は、どんな神経症であれ、責任を負って生きるために支払う代償より、責任を避けるために支払う代償のほうが、最終的には大きくなることです。神経症の人は、自分の無意識の「手段」がバレてしまわないかという恐怖を、つねに抱えて生きています。生きることを恐れ、死ぬことを恐れています。生ける屍《しかばね》となり、恐れることを恐れているのです。

足を骨折した人なら、競走しないことを正当化する必要はありませんが、神経症の人は、仲間に関心がないこと、あるいは無責任ぶり、やり遂げられないこと、優柔不断、先延ばし、用心しすぎること、性的倒錯、虚栄心、野心、自己憐憫などについて、正当化しながら生きていかねばなりません〔「性的倒錯」は、性欲が質的に異常な状態。露出、のぞき見、フェティシズム、小児性愛、性的マゾヒズム、性的サディズムなどの形がある〕。すべての人のなかに、人間は社会に貢献し、協力する必要があることを認める気持ちがあります。それを「良心」と呼ぶ人もいれば、「大霊《だいれい》（神聖な英知）」と呼ぶ人もいます。呼び方は重要ではありませんが、神経症の人たちが自分の不具合を正当化する努力を継続していることが、そういうものが存在することの証明になるのではないでしょうか。どの神経症の人にも、内心の「やりたくない」の代わりに、人為的に（たいていは無意識のうちに）用意した「できない」という言葉を使うという置き換えが見られます。「やりたくない」と口にしたら、社会（まわりの人々）から批判されることになります。神経症の人は、「できない」という言葉を使うことで、自分を正当化できるばかりか、自分ができないことの責任を集団に転嫁し、「自分は正当で、自分には罪がない」という主観的な感覚を得られます。「神経症」というのは自分を欺く手段であり、神経症になることで、有意義な仕事をする代わりに、自分は苦しんでいると言い訳することができるのです。

大人の神経症は、子どものころの「問題」として始まります。「問題」のある子どもはだれもが、将来、神経症になる可能性があります。ですが、問題のある子どもは、問題のある環境で育っただけかもしれません。そういう子どもたちは、言ってみれば、劣悪な環境に対して正常に反応したのです。問題のある子どもは、人間性が最もはなはだしく無視されているように見える環境で、最も多く見られます。子どもの精神衛生の問題は、教育の問題でもあり、教育の問題には、アドラーが熱心に取り組んできました。彼は、個人心理学の手法を使って、子どもの「行動の逸脱」の防止に努めています。これは、アドラーによる現代社会への多大な貢献と言えるでしょう。ほかの精神分析医も、神経症が子どものころに始まることに気づいていましたが、アドラーは、子どものころの「行動の逸脱」を調べる方法ばかりか、それを未然に防ぐ方法も開発しました。そんなわけで、心理療法の一分野として始まった「個人心理学」は、心理療法の範囲を超えた分野に発展し、社会学と教育学の土台としての役割を果たすことになったのです。

では、子どもの神経症はどんなときに、どんなところで始まるのでしょうか？　わたしたち個人心理学の研究者は、神経症は間違ったライフパターンの不快な産物だと考えています。言い換えれば、子どもは、劣等感を抱いた状況（場面）を誤って解釈し、無意識のうちに、現実や、客観性、共同生活のルールに反するような埋め合わせのしかたをしたために、対処不可能な障害に直面し、新しいパターンを生み出したということです。その新しいパターンが「神経症」というわけです。子どもが神経症になることは、自分の問題を解決できないことを正当化しようとしている、あるいは、問題を避けて通るための精神的な迂回路を作ろうとしていることを意味します。なかには、幻覚を引き起こすという形で、問題の存在自体を否定するようなパターンを生み出す子どももいます。また、神経症になることが、問題や障害が存在しなかったかつての状況を取り戻そうとしていることを意味するケースもあるでしょう。あるいは、神経症になることで、子どもの不具合の原因となった人たちへの復讐を果たすというケースもあります。

さまざまな形の神経症があることを理解していただくために、子どもの神経症の事例をいくつか紹介しましょう。まずは、「一人っ子」の男の子のケースです。彼は胃腸が弱く、生まれてからずっと甘やかされ、過保護に育てられました。6歳になって幼稚園に入り、初めて「自分を社会（まわりの人々）に適応させる（まわりの子どもたちに慣れる）」というタスクに直面しました。言うまでもなく、彼はそれまでの人生で、社会適応の準備としては、考えられるなかで最悪の準備しかできていません。幼稚園が、彼の「まわりの人々を支配する」というパターンの最初の妨げとなったのです。幼稚園に入る前は、まわりの大人のことが気に入らなかったら、ハンガーストライキ（抗議するため、あるいは要求を認めさせるために、断食を行うこと）で対抗しました。そうすれば、たちまち両親をひざまずかせる（服従させる）ことができました。彼のハンガーストライキは、神経症の前兆と考えていいでしょう。なぜなら、この子どもは親への抗議を表明し、親を服従させるために自分の器官（胃腸）が「人より劣っていること」を悪用していたからです。こういう子どもが、20人ほどの子ども社会のごく普通の一員になるという、一見克服できないような課題に直面したら、同じような消化器官を使った手で対抗することは、想像に難くありません。彼は、今度は毎朝幼稚園の（入口の）階段で吐くという手を使いました。この行動について、「起源」「目的」「目的達成のための手段」という面から考えてみると、彼のほんとうのねらいが見えてきます。彼は、幼稚園に適応することを不可能にすることで、以前の「有利な状況」を取り戻したいと思っているのです。

次は「一人目の子ども」の男の子のケースです。彼に妹が出来ました。彼女は彼よりも圧倒的にかわいらしく、愛嬌をふりまくタイプであったので、彼に代わって両親の愛を一身に受けるようになります。彼には状況が理解できませんが、「自分は妹に座を奪われた」と感じ、以前は母親からもっと温かい愛情で支えてもらっていたので、「お母さんに裏切られた」と思い込みます。そして少しずつ、間違った思い込みを強め、次のフレーズのような間違った目標を設定することになります。「女の人には気をつけよう。女の人は裏切るから。女の人はみんなぼくの敵だと考えよう！」。この無意識の目標は、幼少期から思春期にかけては、女の子たち全員を冷酷にいじめるとか、女性的なもののすべてを軽蔑する、女性教師に協力するのを拒む、男らしさを過度に強調するといった形で達成しようとします。彼にとっての「プロクルステスのベッド」（判断基準）は「男＝よい、女＝悪い」という対立の公式で表すことができるでしょう。そして青年期に達するころには、女性や女性の役割についての精巧な評価システムを構築し、誤った評価を下すようになります。

彼のようなタイプは、性成熟（動物が生殖可能な状態になること）を遂げると、新たな問題を抱えます。親切な男性教師の影響を受けた場合、あるいは、まわりの女性たちからは得られなかった「安らぎや共感」を、男の友人が与えてくれると感じた場合は、たぶん、わたししたちが「同性愛」と呼ぶ神経症を選ぶことになるでしょう。その場合は、自分が持っているすべての愛情を「男性」だけに注ぐことになります。というのも、間違った思い込みのせいで、女性と恋愛をし、結婚して、ほんとうのきずなを築くことなど自分にはとうてい無理だと思うからです。そう思ってからは、自分が同性愛者になる訓練を開始し、女性とかかわることを避けたり、男同士の友情を讃える本や女性の裏切りを描いた本を読んだりします。しかし、そうした本が、女性と関係を築けないことを正当化しようとしている、ほかの自信をなくしている男たちによって書かれていることには気づきません。

その一方で、彼のようなタイプが、性成熟を、女性を支配するもう一つの手段と考えることもあります。その場合は、彼は完全なドン・ファン（女たらし）になることがあります。彼にとっては、女性とのかかわりはすべて、男性の優位性を証明するための挑戦なのです。そして、女性との性行為は、女性を征服するのと同じことだと思っているので、女性とのつき合いでほんとうの幸福を得ることはできません。そうタイプは、女性といっしょに結婚生活を送ることには関心がなく、女性の尻を追い回すことにしか興味がありません。

次の例として、「末っ子」のケースを取り上げましょう。彼の兄や姉たちは、出来のよい子どもたちで、社会（まわりの人々）にも適応できていました。彼は、そんな兄や姉たちと競争することになると思うと怖くなり、あまりにも困難に思える「現実の世界」の代用として、空想と夢から成る「別世界」を作り上げました。彼は、「自分には能力が足りない」という思いがとても強かったので、ほかの男の子や女の子たちとかかわるのを恐れました。そして、おとぎ話の世界と、自分だけの言語、自分だけの価値観と理想を作り上げました。ほかの子どもたちとかかわることができないので、空想上の仲間たちを作りました。まわりの人たちの言葉はしゃべれないので、自分だけの言語を身につけました。人間は一人だけで生きることはできませんから、彼のような子どもは、自分のなかにもう一つのパーソナリティーを作る必要があります。ですから、ほかの子どもたちとかかわることができない子どもが、空想上の仲間として、危険のない友だちや、何でも言うことを聞いてくれる友だち、自分が理想とする世界にぴったりの友だちを作り出すのは、当然のことと言えるでしょう。

こういう子どもは、学校に通うようになって現実の問題に直面したときや、思春期の緊張やストレス、あるいは病気のせいで「自分に価値がある」と思えなくなったときに、孤立するとか、拒絶症に陥る、外界との接触を制限する、あるいは完全に自分の殻に閉じこもるといった行動パターンを形成しても、不思議はありません〔「拒絶症」は、他人からの命令や要求に従わず、かえって逆のことを行う傾向を見せる症状〕。そうした子どものなかにも、徐々に、自分の心に折り合いをつけて、詩人や、夢追い人、作家、劇作家になる子どもや、たまに、哲学者や心理学者（精神分析医）になる子どももいます。ですが、多くの場合、とくに、何らかの身体面の弱点のせいで、問題がいっそう困難なものとなっている場合は、州立病院を埋め尽くす早発性痴呆の入院患者に加わることになるでしょう〔「早発性痴呆」は、医学者のクレペリン（1856～1926年）が提唱した精神疾患で、その後「統合失調症」と呼ばれるようになった〕。

早発性痴呆という興味深い症候群の症状として、研究者たちが、精神の分裂や、人格の分裂、無言症〔言語能力に障害がないのに、言葉を発しない状態〕、個人言語〔ある個人のみに特有の言語使用〕、拒絶症、性的異常などを挙げていますが、人間の本質について学んでいる個人心理学の研究者なら、そうした症状はどれも、「希望がないこと」の共通する特徴だと気づくでしょう。精神科医が、早発性痴呆の患者たちの行動――「孤立」と「責任を負わない」という目標に、どうしても向かってしまうこと――の完全な論理に気づいたら、「早発性痴呆は不治の病だ」などという虚言を口にすることはなくなるでしょう。早発性痴呆患者の多くは、アドラーがやってみせたように、医師が患者以上に希望を持っていたら、治癒可能なのです。医師は、まずは、患者が希望を持てないことに同意し、あたかも患者の推論が正しいように振る舞う必要があるでしょう。

人のさまざまなライフパターンについては、どれほど簡略化して述べても、とても描ききることはできませんが、人が取り組むべき「課題」に関連づけて、一人一人の状況を描くことなら可能でしょう。人は社会とかかわっていることから、人が取り組むべき課題は、三つあると考えられます。それは、「交友（人づき合い）」「仕事」「セックス」の三つです。

「交友（人づき合い）」の課題は、人間は共同（集団）生活を送る必要があるという、生物学的な必要性から生まれます。人間らしくありたいと思うなら、仲間とつながるためのいくつかの共通の手段、とくに「会話」や、「理性」「共通感覚《コモンセンス》」「共感」といったものを肯定するといった形で、仲間とのつながりを肯定しなければなりません。「人づき合い」をすることがその人のためになるのです。人の生まれながらの能力を最大限に伸ばすには、人づき合いをして人間関係を築くことが、考えうる最善の手段です。二つ目の「仕事」の課題は、わたしたちの一人一人が社会構造を支える必要があるという、当然の必要性から生まれます。わたしたちは一人一人が、社会からの自分への「分け前」に対して代金を支払わなければなりません。その代金を、わたしたちは「有意義な仕事」と呼んでいます。三つ目の「セックス」

の課題は、人類は二つの「性」から成り、性的本能の問題は、わたしたちが「恋愛」や「結婚」と呼ぶ関係を築くことで解決するのが一番よいという事実から生まれます。「恋愛」や「結婚」の外面的形態は、時代や地域によって異なりますが、どの時代、どの地域のものであれ、「恋愛」や「結婚」は、コミュニティーの集団的利益に明確に寄与することになります。

この三つの課題は、三つの円形の舞台で同時に演技が行われる「スリー・リング・サーカス」にたとえることができるでしょう。三つのどの舞台においても、わたしたち一人一人が自分の役を演じなければなりません。この三つの課題に取り組むことは、各人の裁量に任された、自分だけの問題ではありません。人間の社会は、集団と個人が相互に守り合い、貢献し合うことでしか成り立たないのです。ですが、わたしたちが「社会」と呼ぶ大きなテントの下で行っているサーカスにも、ほかのサーカスと同様に、さまざまなサイドショー（余興）があります。そのなかには、メインの舞台の近くで行われるものもあれば、遠くで行われるものもあります。人間の喜劇を観察している人ならだれでも、そうしたサイドショーを演じるのに忙しい人がたくさんいることに気づくでしょう。そういう人たちの活動は、三つの円形の舞台で自分のペースで演じている人の活動よりも熱がこもっているように見えます。そうしたサイドショーの演者たちが、神経症や精神障害の人々で、彼らの多動性は、彼ら自身とまわりの人たちを欺くためのものなのです。彼らは、善良さや、まったく無力であること、無責任ぶり、極端な行動を見せることで、メインの舞台を放棄していることを正当化しているのです。

そうしたサイドショーの演者たちが、悪意を持って、人間としての義務を回避していると考えてはいけません。彼らが「社会の役に立たない」ライフパターンを継続できるのは、人間の行動には整合性があることを知らないからです。彼らは、自分が挑戦する準備ができていない「人生のもっと大きな舞台」をもの欲しげに眺めながら、そこに順応できない事態を免れようとしています。みなさんも「もし～だったら、…だったのに」とか、「そうね、でも～」といったフレーズを聞いたことがあるのではないでしょうか。彼らの神経症全体が「もし」と「でも」という言葉に表れています。彼らは前もって予約を入れ、達成不可能な条件を設け、やれやれと肩をすくめ、自分を養う責任を、仲間たちに負ってもらうのです。

神経症の初期の段階では、アドラーが「ためらいの姿勢」と呼ぶ心理から生まれる症状（問題）が見られます。「ためらいの姿勢」があったら、疑い深いとか、決断できない（優柔不断）、先延ばしにする、悲観的な見方をする、命を軽視する、不安にかられる、過度に用心する、野心（個人的な権力や支配力への野心）を過大視する、孤立する、無関心になる、異常に疲れる、短気になる（イライラする）といった症状（問題）が見られます。人間の活動にはすべて目標（目的）があることを思えば、こうした状態になることの目標（目的）を推測できるのではないでしょうか。「疑い深い」とか、「優柔不断」「怠惰」といった言葉は、性格を静的に表現したものと考えるべきではありません。こうした性格は、実際には、目標——たとえば、人生が決まるような重要な試験を回避すること、解決することが無理な問題に直面するのを遅らせること、アドラーが「逸脱行動」と呼ぶ、多くの人の正常な行動とは異なる行動を継続することなど——を達成するのにこの上なく適した、動的な手段なのです。正常な状態と神経症の症状には、重なっている部分もあって、区別がつきにくいとはいえ、神経症の人の目標や行動の、正常な人の目標や行動からの「逸脱」の程度が、神経症の重症度を判断する唯一の基準と言えるでしょう。

大多数の人が「仕事」という課題をこなしている理由は、程度の差こそあれ、食べていくためです。それにもかかわらず、この舞台のサイドショーは、実に多種多様です。たとえば、物乞いは、人々の思いやりを利己的に利用するという間違った稼ぎ方に頼っていますから、確実に「サイドショーの芸人」とみなしていいでしょう。また、ポン引き（売春宿の客引き）や売春婦は、お金のために男女の性的な役割をゆがめていますから、同じく「サイドショーの芸人」に含めていいでしょう。コンフィデンスマン（詐欺師）や犯罪者、暗黒街の人々は、悪知恵を働かせ、だまされやすい人たちを食いものにして世渡りし、労働は人を不幸にするのではなく、人を救うことに気づいていません。職を転々とし、一つの職に、何らかの貢献ができるほど長くはとどまっていない人たちや、通常の職場環境に適応できない人たち、人々を利己的に利用することを仕事にしている人たちも、労働の意味と価値を理解できない不幸な人たちです。

年じゅうブリッジ（トランプ）やマージャンをしたり、人のうわさ話をしたりして、退屈を紛らわそうと悪あがきしている女性たちや、自分の力を信じることができないために、ひたすら幸運を祈っている人たち、人間の欲深さや無知に乗じる仕事をしている人たちも、人類の幸福に貢献する、生産的で価値のある人間になるという課題に向き合う勇気がないと考えていいでしょう。

今日の社会は、日に日に、人々が影響し合い、協力し合うようになっていますから、孤立することは、実際には不可能でしょう。それでも孤立できるのは、精神を病み、人との接触を完全に断った人くらいです。前にもお伝えしましたが、人と、その人が暮らす社会との理想的な関係は、その人が、人とのつながりを可能な限りたくさん作ることで生まれます。一人の人が確実に手に入れられる「安全」は、人々の善意で生まれる「安全」だけです。ですが、教育による悪影響で、人とのつながりを作るのではなく、自分のまわりに壁を作ることで、その「安全」を手に入れようとしている不幸な人がたくさんいます。孤立するということは、格好をつけることであり、意固地になること、憎しみを抱くこと、疑いを持つこと、嫉妬すること、うらやむことであり、結局のところ、利己主義に陥ることなのです。職業による階級意識や、過激な愛国主義、排他主義、うぬぼれ、虚栄心、人間嫌いなどが見られる人は、利己的な引きこもりに陥りやすいと考えていいでしょう。また、失礼な言動、細部までこだわる潔癖さ、不機嫌、下品な言動、見栄っ張りといった特質も、社会に適応するというタスクをより困難なものにするでしょう。

以上のものが「人づき合い」の舞台のサイドショーです。そして「セックス」の舞台のサイドショーは、おそらく、ほかの二つの舞台のサイドショーに比べて、非常に数が多いでしょう。サイドショーが多くなるのは、今の時代の「セックス」の課題についての教育が、セックスに対する正常な姿勢（考え方）を養うのに、あまり適していないからで、世のなかがいまだに、男女が協力することより、敵対することが当たり前になっているからです。それに、ほかの二つの課題と違って、「セックス」の課題には、今すぐ取り組む必要はありませんし、この課題をうまくこなすには、かなりのレベルの「共同体感覚」を必要とします。そんなわけで、サイドショーの数が多くなり、この章のなかではとても紹介しきれません。ここでは、今の時代に存在する主な「性的逸脱」をいくつか挙げ、こうしたものの存在が、人類のかなりの割合にのぼる人たちが「セックス」の舞台のサイドショーを演じていることを証明している、とお伝えするにとどめておきましょう。主な「性的逸脱」は次の通りです。――男性の同性愛、女性の同性愛、女性の不感症、男性のインポテンス、性交疼痛（症）、売春、サディズムとマゾヒズム、フェティシズム、過激な自由恋愛主義、宗教的理由による禁欲主義、監視社会における病的な好色、ポルノ崇拝、タブロイド紙における性的問題の非人間的な利用、避妊に関する情報を与えることの法的禁止〔「自由恋愛主義」は、キリスト教的結婚観にもとづく結婚を、社会的、経済的な束縛とみなして拒否し、個人の自由意志と愛情にもとづいて選んだ相手と関係を結ぶことを求めた社会運動〕。

これらに加えて、宗教的理由による独身主義、マスターベーション恐怖症、禁欲、白人女性の人身売買、児童婚〔一般的には18歳未満の結婚〕、近親相姦（「親が異性の子どもに異常な愛着を抱く」といった、肉体関係のないものも含む）、レイプ、さまざまな性的倒錯なども挙げられ、現在見られる「性的逸脱」は枚挙にいとまがありません。今の時代はこれほど多くの「性的逸脱」が見られるのですから、平均的な文明人は、「セックス」の課題をこなす準備があまりできていないと考えてていいでしょう。心理学のある体系が、「人間のあらゆる苦悩（悩み、災い）は、セックスへの不適応から始まっている」「すべての神経症は、性機能の異常がもとになっている」などと唱えるのも無理はないでしょう。ですが、アドラーの心理学を学んだ人なら、そうした説の誤りにすぐに気づくでしょう。何らかの性行動が神経症や精神障害の原因になることはありません。逸脱した性行動は、神経症や精神障害の症状の一つなのです。逸脱した性行動が、神経症の最初のサインになることはよくありますが、その人の「行動パターン」全体を入念に分析し、その人の人生の「目標」と、その目標を達成するための「手段」を調査すれば、その人の「人づき合い」や「仕事」の面でも、神経症的な姿勢（考え方）が見られることに気づくでしょう〔ここで言及されている「心理学のある体系」とは、ジークムント・フロイト（1856～1939年、オーストリアの精神科医）が創始した精神分析学のこと。アドラーは1902年に、フロイトに誘われてフロイトの研究グループに参加した。そのときから、フロイトの共同研究者として精神分析とかかわることになったが、フロイトとの意見の相違から袂を分かち、1911年に自由精神分析協会（のちの個人心理学会）を設立した〕。

「個人心理学」の心理療法は、個人心理学の哲学的前提がベースになっています。神経症のクライエントを治せるかどうかは、精神分析医（今でいう「カウンセラー」）がクライエントに、自分の誤りに気づかせることができるかどうか、クライエントのやり方では効率が悪いことを明らかにして、もっといい目標や行動パターンを見つけるよう励ますことができるかどうかにかかっています。つまり、個人心理学の心理療法では、カウンセラーは、神経症の人を支配している「隠れた目標」を明らかにし、その人の無意識の「行動パターン」がどのように形成されたかを突き止め、その人の「統覚」のパターンを探し出し、そのパターンをクライエントから提供された自伝的データ（これまでの経歴）やクライエントの現在の行動や欲求に当てはめ、最終的には、フレンドリーな会話を通じて（ただし、照明を暗くするとか、カウチに座らせてリラックスさせる、催眠術を使って暗示をかけるといった手は使わずに）、神経症によるにせ物の「安全」を目指すのではなく、もっと人間的な目標を持ったら、もっと大きな人間的な満足感が得られることを、クライエントに納得させるのです。

アドラーの心理学を学んだカウンセラーは、神経症のクライエントは子どものころの状況

（場面）を、何らかの理由で誤って解釈していると気づいているので、クライエントの母親が何らかの理由で果たせなかった役割を代行します。そしてクライエントに、変わることのない善意と忍耐、共感を示すことで、クライエントの信頼を勝ち取ります。クライエントは幼少期に劣等感を抱いた場面を追体験し、自分の劣等コンプレックスは、子どものころに客観的な事実を誤解したことで生まれた、主観による無用の長物であることに気づきます。そしていずれは、友人関係を築くことで得られる防壁は、孤立することで築くにせの防壁よりも頑丈であることを学びます。

アドラーの心理学を学んだカウンセラーは、クライエントを分析したり、カウンセリングを行ったりするときに、個人的な権威を振りかざすようなことは、一切しません。これは、精神分析医がクライエントに絶対的な追従を要求する精神分析学の手法とは対照的です。個人心理学のカウンセリングは、カウンセラーとクライエントが共同研究をしているような感じで行われ、クライエントは、自分の人生から資料を提供し、カウンセラーは、資料を解釈して、説明と励ましを提供します。カウンセラーは、クライエントよりも洞察力（本質を見抜く力）が優れていることは、ほとんど表に出しません。そして、どの有能な教育者にも言えることですが、個人心理学のカウンセラーも、自分の立場を利用してクライエントに恥をかかせるのではなく、自分の立場を生かして、クライエントを元気づけています。

カウンセラーとクライエントはいっしょに、新しい目標――必ず、人間中心主義の目標――と、その目標を達成するための、クライエントに合った方法を考え出します。たいていの場合、二人が面談を始めて数時間後には、カウンセラーが、クライエントが置かれた状況についての分析結果を説明し、終わった過去について根掘り葉掘りたずねるといった愚行に多くの時間を費やすことはありません。過去の行動パターンについては、確認作業を行う程度にとどめ、現在、手もとにある価値ある要素を使って、もっと効果的な新しいライフパターンを構築することに時間を費やします。

こうしたカウンセリングで、カウンセラーが道徳を説くことはありません。道徳面で、カウンセラーがクライエントよりも上位に立つことはないのです。カウンセラーは、いつもこう自問しながら、カウンセリングに臨みます。「わたしは、どんな状況で、どんな目標を目指しているときに、このクライエントと同じ生き方をするだろうか?」。個人心理学を学んだカウンセラーは、どの神経症も本質的には、自信喪失の産物だとわかっているので、クライエントの力で十分こなせるような簡単なタスクを課します。そうすることで、クライエントのなかにあった「勇気」と「共同体感覚」が大きくなります。そして与えるタスクを少しずつむずかしくしていき、最終的には、クライエントの行動パターンが人生の三つの課題すべてにおいて、正常な行動パターンに近いものになることを目指します。

個人心理学のカウンセラーが、クライエントを「完ぺきな人間」にしようとすることはありません。クライエントがカウンセリングを通じて新たに洞察力を獲得したら、神経症による大きな間違いをすることなく、小さなミスで済むようになります。また、より充実した人生を送るようになるので、生きていることに、より大きな喜びを覚えるようにもなります。

クライエントが「問題のある子ども」の場合は、アドラーの手法はシンプルながら、驚くほど効果があります。カウンセラーは、子どもについての調査資料を読んだら、あるいは、母親から子どもの問題について説明を聞いたら、たいていは、子どもの問題の本質を見抜きます。問題のある子どもたちの行動パターンはシンプルなので、行動が何のサインなのかを読み取れるカウンセラーなら、対処法もすぐにわかります。問題のある子どもたちは、本書で取り上げているケースからもわかるように、前にお伝えした「子どもの劣等感を強める要因」のどれか、あるいは全部によって、自信を失っています。子どもの問題は、たいていの場合、親に原因があり、親がさらなる困難や障害を持ち込むことで、子どもが成長の正常なルートをたどるのを妨げています。

ですから、問題のある子どものカウンセリングでは、親や担任教師を教育して、子どもの行動パターンを理解してもらうことと、子どもの自信を失わせている要因をできる限り取り除くことにほとんどの時間を費やします。個人心理学が理にかなっていて平易であることは、ほとんどの子どもが個人心理学の手法の効果を理解し、なかには個人心理学の考え方を理解できる子どももいることからも、確かだと言えるでしょう。問題のある子どもがまだ幼い場合は、親やカウンセラーが、子どもの自信を失わせている要因を取り除くことで、問題は解決します。子どもがもっと大きい場合は、「勇気」を養うためのトレーニングや、「自立」を促すトレーニング、「共同体感覚」を備えるためのトレーニングを行います。個人心理学の手法で、子どものすべての問題行動を改善できるわけではありませんが、親や担任教師に、カウンセラーの取り組みにきちんと協力するよう教えることができた場合は、問題がかなり厄介な場合でも、効果をあげることができます。

アルフレッド・アドラーは常々、小学校は、予防のためのメンタルヘルスセンターとして、理想的な場所だと語っています。学校では、どの子どもも「クラスに属し、タスクを抱えている」という社会的な状況に置かれ、いわば「社会」の縮図のような世界に直面しています。アドラーの手法――子どもへの接し方や子どもの心を動かすテクニック――を学んだ教師たちは、クラス運営がかなり楽になったと感じています。子どもの行動に、神経症の行動パターンが見られることに気づくことが、子どもを成長の正常なルートに戻すための第一歩です。子どもたちは、自分を理解してもらい、励ましてもらったら、植物が太陽と雨と適した土壌に反応するのと同じくらい、確実に応えるものです。そして親や教師にとっては、子どもを理解し励ますことは、子どもをだめなタイプと決めつけ、自信をなくさせるのと同じくらい簡単なのです。アドラーの心理学では、「人はみんな、どんなことでも成し遂げられる」という考え方を第一の指針に据えています。この考え方に限界があることは、そのことに気づいた人たちにはよく知られていますが、この考え方は、人間関係を築くうえでの実用的な原則として、計り知れないほどの価値があります。教師が子どもを悪い子だとか、頭が悪い、怠け者だ、神経質だと決めつけても、そうすることで成し遂げられることは何一つなく、子どもを実際に頭の悪い子どもや、怠け者の子どもにしてしまうだけです。子どもは、たいていの場合、自分に期待（予測）されている通りの行動を取るものです。子どもを、まるで「人間社会のしくみに適応できている（慣れている）子ども」のように扱っても、何の損失もありません。そしてそうすることで、たいていは、信じられないような効果をあげることができるのです。

これまで「個人心理学」について簡単に紹介してきましたが、この序文は、悲観主義者や意気地のない人々のためのものではありません。心のなかに、いずれは「炎」へと燃え立つような「火の粉」を抱えている読書のみなさんや、「人間には、人間であることに幸せを感じる権利がある」と考えている読者のみなさんが、ご自身の研究を続けるうえで、この序文が励みになれば幸いです。これからご紹介する事例は、読者のみなさんが、人のライフパターンを読み取る方法を理解し、まるで熟練した演奏家が交響曲の楽譜を読み取るように、ライフパターンを読み取れるようになるのに役立ちます。「個人心理学」は、学問というより「技術」です。これを使いこなすには、創造的な「直感力」と、人類の歴史を通じて、偉大な詩人や優れた教師たちを行動へと駆り立ててきた、人間の欲求への「共感力」が必要でしょう。充実した人生を送らず、生きることの苦悩と歓喜を共有してこなかった人は、この技術をマスターしたいとは思わないかもしれません。ですが、思考ができる人ならだれでも、「個人心理学」の原則を使いこなす「よい技術者」になる力を備えています。

W・ベラン・ウルフ（医学士）

ニューヨーク市にて

第1章　「突然意識を失う」理由
――全身のジェスチャーは何を意味するのか

今夜の講義では、ミス・フローラの問題を取り上げましょう。彼女は、「数年前から、意識を失う発作（失神）を起こしやすくなった」と訴えています。彼女といっしょに暮らしているのはご両親と二人の兄、二人の弟、まだ幼い二人の子どもたち〔彼女の姪《めい》、または甥《おい》〕です。家族同士はとても仲がよく、彼女はきょうだいでただ一人の女の子だったので、父親にとてもかわいがられ、いつも自分の思い通りに過ごしてきました。

わたしたちは「意識を失う発作」と聞くと、まずは「てんかん」を思い浮かべます。ですが、「てんかん」というのは大ざっぱに使われている言葉で、さまざまな症状を表します。真性のてんかんか、疑似のてんかんかを見極めるのは医師の仕事ですが、診断をつけるのがきわめてむずかしいこともあります。たいていの場合、てんかんを患っている人は、生きていくうえで大きな困難を抱えています。そのことが、その人の精神面に影響するので、症状のどこまでが脳の組織の障害によるもので、どこからが精神的なものなのか、判断できないことがあるのです。てんかんがずっと「病気」と呼ばれてきたのは、これまで、医師がてんかんの患者さんに対処してきたからです。そういえば、「神経症」は、かつては「ヒステリー」と呼ばれていました。てんかんに対するちょっとした誤解も、専門家ではない人たちの「神経症」に対する誤解と似ているかもしれません。

真性のてんかんか、疑似のてんかんかを見分けるのに役立つ症状がいくつかあります。真性てんかんの発作では、目の瞳孔が拡大し、光に反応しません。この症状は、脳の組織の障害によるてんかんの重要なサインの一つです。フローラのカウンセラーが作成した資料（症状や経歴、プロフィールを記した資料）には、そうした症状は書かれていません。二つ目の重要な症状は、意識を失っているあいだにバビンスキー反射が起こることです。バビンスキー反射が起こるかどうかを調べるには、足の裏をこすり、親指が反《そ》るかどうかを観察します。みなさんは、親指は下側に反るだろうと思うでしょうが、親指が足の甲側に反ったら、バビンスキー反射が起きたことになります（「バビンスキー反射」は、足の裏の外側を、かかとから指に向けてこすり上げると、足の親指が甲側に曲がる現象。このとき、ほかの4本の指が扇状に開くこともある）。

バビンスキー反射は、脳の特定の部位に損傷があることを示しています。その部位に損傷があると、神経インパルス（電気信号）が通常の通り道を進むことができなくなります。ほかにも、真性のてんかんであることを示す症状がいくつかあります。たとえば、耳の後ろなどに、小さな皮下出血が起こることがあります。また、たいていの場合、てんかんの患者さんは意識を失っているあいだに舌を噛むので、唾液に血液が混じります。意識を失ったときに倒れて、けがをすることもよくあります。それから、てんかんの患者さんには、発作が起こるという「虫の知らせ」があることが多いです。虫の知らせにはさまざまな形がありますが、ほとんどの患者さんが経験し、わたしたちはそれを「前兆」と呼んでいます。

こうした、真性のてんかんに見られる症状によって、「意識を失う発作」がてんかんによるものか、ヒステリー性のものかを見分けることができます。ヒステリー性の失神を起こす人は、自分は傷ついている、希望が持てない、自分は無力だなどと感じていて、自分の思いを「失神」という全身のジェスチャーで表現します。

そういう人は意識を失うことで、「わたしは無力です」と訴えているのです。ヒステリー性の失神を起こしても、すぐに元気を取り戻しますが、真性のてんかんによって意識を失うと、意識が戻ったあとに、眠気や頭痛、不快感に見舞われ、そうした症状が数時間続くこともあります。てんかんの発作とヒステリー性のものとの重要な違いの一つは、てんかんの場合は、自分が意識を失ったことに気づかないこと――つまり、意識が戻ってから、初めて気づくこと――です。

診断をつけるのがむずかしいのは、たいていの場合、てんかんを抱えている人は知的障害も抱えているからです。もしみなさんが、てんかんを抱えている子どもをいつも叱りつけ、そのせいでその子どもが腹を立てているとしたら、みなさんはその子どもの発作の頻度を増やしていると考えていいでしょう。てんかんを抱えている子どもはたいてい短気です。わたしがてんかんの子どもたちの家族について調べた限りでは、たいていは家族のなかに、一人はきわめて短気な人がいました。短気なのは「劣等コンプレックス」のサインと考えていいでしょう。短気な父親を持ってんかんの子どもたちを見ていると、彼らは父親がかんしゃくを起こすのをまねているのではないかと思うことがあります。

ときには、てんかんの発作が、てんかん性の精神障害によってさらに悪化することがあります。てんかん性の精神障害は、幻覚症状や、乱暴で残酷な行為が見られることが特徴です。てんかんの患者さんは通常、精神病院に入って、鎮静剤を使った治療を受けます。鎮静剤を服用すると、ほぼ一日じゅう、眠くて夢うつつの状態になりますが、たいていは、発作の回数が減少します。ただし、完全になくなることはありません。

てんかんの「意識を失う発作」とヒステリー性のものにはいくつかの違いがありますが、発作の最中に、医師が瞳孔のチェックやバビンスキー反射の検査を行えることはほとんどないので、どちらの発作かを正確に診断するのは容易ではありません。

わたしの経験から判断すると、てんかんの発作は、発作を起こしやすい特定の人たちが、悪い状況に置かれたときにだけ起こるようです。発作を起こしやすいのは、何らかの病気によって脳の血管に異常をきたした人だと思われます。てんかんの発作を起こしているときは、激怒しているときとよく似ています。てんかんの患者さんは、だれかを攻撃したがっているかのように見えます。最も頻繁に発作を起こすのは、病気によって脳の血管に異常をきたし、なおかつかんしゃく持ちの人であるのは間違いないでしょう。たいていの場合、てんかんを抱えている人はかなり残酷で、よく夢のなかで残虐なことを行ったり、戦ったりします。残酷であることは、その人の精神構造に大きく影響するので、もしみなさんの知っているてんかん患者さんが、一見、とても親切で優しく、おとなしい人に見えたとしても、その人がどんな夢を見ているかを調べれば、「親切で優しい人」とはほど遠いことがわかるはずです。またアルコールには、発作の頻度を高める作用があるようです。それについては、実験によって証明できるはずですが、そうした実験は非人道的なものになる恐れがあるので、実際に行うのはむずかしいかもしれません。ともあれ、てんかんの患者さんが、アルコールの悪影響を受けているように見えたら、アルコールを一切断ってもらったほうがいいでしょう。

わたしはてんかんの患者さんたちのカウンセリングを行ううちに、彼らには、できるだけ気楽な生活を送ってもらうことが望ましいことに気づきました。また彼らに、強くなることや自立すること、冷静になることを教えたら、症状が改善したケースもありました。別の言い方をするなら、医師たちが真性のてんかんと診断した患者さんでも、カウンセリングを通じて、社会（まわりの人々）にうまく適応できるようになれば、発作を起こさなくなるということです。だからといって、カウンセリングでてんかんを治せるわけではありませんが、もしわたしたちがてんかんの患者さんの社会適応能力を高めることができたら、てんかんの症状を改善し、患者さんの苦痛をはるかに減らせるのは確かだと思います。実際、社会適応能力を大幅に高めたことで、てんかんの症状がまったく見られなくなったケースもあります。

ではフローラの話に戻りましょう。すでにお伝えした通り、彼女はきょうだいでただ一人の女の子です。わたしが観察してきた限りでは、そういう女の子は過度に甘やかされ、女性の通常の役割を身につけずに大人になることがよくあります。たいていはとても従順ですが、自分への自信や自主性を備えることはほとんどありません。そして、まわりの人たちがつねにサポートしなければならないような大人になります。一人でいることができない女性もいます。一方、きょうだいでただ一人の女の子であっても、まったく別の成長のしかたをし、男の子のようなタイプになることもあります。そういう女の子は、たくましくなり、自分を男の子のように見せようとします。フローラがどちらのタイプかは、彼女についての資料を読めば判明するでしょう。

すでにお伝えした通り、フローラの家族はみんなが仲よしで、彼女は父親にかわいがられ、いつも自分の思い通りにしてきました。そうしたことから推測すると、彼女は「甘やかされた子ども」の特徴を備えていると考えられます。「甘やかされた子ども」は、精神的な強さが十分に備わっていません。そしておそらく彼女はとても優しく、従順で、おとなしいでしょうが、「ほめられたい（認めてもらいたい）」という強い欲求を抱いています。彼女についての資料には、こんな記述があります。「意識を失う発作を起こすようになってからは、母親といっしょに寝ている」。

この記述が、彼女が一人でいるのを嫌がっていることや、発作を起こすようになって、ますます依存心が強くなったことの証拠になるでしょう。そうしたことから推測すると、彼女の「意識を失う発作」は計画的なものと考えていいでしょう。資料の記述は、こう続いています。「このクライエントは、家庭での生活では何の問題もない。いたって健康で、これまでに神経症を患ったことがあるという形跡もない。クライエントの母親は、フローラはあらゆる点でほぼ完ぺきだと語っている。また彼女は、簡単に友だちを作れるという」。

母親がフローラを「ほぼ完ぺきだ」とほめていることから判断すると、わたしの推測通り、フローラは「甘やかされた子ども」の一つ目のタイプで、優しく従順な女性と考えていいでしょう。また、甘えん坊の彼女も、依存するのをやめて自立する時期に来ていることも、間違いないでしょう。自立できたら、彼女にとって大きなメリットになるはずです。実際、自立できたら、意識を失う発作は解消するでしょう。

資料の続きを読みましょう。「彼女の趣味は、映画鑑賞、観劇、ドライブ。学校では優秀な成績を収め、クラス4位の成績で中学校を卒業した。学校が終わるとアルバイトをし、その仕事を楽しんだという」。おそらく、学校でいい成績を取ったのは、家でかわいがられたように、学校でもかわいがってもらいたかったからでしょうし、よく働いたのは、十分な評価を望んでいたからでしょう。

資料の記述はこう続いています。「現在は事務員として働いており、彼女はその仕事を気に入っていると語っている。学校時代には教師になることを望んでいたが、その望みを叶えるにはさらなる努力が必要になるため、断念した」。この記述からも、彼女は自分に自信がなく、自立するための努力をしていないことがうかがえます。

資料を読み進めましょう。「クライエントは現在25歳。片方の目にわずかな斜視があるものの、美人とされている。左手の薬指の第一関節から先が欠損しているが、いつも手を握っているので、気づかれることはほとんどない」。

斜視や指先の欠損という欠点が、彼女の人生に大きな影響を与えてきたことは間違いなく、彼女はそうした欠点が悪い結果を招くのを防ごうとしています。彼女は「ためらいの姿勢」で人生を送っていて、自分にあまり自信がないのではないでしょうか。

資料を読み進めましょう。「彼女から『小さいころの記憶』を聞き出すことはできなかった。彼女は、子どものころのことを思い出すのはむずかしいと訴えている」。

わたしが彼女に小さいころの記憶をたずねていたら、彼女は思い出すことができたと思います。

「思い出せない」と答える人のなかには、12、13歳以前のひどく嫌なできごとを話さなければならないと思い込んでいる人もいます。ですが、そんなできごとを話す必要はまったくありません。わたしはクライエントにいつもこうたずねます。「小学校時代のことを覚えていますか?」。クライエントは、答えるのをためらうことが多いです。ですが、どんなできごとを思い出すかが、クライエントのパーソナリティーを知るための重要な手がかりになります。クライエントが学校時代のできごとをいくつか思い出したら、たいていは、小学校に入る前のできごとも思い出します。ときには、クライエントにこうアドバイスすることもあります。「幼少期について思い出したことをすべて書き留めましょう。自伝を書くためのメモを取る感じで、書き出すといいでしょう」。フローラはカウンセラーに、できごとの思い出は伝えませんでしたが、彼女が見た「夢」を二つ伝えました。「夢」の話も、わたしとしては興味深いです。

彼女はこう語っています。「わたしはいつもドラッグストアの軽食コーナーで昼食を取っていたんですが、その店で働いていた男の子とペッティングパーティーを開いている夢を見ました。職場の上司(雇い主)と同じことをしている夢も見ています」(「ペッティングパーティー」は、性交なしの肉体的接触を主な目的とする集まり。1920年代のアメリカでは、若者に人気の娯楽だった)。こうした夢からも、彼女が、「かわいがってもらいたい、大事にされたい」と望んでいたことがうかがえます。家庭内だけではなく、職場でもかわいがってもらいたかったのでしょう。ですが、実際に上司が彼女をかわいがっていたら、たぶん、こういう夢を見ません。上司には、彼女が望んだほどは、優しくしてもらえなかったと考えていいでしょう。ですから、彼女はこう考えながら、夢のなかで、望んでいる状況を作り出したのです。「彼がわたしをかわいがって（愛撫して）くれたとしたら、どんな感じになるかしら？　どうしたら、彼はわたしを気に入ってくれるかしら？」。

彼女は夢のなかで、目標を達成するための準備をしているのです。彼女の目標は「気に入ってもらうこと」。この程度のことは夢から解釈できます。ドラッグストアで働いている青年も、たぶん彼女とペッティングパーティーをしたことはありません。ですから、結局のところ、彼女は「なりたい自分」になっていないのです。そのことは、彼女を理解するための重要な要因になります。もう一つの夢として、彼女はこう語っています。「ふいに大波が襲ってきて、通りを歩いていたほかの人たちが飲み込まれる夢を見ました。大波はわたしのところまでは届かず、わたしはその光景を、ただ眺めていました」。

この二つ目の夢のほうがはるかに重要です。というのも、この夢が彼女の本質的な「残酷さ」を表しているからです。彼女はほかの人たちがおぼれ死ぬのを、助けもせずに見ていました。この夢から、彼女はこう考えていると解釈できます。「どうしたら、世界じゅうの人たちがおぼれ死んで、わたしが一人になれる状況を作り出せるかしら？　完全に一人になるというのは、どんな感じかしら?」。

彼女は、ご両親のことは助けたいと思っているでしょうが、ほかの人たちには関心がありません。ほかの人たちがおぼれ死ぬのは放っておくでしょう。では、どうして彼女は、ほかの人たち全員がいなくなればいいと思うのでしょうか? 彼女は、どうせ自分にはまわりの人たちに気に入ってもらうだけの力はないのだから、いっそのこと、みんないなくなればいいと思っていると考えていいでしょう。気に入ってもらえないという状況を解消するには、世界じゅうの人を滅ぼすしかないと考えたのです。こうした考えは、「優越コンプレックス」にもとづくものですが、「優越コンプレックス」を抱く人は、必ず「劣等コンプレックス」を抱えています。彼女が見た夢は、怒りの爆発のようなものです。この夢からは、「みんな滅びてしまえ!」という彼女の叫びが聞こえる気がします。

資料を読み進めましょう。「彼女はこうこぼしている。『母は孫たちに言うことを聞かせることができません。でもわたしなら、5歳と7歳の甥っ子(姪っ子)たちを従わせることができます』」。この言葉から、彼女がどうして教師になりたかったかがわかります。教師は、言うことを聞く子どもたちにいつも囲まれていると思い込んでいたのでしょう。そして子どもたちが、彼女の言うことを聞くという形で、彼女への好意を示すことを望んでいたのではないでしょうか。資料の記述はこう続いています。「彼女は、両親は自分によくしすぎる、自分に優しすぎると思っている」。

この記述から、彼女が自分の置かれた状況をよく見抜いていることがわかります。とはいえ、こうしたことを「思っている」だけでは何も変わりません。ただし、こう思うことで、自分のプライドを保つ効果はあるでしょう。彼女の望み（目標）は、すべての人を自分に従わせること、職場の上司やドラッグストアの店員、甥っ子（姪っ子）たちや両親を自分に従わせることではないでしょうか。彼女が抱えている課題は、どうしたらこの目標を達成できるか、ということでしょう。この目標を達成できない限り、彼女の人生計画全体が台無しになり、彼女は無力なのです。

資料を読み進めましょう。「初めててんかん発作を起こしたのは、彼女がオフィスで働き始めてから2年ほど経ったころだった。彼女は悲鳴をあげて気を失い、オフィスの床に倒れ込んだ。そのとき、オフィスではたくさんの人が仕事をしていた。彼女はコンクリートの床に頭を打ちつけ、舌を噛み、自宅に帰りつくまで、人に支えてもらう必要があった。その後、自宅で、数人の医師と正看護師が彼女の治療にあたった。ひどく具合の悪い状態が1週間ほど続き、その間に、腎臓病を併発している」。

これを読むと、初めての発作は、真性のてんかんによるもののようでもありますが、別の病気も併発しているので、意識を失った原因はてんかんとは限りません。真性か疑似かの判断は保留にして、さらに資料を読み進めましょう。

「次に発作を起こしたのは7カ月後。彼女が自宅にいたときのことだった。意識を失って倒れたときに、腕がヘアアイロンに接触し、大やけどを負った。その日は叔母が来ていたが、母親は1泊旅行に出かけていて留守だった。母親が夜に家を空けたのは、フローラが生まれてから初めてのことだった」。

もし彼女が真性のてんかんだとしたら、かなり珍しいケースと言えるでしょう。というのも、通常は、遅くとも18歳までにてんかんと診断され、軽い発作を何度か起こしたあとに、大きな発作を起こすからです。彼女はいきなり意識を失う大きな発作を起こしています。初めて発作を起こしたのは18歳。そのときは、母親といっしょに寝なければならないほど、病状が悪化しました。次の発作はその7カ月後。興味深いことに、その日は、母親がフローラの誕生後、初めての1泊旅行に出かけ、留守にする日と重なりました。この事実は注目に値します。この事実から考えると、フローラは母親を支配したがっていると結論づけるしかないでしょう。フローラの支配のしかたは、優しく親切ではありますが、支配したがっているのは間違いありません。「意識を失う発作」を起こすことで、こう訴えているのです。「どうしてわたしを一人にしたの?」。これでみなさんはおわかりでしょうが、わたしたちは、全身を使ったボディーランゲージを読み解く方法を習得しなくてはなりません。

3回目の発作は13カ月後に起こります。フローラは2回目の発作以降、抗てんかん薬ルミナールを服用し、食事療法(食事制限)を行いました。通常は、患者に食事療法と投薬治療をほどこすと、患者の体力が低下しますが、患者が病気の時期を乗り切るのに役立ち、ときには、かなりの効果をもたらすこともあります。

では資料の続きを読みましょう。「3回目の発作を起こしてからは、毎月、生理中に発作を起こすようになった。この時期の発作が、最も激しいものとなった。現在では、ほぼ毎週発作を起こし、もうじき発作が起こると察知したときには母親を呼び、前もって知らせるようになっている」。

この記述は、彼女の症状の本質を解明する、重要な手がかりになります。フローラは、生理が始まると、ひどくつらい思いをしたと考えていいでしょう。彼女は生理が始まると発作を起こしています。これはおそらく、自分が男ではなく、女であることを認めたくないという気持ちがあるからでしょう。彼女は、自分が男だったらよかったのにと思っているのです。

そのため、生理がくるたびに神経が高ぶり、そうした神経の高ぶりが、発作を起こす決定的な要因になっていると考えられます。

また、彼女が発作を察知したときに母親を呼んでいることからも、発作を起こす目的が見えてきます。資料の記述はこう続いています。「一度、発作を察知したときに、近所の人たちのいる戸外に出たことがあった」。これは、母親が不在のときには、だれかに代わりを務めてほしいことを示しています。

資料を読み進めましょう。「てんかん発作の症状が見られるあいだは、知力が低下する。また、発作は、けんかをしたあとに起こることが多い」。

フローラを助けるために、わたしたちに何ができるかはわかりませんが、個人心理学のカウンセリングでは、彼女の生き方全体を改善することと、女性としての役割と折り合いをつけてもらうことを目指すことになるでしょう。

彼女は自分が女であるのを嫌がっているので、ここで、彼女の恋人との関係について考えてみることにしましょう。わたしはまだ資料を読み終えてはいませんが、彼女が性的行為に劣等コンプレックスを抱えていることを示す記述がきっと見つかるでしょう。恋人との関係を知るには、恋人から話を聞く必要がありますが、おそらくこの資料に何らかのヒントがあるでしょう。

資料を読み進めましょう。「彼女には、8年間つき合っている恋人がいる。その男性と3年前に婚約した。彼女は、婚約してから発作の回数が増えたと語っている」。みなさんも同意してくださると思うんですけど、8年も恋人同士でいるって、長すぎますよね。今では発作の回数が増えているところを見ると、長すぎる原因は次の二つのうちのどちらかでしょう。一つは、フィアンセが、彼女の病状にショックを受けて、結婚はしないことにしたから。もう一つは、彼女が、こういう場合の常套句「治るまで待って」と伝えているから。発作が続けば、彼女はその言葉を言い続けることができます。彼女の「目標」は、女性としての役割を担うのを回避し、結婚を先延ばしにすることだと考えていいでしょう。彼女は、結婚して男に支配されるのが怖いので、「治るまで待って」という常套句を使って、最後の防御線を張ったのではないでしょうか。彼女は結婚に抵抗を感じ、結婚から逃げたがっていると思われます。

資料の記述は、こう続いています。「今では、恋人がもう一人いる。彼女はその男性のことを愛しているが、長いこと待ってくれている男性に忠実でなければならないと思っている。一人目の男性は、自分にライバルがいることはまったく知らず、『フローラが治るまで待ちたい』と語っている。彼女はこう語っている。『発作を起こしていなかったら、結婚していました』」。

彼女には、「男性二人でも、一人分に満たない」という感覚があるのでしょう。そして二人の男性に恋することで、そのうちの一人と結婚するという問題を先送りしているのではないでしょうか。彼女は「恋愛と結婚」という課題を免れることを人生の「目標」にしています。そして、恋愛の対象を分散させることと、意識を失う発作が起こることを強調して、結婚しないのは自分のせいではないと示すことで、その目標を達成しています。ですがみなさんは、彼女がそうしたことを意識的に、あるいは悪意を持ってやっていると考えてはいけません。彼女は病気なのです。そして発作のほんとうの意味に気づかないというのも、彼女のライフパターンの一部なのです。

みなさんもお気づきかもしれませんが、彼女のそうしたライフパターンは、彼女の隠れた目標を達成するのに適しています。彼女が、自分を長いこと待ってくれている男性に忠実でありたいと思っているのは、彼女が良心的であるサインですが、彼女へのカウンセリングの際には、彼女は自分が思っているほど良心的ではないことを教える必要があります。わたしは、「彼女が治るまで待つ」と言っている男性にちょっと疑いを抱いているのですが、彼女が彼を恋人に選んだのは、おそらく、彼が彼女の計画に協力し、「待つ」のをいとわなかったからでしょう。彼女が、「発作を起こしていなかったら、結婚していました」という言葉で、自分のライフスタイル（生き方）を説明しているのは、興味深いです。確かに、この言葉からは彼女の善意が感じられますが、この言葉のほんとうの意味は、彼女がこの言葉のあとに、内心で「でも、発作は起こるんです！」とつぶやいていると考えれば、判断できるのではないでしょうか。

資料には、さらに二つの重要な記述があります。「2回目の発作を起こしたころは、フローラの母親が、生まれたばかりの孫の世話で、ほとんどの時間を家で過ごしていた時期だった。彼女が一人目の男性に出会い、恋に落ちたのもそのころだった」。この2回目の発作は、本物かどうかがきわめて疑わしく、フローラが無意識のうちに、「わたしが病気だったら、家で、はるかに多くの望みを達成できる」と思っていたのではないでしょうか。

面談

フローラが教室に入りました。

アドラー　まずおたずねしますが、病気が発症したときに働いていた会社は、いい職場でしたか？　オフィスで、何か困っていたことはありましたか？

フローラ　会社を辞めようと思ったことは何度かありました。あのオフィスに満足できなかったのは、人が多すぎて、あまりにもざわざわしていたからです。

アドラー　上司（雇い主）やいっしょに働いていた人たちのことを気に入っていましたか？

フローラ　ええ。仕事仲間はとてもいい人たちでしたし、上司は、ボスの典型的なタイプでした。

アドラー　腎臓が悪かったそうですが、そのせいで、仕事に差し支えがありましたか？　上司に文句を言われたことはありましたか？

フローラ　いいえ。文句を言われたことはありません。体の異常もまったくありませんでした。

アドラー　それでも、会社を辞めたかったんですね。

フローラ　ええ。

アドラー　今は、仕事をなさっていますか？

フローラ　ええ。不動産屋の事務員をしています。

アドラー　その職場は気に入っていますか？

フローラ　ええ。前の職場よりずっと気に入ってます。

アドラー　それはよかった。いい転職ができたんですね。では、小さかったころのことで覚えていることを、聞かせていただけますか？　別に、重要なできごとじゃなくてもいいんですよ。たぶん、あなたが大好きだったこととか、嫌いだったことなら思い出せるのではないでしょうか。

フローラ　あまり覚えてないんですけど。アウトドアスポーツが好きだった気がします。

アドラー　一番好きだったのは、何のスポーツでしたか？

フローラ　スケートとか、ボードで丘を滑り降りるのとか、木登りです。

アドラー　とても勇敢なお嬢さんだったんですね。

フローラ　勇敢になるしかなかったんです。男の兄弟が4人いて、彼らが競争相手でしたから。

アドラー　そういう状況で平気でしたか？

フローラ　わたし、いつも負けてなかったと思います。

アドラー　自分が男だったらよかったのにと思ったことを覚えていますか？

フローラ　いいえ、男になりたいと思ったことはありません。でも、いつも男の子と遊んでいました。いっしょに遊ぶ女の子がいなかったんです。

アドラー　きっとあなたは男の子のように育てられたのでしょう。そして男の兄弟がいたから、男の子の友だちがたくさんいたのでしょう。

フローラ　そうなんです。

アドラー　わたしにあなたについての資料を提供してくれたカウンセラーと、話をしてみてください。そうすれば、あなたがどうして発作を起こしやすくなったかを、彼女が教えてくれるでしょう。あなたは、気を張り詰めた状態になりやすいタイプで、意識を失って倒れるという形で、自分が弱いことを示しています。発作は、あなたの思い通りにならなかったり、文句を言われたりしたときにだけ起こっていますよね。わたしには、あなたは自分に十分な自信がなく、将来についてちょっと心配しているように思えます。それから、ものごとを自分で決めたがらず、自分は何の努力もせずに人に気に入られたがっているようにも思えます。あなたのそういう気持ちは、わたしにもよくわかります。ですが、あなたにもっと勇気があったら、そして、あなたの兄弟たちと競争する必要はないのだと気づいたら、あなたの健康状態は改善すると思います。いつもまったく無力な立場にいるという生き方より、もっといい生き方があるんですよ。別の生き方を試してみたいと思いませんか。

フローラ　ええ、ぜひ。

アドラー　問題は、あなたに勇気が足りないことです。自分の行動には自分が全責任を負うと、決意してはいかがでしょうか。あなたがそうした一歩を踏み出したら、あなたに大いにプラスになると、わたしは確信しています。

フローラ　わたしが勇気を持ったら、発作を治せるということですか？

アドラー　そうです。

フローラ　だったらわたし、どんなことでも喜んでやってみます。

第2章　おとなしくて動作が遅い子ども

──「過保護」という母親の支配

今夜の講義では、11歳と8カ月の少年、ロバートのケースについて考えてみましょう。彼の担任の女性教師は、ロバートが知的障害なのか、そうではないのか判断に迷っています。知的障害の問題はかなり厄介で扱いがむずかしく、わたしたちカウンセラーが知的障害かどうかを判断するにあたっては、大いに慎重を期さねばなりません。というのも、クライエントが人間としてうまくやっていけるか否かが、わたしたちの判断にかかっているからです。正常な11歳の少年なら5年生のはずですが、担任の先生がロバートについて記した資料には、こう書かれています。「ロバートは学年が遅れていて、現在3年生。知能指数はかなり低い。教室では、おとなしく、従順。小学校入学以前から、動作が遅く、臆病で、しゃべれるようになるのもかなり遅かったという」。

この記述を読むと、ほんとうにかなりの知能の遅れがあるようにも思えますが、「動作が遅く、臆病」な子どもは、正常な子ども、とくに左利きの子どものなかにもいるものです。子どもが左利きの場合は、手が器用ではなく、失敗を何度も経験しているので、過度に用心深くなり、動作が遅くなることがよくあるのです。また、ロバートが「しゃべれるようになるのもかなり遅かった」というのが事実かどうかも、疑わしいと思います。知的障害児は言葉が遅いというのは、よく知られていることなので、先入観を抱いている可能性があるからです。

知的障害が重い場合は、しゃべれるようにはなりません。また、「甘やかされた子ども」のなかにも、しゃべれるようになるのが遅いタイプの子どもがいます。そういうタイプを表す言葉が、ドイツ語にはあるのですが、英語にはありません。そういうタイプの子どもは、聴覚や言語能力に先天的な障害があるわけではないのに、聞こえてもしゃべりません。こうしたさまざまなケースがあるので、知的障害があるかどうかを判断するのは容易ではありません。なかには、知的障害と判断された子どもが、あとになって、知的で話し上手であることがわかるケースもあります。もう亡くなっている方もいますが、最初はしゃべることにとても苦労したものの、のちに、見事に話せるようになった方を、わたしも何人か知っています。ロバートの場合は、「知的障害を抱えた子ども」と、「甘やかされた子ども」の二つのパターンを視野に入れる必要があるでしょう。この二つのタイプの子どもは、いくつかの点で似ています。また、その両方である可能性もあります。したがって、正確に見極めるのは、けっこう大変かもしれません。

では、資料を読み進めましょう。「ロバートの父親は背が低く、小太りで、控え目なタイプ。母親は魅力的で、感じがいい。ロバートには二人の姉――16歳と14歳――がおり、ほかにきょうだいはいない。両親は仲がよい。けんかをすることはないが、母親が家庭を支配している。母親はこう語っている。『お父さんは長女をかわいがっていますが、ロバートはわたしになついています』」。

ロバートは、きょうだいでただ一人の男の子で、末っ子でもありますから、優位な立場にあると考えていいでしょう。また、資料の記述とは矛盾するかもしれませんが、わたしは、夫婦のどちらか一方が家庭を支配している人たちのなかで、幸せな人をあまり見たことがありません。母親が、「ロバートはわたしになついている」と言っていますが、それでは説明不足というものです。「わたしが甘やかしているので」と、つけ加えてくれてもいいのではないでしょうか。

資料の記述はこう続いています。「ロバートは、どの家族の話よりも母親の話をよく口にする。家族は彼を『バスター（たくましい子）』と呼んでいるが、動作が遅くて、知能が遅れている彼には、まったく不似合いなニックネームに思える。姉たちは二人とも高校生で、とても頭がいい」。

わたしたちは、きょうだいの一人がとても頭がいいと、たいていの場合、ほかのきょうだいには問題があるように見えるものです。頭のいい子どものほうが優れているので、対比によって、ほかのきょうだいが劣っているように見えるのです。たぶんロバートにも、それが起きているのではないでしょうか。また、過度にかわいがられた子どもはすぐに弱気になりますが、たぶんロバートにもその問題があるでしょう。もしそうなら、知的障害かどうかの見極めに、希望が見えてきます。知的な子どものほうが、知的障害のある子どもよりも、弱気になりやすいのです。またロバートは、小学校入学後よりも、入学前のほうが、勇気があったと考えられます。そうしたことから推測すると、おそらく彼は、知的障害ではないでしょう。

資料を読み進めましょう。「小学校には、選抜試験に通って入学した。彼には、二人の姉の成績が伝えられた。わたし（彼の現在の担任教師）は、そうしたことはやめている」。この記述が、わたしの推測を十分に裏づけています。

資料の記述はこう続いています。「父親はロバートについて悲観的な見方をし、こう考えている。『ロバートはこんなふうに生まれてしまったので、これからもずっとこんなふうだろう』。母親は、どの子どもも（お仕置きとして）叩いたことはないと言っている。また彼女はこう語っている。『あの子はわたしたちのただ一人の男の子、わたしたちの宝物ですから、姉たちとは違うと気づいたときには、すごくショックでした』」。

子どもはたいていの場合、自分についての父親の考えに応じて成長していきますから、父親が子どもに希望を持っていないなら、子どもはやる気がなくなります。ですから、わたしたちカウンセラーの仕事は、ロバートを元気づけ、彼に「正常な成長を遂げる見込みがある」と思わせることでしょう。彼が公立小学校で3年生までやってこれたことを思えば、これは決して希望のないケースではないと思います。

では、ロバートが知的障害かどうかという問題はいったん棚上げにして、彼をただの「問題のある子ども」とみなしたら、どうなるでしょう。彼の家庭での立場が、かなり絞られてくると思います。まず、彼は母親とあまりにも強く結びつき、自分へのサポートを母親に頼っています。また、彼よりも頭のいい二人の姉たちには頭が上がりません。彼は勇気がないので、対抗することはせず、資料に書かれていた通り、いつもおとなしくしています。

わたしには、そういう男の子が順調に成長するとは思えません。三きょうだいの状況は、狭い場所に生えている3本の木にたとえることができるでしょう。3本のうちの2本が困難を乗り越えて、強い木に成長したら、残りの1本は、自由に成長することはできません。三きょうだいにも同じことが言えます。姉二人が家のなかの使える場所を占有したら、ロバートは、目標を低く設定せざるを得ず、伸び悩むことになります。そう考えれば、彼がどのような成長のしかたをしたのか、説明がつくのではないでしょうか。

　では、資料を読み進めましょう。「姉二人はとても仲がいい。ロバートは、上の姉の話をすることのほうが多く、彼女はロバートを散歩や映画に連れていってくれるという。彼は、下の姉は自分をからかうので、仕返しに、自分も彼女をからかうと語っている」。

　下の姉とロバートは正反対の状態にあるようです。下の姉は活発で好戦的なお嬢さんで、資料には彼女についての記述はあまりありませんが、彼女が「何ごともきょうだいで一番になろう」と思っているのは間違いないでしょう。反対に、ロバートは弱気になっていますから、努力することを放棄し、ビリのままでいることに甘んじています。下の姉とロバートが互いにからかい合っているところを見ると、彼らは競争関係にあると考えていいでしょう。彼女が14歳でロバートが12歳前ですから、彼が誕生したときには、彼女は2歳半ぐらいだったことになります。彼女は、ロバートが家族に加わったことで、彼に座を奪われたような気がして、彼に攻撃の矛先を向け、それが功を奏したために、ロバートは彼女と張り合おうとしなくなったのではないでしょうか。

資料を読み進めましょう。「一家の経済状態は良好である。母親が家を切り盛りし、父親は地元で食料品店を経営し、その店の収益が彼の収入となっている。二人の姉はいい身なりをし、アルバイトはしていない。自宅には、部屋が五つある。ベッドも五つあり、家族はそれぞれ一人で寝ている。ロバートは、いつも壁のほうを向いて寝ており、ときには丸くなって寝ることもある」。

わたしは、そうした寝ているときの姿勢について研究したことがあるんです。その結果、人が夜、寝ているときの姿を観察することで、その人についていろいろなことがわかることに気づきました。たとえば、壁のほうを向いて寝ているロバートは、こう言っているように思えます。「ぼくには勇気がない。ぼくは何も目に入れたくない」。また、丸くなって寝ているときは、敵に見つからないように姿を消したい、あるいはハリネズミのように体を丸めたいと思っていると考えていいでしょう。

資料の記述は、こう続いています。「父親がロバートと同じ部屋で寝ているが、母親は、自分が添い寝して、ロバートが眠りにつくまで気持ちを落ち着かせることもあると語っている」。

この母親のコメントは重要です。というのも、ロバートが恐怖を抱え、母親に、臆病な自分をサポートしてほしいと思っていることを示しているからです。彼には、自立した人間としてしっかりしようという気はなく、母親が彼を気にかけずにはいられないような振る舞いをしています。ですから、学校の教室のような、母親がいっしょではない状況に置かれたら、弱気になってしまいます。教室では、彼の寝ている姿に象徴されるように、背中を向け、目を閉じているのではないでしょうか。彼が問題には一切直面したくないのは明らかです。

資料を読み進めましょう。「母親は、彼とは、姉たちよりもはるかに長く、いっしょに寝ていたことを認めている。両親はイタリア系だが、夫が妻や娘の活動を制限するといった、イタリア系の家族でよく見られるようなことは、一切行われていない。母親はこう語っている。『家では、わたしが実権を握っているんです。ときどき、わたしがあまりにも疲れているので、夫が、出歩くのを控えたほうがいいって言うんです。男ってみんなそうですけど、夫もわたしが出歩くのが嫌なんでしょう。でも、はっきりそうは言いません』」。

母親が認めているように、ロバートは、姉たちとは違って、けっこう大きくなるまで、母親に寝かしつけてもらっていたんですね。たぶんそうだろうと思っていました。また父親は、女性を低く見る人ではなく、支配的な妻を抑えつけるようなことはしていません。

では、資料を読み進めましょう。「彼の『生育歴』は次の通りである。――母親の陣痛が12時間も続いたが、器具は使われなかった。難産だったため、出産時には、赤ちゃんの顔が真っ青になっていた。赤ちゃんの出生時の体重は12ポンド（約5440グラム）」。

難産で生まれたことは、考えられているほど子どもに影響しません。たぶん彼は、頭が大きかったのでしょう。たいていの男の赤ちゃんは、女の赤ちゃんより頭が大きいです。

資料の記述はこう続いています。「母親は、生まれたときのロバートは、かわいい赤ちゃんではなく、皮膚が黄色だったと語っている。生後2カ月で発疹が出て、15カ月まで続いた。生後の早い時期に首がすわり、6カ月でおすわりをした。生後8カ月で最初の歯が生え、そのときに、母乳をやめた。粉ミルクを飲ませるのは困難を極め、適切な粉ミルクが見つかるまで、腸の炎症が治まらなかった。9カ月で固形食（離乳食）を食べ始めた。15カ月で、母親がおむつをはずす練習を開始し、2歳で、排尿を完全にコントロールできるようになった。彼には、子ども用の肝油が与えられた（「肝油」は、タラなどの肝臓から抽出された脂肪分。ビタミンA、ビタミンDを含み、サプリメントとして用いられる）。彼が成長するにつれ、母親は、彼の様子がおかしいと思うようになったが、黙っていた。彼は2歳で歩くようになった」。

赤ちゃんの黄色い皮膚や、発疹について、適切な情報を提供できるのは、出産に立ち会った医師だけです。彼が2歳になるまで歩けなかったのなら、くる病〔ビタミンDの欠乏や代謝異常などを原因とする骨の石灰化障害〕にかかっていたのかもしれません。

資料を読み進めましょう。「彼は身ぶりやいくつかの音声を通じてコミュニケーションを取り、家族は、彼が伝えたいことを理解した。母親が一番よく理解した」。母親が子どもの身ぶりから伝えたいことを理解したのは、とても残念なことです。子どもがしゃべる必要がないなら、言葉を発達させようという意欲がなくても不思議はありません。

資料の記述はこう続いています。「彼に聴覚障害はない。母親は医師から、この子にもいつかは『夜明けがくる』ので、心配しないで放っておくよう言われたという。彼は5歳のときにしゃべり始めた。彼はアデノイド（咽頭扁桃《いんとうへんとう》）とへんとう腺を除去している。好き嫌いはなく、病気にかかったことは一度もない」。どんな気まぐれにも応じてもらっている子どもが、4歳を過ぎてもしゃべらないというのは、珍しいことではありません。その一方で、そういう子どもはたいてい、好き嫌いが多かったり、おねしょをしたりします。

ロバートには好き嫌いもおねしょもないですから、彼は、母親といっしょにとても好ましい状況を維持していて、その状況を改善する必要はないと思っていると考えていいでしょう。

資料の続きを読みましょう。「彼は2年ほど前から、視力（20／70）を矯正するためにめがねをかけている〔アメリカの視力表示「20／70（70分の20）」は、日本の表示ではおよそ「0・3」〕。1年半ほど前に、服を自分で着られるようになった。ただし、服を着るのにかなり時間がかかるので、絶えず急き立てる必要がある。また、左右の二つの靴のどちらを、左右のどちらの足にはくかを決めるのにも、かなりの時間がかかる。彼は身長、体重ともに、同じ年齢のほとんどの子どもを上回っている（身長5フィート（約152センチ）、体重100ポンド（約45キロ））」。

彼が10歳になるまで、服を自分で着られなかったことは、ひどく甘やかされて育ったという確実なサインです。彼は自分で服を着ることにあまり興味がありません。それは、母親に手伝ってほしいと思っているからです。彼が同じ年齢の子どもたちより体が大きいのは、下垂体の病気の症状である可能性もありますが、健康児であることや、母親が食事をたっぷり与えていることのサインにすぎないかもしれません。

資料を読み進めましょう。「彼は、字を書くときには右手を使うが、それ以外のことでは左手を使う」。これはとても重要な記述です。というのも、彼は生まれつき左利きで、右利きの世界にうまく適応できないという問題をずっと抱えており、そのせいで自信をなくしているということが、この記述で確実になったからです。

資料の続きを読みましょう。「彼はいつも母親や上の姉の近くにいる。父親のことは、めったに口にしない」。

彼の父親は、母親に頭が上がりません。これは、母親と最も多くの時間を過ごし、甘やかされている子どもに、よく見られるケースです。この父親が息子といい関係を築かないのは大きな間違いです。とりわけ、息子に希望を持っていないというのは、父親として間違っています。上の姉なら、弟を手なずけることができるでしょうが、父親が彼といい関係を築くのは、それほど簡単ではないでしょう。母親が家にいる限り、彼は必ず母親のほうに向かいます。父親は、彼を旅行にでも連れ出して、彼に楽しい思いをさせ、彼と仲よしになるべきです。そしていつかは、彼の知能について、自分は間違った考え方をしていたと打ち明けるべきでしょう。わたしたちカウンセラーは、まずは、ロバートと父親の関係改善に取り組むべきです。

資料を読み進めましょう。「母親は、彼にお使いを頼んでいる。彼はお使いが好きで、お使いに行った話をしてくれる。母親は、店で買ってきてほしいものが二つ以上あるときは、品名を書いたメモを渡す必要がある。この資料を作成するにあたって、店主に話を聞いたところ、母親がメモを持たせていないことを伝えてくれた。その後、わたしから母親に、メモを持たせるようアドバイスして、事態が改善した次第である」。一人で役目をこなすことに慣れていない子どもが、お使いを頼まれて、二つ以上の品物を覚えているなんて、期待しないほうがいいでしょう。店主は、ロバートのことを理解し、彼が置かれた状況をよく見抜いていました。心理学の専門家じゃなくても、この店主のように、子どもの状況を理解できる人はたくさんいるものです。事態を改善する方法に気づいたことや、事態を改善できる可能性があることは、とてもよい兆候です。おかげでわたしたちは、どんなに厄介な問題（間違い）も、たいていは解決できると信じることができます。

では、資料を読み進めましょう。「母親はときどき、彼が架空の子どもに話しかけ、彼が自分で返事をしていることに気づくことがある。話し相手はたいてい男の子だという。架空の子どもと話しているときの彼は、路上で暮らす子どもみたいな乱暴な話し方をし、顔を輝かせ、けんかしているように見えるという」。架空の相手とのおしゃべりごっこをする子どもはたくさんいますが、なかなかしゃべれるようにならなかった彼が、今では、自分の分だけではなく、もう一人の子どもの分までしゃべって、話す力を養っているのは、とても興味深いです。ロバートは将来、作家か劇作家になるかもしれません。左利きの子どもは、芸術的センスがあることがよくあります。また、彼がこうしたごっこ遊びをすることや、姉とからかい合うことから推測すると、彼は、男の子との交流を強く望んでいるのではないでしょうか。おそらく彼は、すでに女性への恐怖を抱え、女性の力を過大評価するようになっています。彼の母親は支配的な女性ですから、なおさらそうでしょう。また彼が、想像力が旺盛なことも確かでしょう。臆病な子どもはたいていそうです。彼らは、想像の世界でなら、簡単に英雄のようになり、勇気を持ち、勇敢になれるのです。

ほんとうは、彼は臆病なのですが、自分は臆病者だと思うとつらくなるので、想像の世界で、自分が勝者になったつもりになるのです。わたしたちカウンセラーが、現実の世界で勇敢になるための道筋を示してあげるべきでしょう。

資料にはこう書かれています。「彼は近所の男の子たちとは遊ばない。彼はこう言っている。『近所の子たちの遊び方は、ぼくとは違う。彼らはいつも戦いをやってるけど、ぼくは戦いが好きじゃない』。ときどき彼は、しばらくのあいだ、低い声で笑い発作を起こす(笑い続ける)ことがあり、母親が心配している。笑い声が大きくなることもあるが、その後、ほとんど聞こえなくなるという」。彼が近所の男の子たちと遊ばないのは臆病だからですが、母親が心配している笑い発作は、母親の支配を緩めるための手段でしょう。おそらく、母親が彼に譲歩しなかったり、彼の思い通りにさせてくれなかったりしたときは、発作が最も激しくなるでしょう。

資料にはこう書かれています。「時折、眠っている最中に起き上がり、いろいろなひとり言を言うことがあるが、放っておいても、しばらくすると、静かに横になり、眠りにつくという」。

母親に来てもらうために、夜中に叫び声をあげる子どももたくさんいますが、彼は母親にヒントを与えるだけで満足しています。

資料を読み進めましょう。「学校では、彼は友だちを作ろうとするが、すぐにくじけてしまう。子どもたちが彼を避けたり、ののしったりすることはない。これまで何人もの担任教師と接してきたが、以前の担任の名前は、二人しか覚えていない」。

甘やかされた子どもは、友だちを簡単に作れないと、すぐにあきらめてしまいます。また、彼の記憶力のことですが、彼が担任の先生たちの名前を覚えていないのは、その先生たちのことが好きじゃなかったからです。記憶力が悪いのではなく、忘れたいのです。では資料を読み進めましょう。「学校で、彼がまわりの子どもたちに話しかけるようになったのは、ごく最近のことである。彼は6歳で入学し、1年A組で2（学）期を過ごし、1年B組で3期、

2年A組で2期、2年B組で2期、3年A組で1期、3年B組で2期を過ごしている。現在は3年B組の2期目」〔ロバートの小学校では、習熟度別にクラスを編成し、B組が、習熟がより進んだ子どものクラスになっていると推測される〕。

彼がほかの子どもたちに話しかけなかったことからも、彼がどれほど孤立していたかがわかります。ですが、彼の状態はよくなり始めています。6歳で入学し、それより遅くならなかったのは幸いでした。ですが、同じ学年を繰り返したことが、彼に自信を失わせたのではないでしょうか。彼が学校にあまり関心がないのも無理はありません。彼に希望を与えるのが、わたしたちカウンセラーの仕事となるでしょう。希望を与える方法の一つは、学校で、成績がよくなくても、高評価の通知表を渡すことです。

そういうやり方は間違っているように聞こえるでしょうが、そうでもありません。彼のような子どもに悪い通知表を渡して落胆させることに、意味はほとんどありません。わたしとしては、彼に進歩が見られるまでは、通知表を出さないことを勧めたいです。担任の先生が「この課題なら、彼は達成できる」と確信できるような、簡単な課題を与えてみてはどうでしょう。また先生は、彼がとくに関心を寄せている分野に気づいて、その分野に取り組むよう励ますべきです。そして彼に「価値のある人間になれる」と教えるべきです。こうしたことを、公立の小学校で行うのがむずかしいことは、わたしも承知しています。先生は、「そんなことをしたら、クラスのほかの子どもたちから、ロバートをえこひいきしていると思われます」と反論なさるかもしれません。その反論には、こうお答えしましょう。「先生が彼の問題を解決するのを、クラス全体が手助けする——そんな状況を生み出すような『優しさ（思いやり）』を、子どもたちに植えつけてください」。もしクラスのほかの子どもたちが、先生がロバートを支援することに協力するようになったら、彼にとってもプラスになるはずです。

では資料を読み進めましょう。「彼は字がうまく、その腕前は7年生（日本で言えば、中学1年生）のレベルである」。

字を書くというのが、彼が得意な分野の一つなんですね。彼は字を書く練習をしたのでしょう。左利きの彼は、字がうまくなることで、右手がうまく使えないという欠点の補償（埋め合わせ）をしたのです（心理学でいう「補償」は、欠点や不満などを埋め合わせるために、別のよい点を伸ばそうとする、意識的または無意識の防衛機制のこと）。彼はそうした形でハンディキャップ（不利な条件）を克服したのに、それでもまだ、自信を失ったままです。たいていの人は、自分の成功よりも失敗にとらわれるものです。臆病な子どもの場合も、成功よりも失敗を重視してしまうことがよくあります。

資料の記述はこう続いています。「彼は絵が下手である」。ですがわたしは、もしロバートが絵を描くことやデザインすることに関心を抱いていたら、そうしたことがかなり上手になっていたはずだと思います。絵が上手になっていたら、それは、彼の視力が弱いことの補償の一つになったはずです。資料によれば、彼はめがねをかけているそうですが、めがねをかけるのが嫌いなせいで、目がめがねに慣れていないのではないでしょうか。

また、資料にはこう書かれています。「彼は『読み』の能力に、かなりの遅れが見られる」。よく知られていることですが、左利きの子どものなかには、単語の文字を逆向きに読んでしまうために「読み」の能力が遅れる子どももいます。ロバートもそのタイプなのかもしれません。わたしの教え子のアリス・フリードマン博士が、左利きの子どもが文字を逆向きや鏡文字で読むことを発見しました。右利きの人にとっては、視点を左から右に移すのが当たり前です。ですが左利きの人には、右から左に移すほうが楽で、その感覚が、頭のなかに染みついているのです。文字を逆向きに読んでいる左利きの子どもは、「読むこと」では、学校でたくさんの失敗を経験し、右利きの子どもたちにはとうていかなわないと思うので、逆向きに読んでいることに気づいてもらえなかったら、しまいには「読むこと」への関心を失います。ロバートの場合は、「読み」や「絵」が苦手という不幸が、彼が直面するすべての問題に影を落としているので、成長がストップしているのも無理はありません。ロバートが文字を逆向きに読んでいるせいで、「読み」が遅れているなら、わたしたちカウンセラーは、彼の読み方を改めることに努めなければなりません。

子どもが左利きかどうかを見分けるのに役立つサインはたくさんあります。たとえば、「鏡文字を書く」、あるいは「動物の絵を描いてもらうと、動物の右側から左へと描いていく」「両手を組み合わせると、左手の親指が一番上になる」といった特徴が見られたら、その子どもは左利きだと考えていいでしょう。

資料の記述はこう続いています。「彼が単語をつづるときには、次の三つのケースがある。一つは、単語のつづりがわかっているケース。二つ目は、つづりはわかっているのに、2文字が鏡文字になるケース。三つ目は、単語のつづりがわからず、ほとんどの単語を『e』の文字からつづり始めるケース。わたし（担任教師）は、二つ目と三つ目は、左利きのせいだと考えている」。

わたしは、彼が正しくつづるのをあきらめているせいだと思います。彼は、どうしたら改善できるかわからないのです。（注1）

では、資料を読み進めましょう。「1926年に、特別支援学級に入る必要があるかどうかを判断する検査官が、彼の知能検査を行った。そのとき彼は8歳だったが、検査の結果、精神（知能）年齢は4歳6カ月と判断された」〔「知能検査」は、知能を測定するための心理検査。検査結果を表す方法としては、知能指数で表す方法が代表的だが、精神（知能）年齢や、知能偏差値で表す方法もある。知能検査は1905年に開発され、当初は知的障害児を見分けるためのものだった〕。

これで、ロバートが知的障害ではないかという疑念が高まった経緯がつかめました。ですが、知能検査の結果は決定的なものではないので、わたしたちは、知能検査の結果が出たからといって、知的障害かどうかの見極めをやめてはいけません。過度にかわいがられた子どもは、学校での不出来を恐れるあまり、検査を受けることに集中できないことがわかっています。ですから、そういう子どもの検査結果は信頼できません。知能指数が低いという結果は、知的障害の子どもだけではなく、甘やかされた子どもにも出るのです。知能検査の結果に価値があるのは、わたしたちのほかの調査結果と一致するときに限られます。ですがロバートの場合は、結果が悪いのは、母親にサポートしてもらいたいと思っていることと、ひどく弱気になっていることが原因だと考えられます。

資料を読み進めましょう。「スタンフォード・ビネー式知能検査によれば、彼の知能指数は53、基礎年齢は3歳、上限は7歳であった〔「スタンフォード・ビネー式知能検査」は、フランス人のビネーらが開発したビネー式知能検査を、スタンフォード大学の教授が改良したもの。この検査で、初めて知能指数が、検査結果を表す指数として導入された〉。ハガティ式リーディングテストによれば、読解力は1年A組レベル。ウディ・マッコール式学力テストによれば、計算の能力も1年A組レベルである。検査中の彼は、とても感じがよく、陽気で、よく協力してくれる」。

この最後の一文から、彼が甘やかされたもう一つの理由がわかりますし、彼には、検査中に自分の長所を生かすだけの知力があることもわかります。

資料を読み進めましょう。「彼は、反応時間が速く、注意力も十分にある〔「反応時間」は刺激が与えられてからその刺激に対する観察可能な反応が生じるまでの時間〕。話すときに、最後の言葉を繰り返す癖があるそうだが、わたし〈現在の担任教師〉は、彼が最後の言葉を繰り返すのに気づいたことはない」。

最後の言葉を繰り返すのは、確信がなく、ためらいがちに口ごもることで時間稼ぎをしようとしているサインです。現在の担任の先生が彼の癖に気づかないのは、彼女は彼にそれほどプレッシャーをかけないので、彼が彼女のことを怖がっていないからでしょう。

資料にはこう書かれています。「ロバートには、知能の発達に深刻な遅れが見られる。色や形を識別することもできない〈この時点では、彼はめがねをかけていなかった〉」。

彼の視力に問題があるのは間違いないでしょう。色覚障害もあるかもしれません。彼が「形」を識別できないことから判断すると、彼は適切なトレーニングを受けていないと思われます。

資料を読み進めましょう。「『数字』を記憶する能力は4歳児レベル、『考え』を記憶する能力は3歳児レベルである」。

こういう情報を聞くと、悲観的になるかもしれませんが、知的能力の高い大人でも、大きなプレッシャーがかかっていたら、数を数えられないことがあります。ロバートがこの検査のときに、どんな感情を抱き、どんな態度を取っていたかが、この検査結果を重視するかどうかを決める重要な要因になるでしょう。

資料の記述はこう続いています。「彼は、特別支援学級に入るよう勧められたが、母親が同意しなかったため、習熟の遅いグループのクラスで、ほかの子どもたちといっしょにやっていくことになった。また『夢』については、彼は、まったく見ないと主張している」。夢を見ないというのは、彼が「目標」――大いにかわいがって（大事にして）もらうこと――を達成し、直面している問題もなく、現状にすっかり満足しているというサインです。彼は家でも学校でも、「安全」を手に入れ、それ以上のものは求めていないということでしょう。

資料を読み進めましょう。「『小さいころの記憶』については、最初のうちは、ないと主張したが、その後こう語っている。『よく女の子が、自分の自転車をぼくに貸してくれました』。このできごとは最近のものだが、彼は、かなり以前のできごとのような言い方をしている」。

この記憶は、彼のライフパターン――みんなが自分に仕えることを望んでいること――に合致しています。

では、資料を読み進めましょう。「『将来の志望』については、『大きくなって、つづりがちゃんとわかるようになりたい』と言ったこともあれば、『お父さんの店をお掃除したい』と語ったこともある」。もし彼が一つ目の志望を自主的に表明したのなら、彼は自分の弱点をわかっていて、いずれそれを克服するつもりでいると考えていいでしょう。二つ目の志望からは、父親に好かれたいと思っていることがうかがえます。

資料の記述はこう続いています。「また『大きくなって、街で遊び回れるようになりたい』と語ったこともある。しかし、働いてお金を稼ぐ気はない。願いごとを三つ挙げるとしたら、『大きくなりたい』『強くなりたい』『授業がわかるようになりたい』を選ぶという。このうち、最初の二つは、ごく自然に口をついたものである」。

働く気がないということからも、彼が自信を失っていることがわかります。彼の「願いごと」について言えば、最初の二つは、男の子ならだれもが望むことだと思います。とくにアメリカでは、スポーツが重要な役割を果たしていますから、男の子はみんな、強く、大きくなりたいのではないでしょうか。また、「授業がわかるようになりたい」という願いからは、彼が何に苦労しているかがうかがえます。

資料の続きを読みましょう。「彼に、『家で読書をして過ごす』のと、『街に出かける』のではどちらがいいかとたずねたところ、彼は後者を選んだ。わたし（担任教師）は、ロバートのケースは、体が大きく左利きであるために、動きがぎごちないというハンディキャップを抱え、自信を失っている末っ子の事例だと考えている。両親には、こう伝えている。『彼に責任を持たせ、有意義な活動に目を向けさせてください。彼のいるところでお姉さんたちをほめるのは控えてください』。また教室では、みんなにプリントを配るとか、教室の換気を行うといった仕事を彼に与えて、責任を持たせている。彼に仕事をするよう合図を送ると、彼はすぐに察知する。最初のうちは、大量のプリントをどう扱えばいいかわからないようだったが、その後のプリントの扱い方には改善が見られる」。

この先生は、ロバートを支援するのに最適なやり方を選んでおられます。これ以上のやり方は、わたしにもアドバイスできません。ロバートにはわたしから、彼への教育でいくつか間違いがあったことを説明しましょう。また、彼が「自分も姉たちのレベルに成長できる」

と信じるよう働きかけようと思います。そして、彼がうまくいっていないのは、お母さんに頼りすぎていて、自分に自信が持てなくなっているからだと説明しましょう。彼には、すぐにはうまくいかなかったとしても、そのうち必ずうまくいくと、信じてもらわなければなりません。泳ぎを習得するときにたとえることもできるでしょう。泳ごうと思っても、最初は手足の動かし方を間違えて、まったくうまく泳げません。あるいはその反対で、最初からうまく泳げる人もいるでしょう。すぐには泳げなかった人でも、最後には、必ず泳げるようになります。また、わたしたちカウンセラーが彼にアドバイスするときには、彼が理解できる言葉で伝えなければなりません。

ロバートは、遊び友だちともっと接触を図る必要があることも理解しなければなりません。彼には、放課後は集団で遊ぶか、クラブ活動をしてもらいましょう。そうすれば、知らない子どもたちと過ごす時間が増えて、お母さんと過ごす時間が減るはずです。またわたしたちは、彼が語句を読むときの特殊な問題についても説明し、正しい読み方を教えなければなりません。わたしたちが彼を、希望のない状態から抜け出させることができたら、彼の状態はよくなるでしょう。資料の最後の一文から、彼がすでに正しい道を進んでいることがわかります。担任の先生は、いずれ、彼の状態がよくなったことに気づくでしょう。それから、彼のお母さんと話をし、彼には十分な知的能力があること、ただしお母さんは、彼を自立させたときに初めて、彼の知的能力を楽しむことができることを、伝えなければなりません。問題のある子どもたちのなかで、最も大きな割合を占めているのが「甘やかされた子ども」です。それがなぜかは、ロバートのケースを見れば、みなさんもおわかりになるのではないでしょうか。

面談

ロバートのお母さまが教室に入りました。

アドラー　ロバートのことでお伝えしたいことがあります。わたしたちは、彼には十分な知的能力が備わっていると考えています。彼が問題を抱えているのは、お母さんが彼のために、彼の問題を解決してしまうので、彼が自主的に行動する必要性に気づかないことが主な原因でしょう。ですから、お母さんが事態を改善できる可能性があるのです。彼にもっと自主的な行動を取らせてください。そして、彼を見知らぬ子どもたちのグループに入れ、彼がもっと遊び友だちといっしょに過ごせるようにすべきです。彼の空いている時間には、クラブ活動や集団での遊びに参加させましょう。お母さんと多くの時間を過ごすのは、彼のためになりません。というのも、彼は、お母さんに影響を与えることができますし、お母さんに何を期待すべきかがわかっているからです。またわたしたちは、ロバートは左利きで、それが彼の困難の多く、とくに「読み」と「つづり」での困難の原因だと考えています。彼に正しい教え方をしたら、彼はほかの子たちと同じくらい上手に読み書きができるようになるでしょう。ですが、彼はこれまで、うまくできないことがたびたびあったので、今では自信を失い、前に進むことができなくなっています。お母さん、彼には、体を洗うのも服を着るのも自分でやらせてください。彼が何かを間違っても、小言《こごと》を言ってはいけません。それから、ご主人に、ロバートにチャンスを与えるよう伝えるべきです。ご主人には、ロバートと2、3日旅行して、仲を深めてもらってはいかがでしょう。ロバートには、「お父さんはあなたの成功を信じている」とはっきり伝えてください。わたしには、ロバートは正常な子どもに思えます。お母さんの許可をいただけたら、ここで彼と話をし、もっと自立するよう促せるかどうか、試してみたいと思います。

お母さま　わかりました。でもあの子はおびえるでしょうね。わたしだっておびえています。

こうした聴衆を目にするとは思っていませんでしたから。

ロバートが呼ばれました。彼が教室に入ると、すぐにお母さまが「おいで、バスター」と声をかけました。ロバートはまっすぐお母さまのところに行き、彼女を正面から抱き締めました。

アドラー きみはお母さんを守っているんですね？ でも大丈夫。お母さんは倒れたりしませんとも。一人で立っていられます。では、きみは、いつまでもお母さんに支えてもらいたいですか、それとも、大人になりたいですか？

ロバート 大人。

アドラー いろんなことを自分一人でやるのと、だれかにやってもらうのとでは、どちらがいいですか？

ロバート お母さんにやってもらいたいです。

アドラー お母さんのことが大好きなのはとてもいいことですが、お母さんがきみのために何でもやってくれることは、期待できないと思います。きみがもっとたくさんのことを自分一人でやったら、もっと楽しくなりますよ。自分一人でやるのを始めてください。ほかの子どもたちは、ごく小さいころに始めます。きみがいろいろ苦労しているのは、始めるのが遅かったからです。でも、何でも自分一人でやるのを今すぐ始めたら、自分でできるようになります。歯をみがくのも、体を洗うのも、服を着るのも、一人でやりましょう。お母さんには、手を出さないでもらいましょう。いろんなことが自分でできたら、すごくいいと思いませんか？　きみは、泳ぐのは、練習してできるようになったんですか？

ロバート　はい。

アドラー　だったら、最初は大変だったのを覚えているんじゃないですか？　泳げるようになるのに時間がかかったのと同じように、これから始めることも、できるようになるには時間がかかります。何をやるのも、最初は大変です。でもしばらくすると、できるようになるんです。練習して泳げるようになったのなら、読みや計算も、練習してできるようになります。ただし、根気よく練習を続ける必要があります。それから、読みや計算も、お母さんがいつまでもきみの代わりにやってくれると期待してはいけません。きみは必ずできるようになりますよ。ほかの子たちのほうがうまくできたって、心配いりません。担任の先生からうかがったんですけど、きみは最近、上手になったものがあるそうですね。すごいじゃないですか。どうでしょう。遊び友だちを作ってみませんか？　クラブ活動に参加するというのはどうでしょう?

ロバート なんだか楽しそう。

アドラー では、わたしたちがきみに楽しいクラブを探してあげましょう。そのクラブに入れば、遊んだり、おしゃべりしたりできますし、きみが人に頼らないことを証明することもできます。それから、お父さんと旅行に出かけたら、きっと楽しいんじゃないかと思います。

ロバートは、お母さまといっしょに退室しました。

その後、質疑応答に入りました。

受講者 左利きの子どもには、右手で書くよう指導したほうがいいのでしょうか?

アドラー それがいいと思います。理由は二つあります。一つには、社会全体が右利き仕様になっているからです。二つ目は、つねに左手を使っている人は、異彩を放つことになるからです。そういう人は「自分は人と違う」とか、「不公平だ」と思い込む傾向があるんです。あなたもきっと、左利きの人についての不名誉な統計データをごらんになったことがあるでしょうが、わたしの統計では、左利きの人には芸術的なセンスがある人が多く、とくに、弱点である右手を訓練した人に、芸術的センスがある人が多いです。また、左利きの子どもを右利きに矯正したら、吃音〔言葉がスムーズに出てこない発話障害。かつては「どもり」と呼ばれていた〕になるという迷信もあるようです。これは真に受けないほうがいいでしょう。確かに、右手を使う練習をさせるときに、子どもを叱るとか、自尊心を傷つけるといった、間違ったやり方をすると、子どもは、吃音になるという形で事態に適応できないことを示すことはあります。わたしは、学校の先生が、子どもが本来は左利きなのか右利きなのかを把握していることが大事だと思っています。というのも、本来左利きの子どもが右手の作業に苦しんでいるのに、先生に叱られたら、その悪影響が何年も続くことがあるからです。

受講者　中学校に入る準備ができている10歳の男の子が、両方の手を使っているのですが、先生ならどうなさいますか？　その子どもはとても早熟です。右手で字を書かせようとすると、彼はナーバスになって泣き出し、「もうイヤだ」と言うのです。

アドラー　彼はまずい指導を受けてきたのでしょう。

受講者　彼はピアノをとてもうまく弾きます。

アドラー　それなら、ピアノへの関心を、右手の練習に活かすという手もありますね。指導するのは、彼とは個人的なかかわりがなく、科学的な視点からアドバイスできる人がいいでしょう。ピアノを弾くことで、両方の手を鍛えることができますね。

受講者　先生なら、左利きの子どもに右手のトレーニングをお勧めになりますか？

アドラー　はい、もちろんです。ご存じの通り、左利きのたくさんの野球選手やプロボクサーが、右手のトレーニングを積んで、左手を使うより右手を使ったほうがはるかに速くプレーできるようになっています。「成功」は、それを手に入れようと必死に努力する人のところにやって来るものです。これはとくに、芸術の世界にいる左利きの人に当てはまります。ですが、今回取り上げたケースに話を戻しましょう。ロバートが一番困っているのは、学校の勉強です。彼が教室に入ってきたときのことを覚えていますか？　彼はすぐに、母親にしがみつきました。このことが、彼のこれまでの生き方を象徴しています。つまり彼は、母親に支えてもらいたいのです。ですが、見ててください。彼は、わたしがアドバイスしたことを実行したら、すぐによくなりますから。

受講者　彼のような子どもには、どんな状況であれ、体罰を与えたほうがいいとお考えですか？

アドラー　わたしは体罰には断固反対だと考えていただけますか。子どもの幼少期の環境を調べ上げ、子どもに説明し、納得してもらうというのが、わたしのやり方です。彼のような子どもにお仕置きをしたところで、どんなメリットがあるでしょう？　学校で出来が悪いからといって子どもにお仕置きすることは、まったく正当化できません。彼が「読み」ができないのは、適切なトレーニングを受けていないからです。お仕置きしたところで、トレーニングが改善されるわけではありません。子どもは、お仕置きされるのは自分の出来が悪いせいだとあきらめて、不快な状況から逃れるために不登校になるだけでしょう。子どもの身になって、お仕置きを考えてみてください。そうすれば、お仕置きは問題を増やすだけだと気づくのではないでしょうか。ついでに言わせていただきますが、子どもに体罰を与えるのは、子どもたちに対して、体罰以外に何をしたらいいかわからない人たちだけだと思います。

編集者からの報告

この講義のあと、わたし（編集者）がロバートのカウンセリングを担当し、数カ月にわたって彼をフォローしました。彼に詳細な検査を行ったところ、左利きの子どもに特有の読字障害「鏡像知覚型ディスレクシア」が重症化した状態であることが判明しました。また彼は、体の左半分が完全に優位にあることや、とっさに行動するときにはつねに左手を出すことから、かなり著しい左利きだと考えられました。彼は、単語の文字の配列を理解できず、文字を鏡文字として知覚しました。また、計算記号の「＋」と「×」の区別がつかず、アルファベットの個々の文字の発音のつながりもわかっていませんでした。わたしが考案した運動感覚学習法を用いて、彼に「読み方」を教えたところ、2カ月経ったころには、彼の学年よりもはるかに高い学年向けの本を読めるようになりました。お母さまに、彼を一人でカウンセリングに来させるよう説得するのには、大変苦労しました。また、彼を少年キャンプに参加させることについては、最後まで同意していただけませんでした。

彼は大きな成長を遂げましたが、彼が自立することには、つねに妨害が入るので、完全な自立はおそらく無理だろうと思います。彼が自立できないのは、生まれながらの弱点のせいではありません。お母さまの病的な執着のせいなのです。

（注1）編集者注　「e」の文字で終わる単語は非常にたくさんあります。ロバートが「e」からつづり始めるなら、彼は単語の最後の文字からつづり始めているのだと思われます。彼が最後の文字からつづり始めることが多いことは、左利きである重要なサインと考えていいでしょう。

第3章　うそをついたり盗みをする子ども
――子どもを犯罪者にしないために

今夜の講義では、8歳の少年のケースを取り上げましょう。彼についての資料には、まず、こう書かれています。

「カール・T、8歳2カ月、2年B組、知能指数98。彼の問題は、家族や担任教師、クラスの男子たちにうそをつくこと。盗みも何度か働いている。うそをついたり、盗んだりするようになったのは5歳のときからで、それ以前は何も問題がなかった」。

知能指数が98ということですから、カールには知的障害はないですね。うそをつくのは、不安を抱え、気弱になっているというサインです。わたしたちカウンセラーが「うそをつく子ども」についての話を聞く場合は、最初に、その子どもは自慢げなうそをつくのか、それとも、まわりのだれかが怖くてうそをつくのかを、知っておいたほうがいいでしょう。もしかすると、その子どもは、罰を受けたり、叱られたり、面目を失ったりするのを避けたいと思っているのかもしれません。彼がうそをついたり盗んだりしているのは5歳からで、それ以前は問題がなかったと書かれています。この記述に間違いがないとしたら、5歳のときに、彼の人生にとって危機的なできごとが起きたと考えていいでしょう。おそらく彼は「劣等コンプレックス」を抱えていて、他人よりも自分に関心を持っています。盗みを働くのは、面目を失っていて、無意味なやり方で自尊心を高めようとしているからではないでしょうか。

資料を読み進めましょう。「母親は担任教師のわたしに、内密の話として、カールの父親とは結婚していないことを打ち明けた。彼女は、ごく小さいころに母親を亡くし、16歳のときに、彼女の父親の友人だった男性の誘惑に乗ったという。その男性は、その後は姿を見せず、彼女が子どもを産んだことも知らないそうだ」。非嫡出子〔法律上の婚姻関係がない男女のあいだに生まれた子ども〕の場合、たいていは、「共同体感覚」〔自分のことだけではなく、ほかの人たちにも関心があること。社会性〕を養うのはかなりむずかしいです。現代社会では、結婚していないのに子どもを産むのは不名誉なこととされ、そうやって生まれた子どもは一方的に攻撃を受ける立場に立たされます。カールは、困難な境遇で育ったんですね。非嫡出子の子どもは、かなりの確率で犯罪者や大酒飲み、変質者（性的倒錯者）になりますが、それは彼らが不当に不利な立場にあり、道徳に反するような行動に惹かれるからです。彼らには、そういう行動が幸福への近道になりそうな気がするのです。カールの場合は、父親がいませんから、「共同体感覚」を養うためのもう一つの通常の機会も欠いていたことになります。

資料の記述はこう続いています。「母親は、カールが5歳のときに結婚した。彼の新しい父親（義父）には、彼より2歳年上の女の子どもがいた」。

カールが問題を抱え始めたのは5歳のときでしたが、それは、お母さんが結婚したときだったのですね。おそらく彼は、まわりの人々のなかで自分が思うぞんぶん接触できる唯一の人を、新しいお父さんに取られたような気がしたのでしょう。そのうち彼は「だれもぼくのことには興味がない」と思うようになったと考えていいでしょう。そして、新たにお姉さんができたことが、事態をさらに悪化させている要因でしょう。なぜなら、お母さんはたぶん、その女の子の世話もするからです。そしてその女の子は、父親に愛され、お行儀がよく、よい子に育っているのではないでしょうか。そのことも、事態をますます悪化させていると考えられます。当時のカールはまだ5歳ですし、それまでに、そうした新しい状況に向き合えるだけの勇気や強さを養えるような経験はしてこなかったのでしょう。

資料の記述はこう続いています。「今では、彼のきょうだいは二人増え、2歳半の妹と1歳半の弟がいる」。

この妹と弟たちが、彼の居場所をますます狭めています。彼が「両親は、ぼくのことよりほかのきょうだいのほうが好きなのだ」と本気で信じ込むようなライフスタイルを作り上げたのはほぼ確実でしょう。

資料を読み進めましょう。「彼は2歳になるまでは、母親と暮らしていた。2歳になったときに、母親が保育園で働き始めたため、彼は3カ月にわたってコネチカット州の養護施設に預けられた。しかし彼はその施設で不幸な日々を過ごし、家に帰ってきたときには、非常におびえていて、人を見れば逃げ出すほどだった」。

彼は、お母さんと過ごした2歳までのあいだ、お母さんにしか関心がなかったのではないでしょうか。養護施設では、明らかに、「共同体感覚」を養えるような経験はしていません。

資料を読み進めましょう。「その後、彼は6カ月ほど母親といっしょに暮らしたが、母親が医師宅に住み込んで、子どもたちの面倒を見る仕事についた。彼は医師宅の近くの家に預けられ、母親は毎日彼と会うことができた。彼はその家では、幸せな日々を過ごし、母親が結婚するまで、その家で過ごした。母親と新しい父親は、ともにキリスト教プロテスタント系の慈善団体『救世軍』のメンバーで、父親は救世軍のブラスバンドで演奏している」。カールはお母さんの近くにいられたときだけ、幸せだったのですね。ご両親の職業から拝察すると、おそらく生活はかなり苦しいのではないでしょうか。

資料を読み進めましょう。「わたし（担任教師）から母親に、カールの問題を初めて伝えたときには、彼女は涙を流し、こう言った。『カールをどうしたらいいのか、まったくわかりません』」。

もし親御さんが子どもへの希望を失っているとしたら、それは、子どものためにとても悪いことです。もしそうなら、カールがまったく希望を失っているのも当然でしょう。そして子どもが希望を失ったら、わずかに残っていた「共同体感覚」まで失うものです。

では資料を読み進めましょう。「父親は、カールが悪いことをすると、かみそりを研ぐための革ベルトで彼を打った。カールはいつも教会の日曜学校に通っていたが、先週から、別の日曜学校に通うことになった。母親は彼に、新しい教会に行くための電車賃10セントと、教会への献金用の5セントの計15セントを持たせた。彼が家を出てから、間違った路面電車に乗らないか心配になって、通りの角まで見に行った。すると彼女は、息子がお菓子屋さんから出てくるのを目撃した。彼はお菓子屋さんで、キャンディーを買うのに10セントを使ったという」。

こうした事実は重要です。わたしは、彼のまわりにだれか「厳しい人」がいるんじゃないかと思っていましたが、それがだれかわかったからです。お菓子屋さんに行ってお菓子を買うというのは、「自分は差別されている」と感じている子どもにとっては、欲求不満の「補償（埋め合わせ）」にすぎません。そういう子どもには、「補償（埋め合わせ）」の手段がたくさんあるわけではなく、お菓子を買うのはとくによく見られる手段の一つです。

資料を読み進めましょう。「ある日、彼は学校に遅刻してやって来て、わたし（担任教師）にひと箱のキャンディーをプレゼントした」。彼が先生にわいろを贈って、自分を好きになってもらおうとしたところをみると、彼は、かつては「甘やかされた子ども」であり、甘やかされることの快感を覚えていると考えていいでしょう。

資料の記述はこう続いています。「彼は4ドル50セントを所持し、それは母親のものだと主張した。そのお金はお菓子屋さんでキャンディーを買ったときのおつりだった。わたしはそのお金を封筒に入れ、昼休みまで預かった。昼休みに、そのお金を彼に返し、彼がそれを母親に返さなければならないことをはっきりと理解させた。彼が午後1時に学校に戻ったときに、『お金を返した？』とたずねたところ、彼は『はい』と答えた」。こんなときに、「いいえ」と答える子どもなんていませんよ。子どもが親からお金を盗んだことを認めるとは思えません。

資料を読み進めましょう。「その日からほどなくして、彼のクラスメートの多くが、新しいおもちゃを持っていることに気づいた。おもちゃはカールからもらったもので、なかにはお金をもらった子どももいた」。彼は先生だけじゃなく、クラスメートたちも買収したいんですね。彼は「自分はあまり愛されていない、あまり好意的に見てもらえない」と感じていると考えて間違いないでしょう。それなら、彼が悪いことをしたり、問題児になるのも不思議ではありませんし、彼がのけ者にされたとしても無理はありません。ですがわたしたちは、カールが、悪いことをすることで、彼の頭の中心にある「自分よりもほかの子たちのほうが好かれている」という思いを確認していることに気づくべきでしょう。

資料の記述はこう続いています。「母親にも来てもらい、カールに、お金をどうやって手に入れたかたずねたところ、彼はたくさんのうそをついたあと、ようやく、彼の家に来ていた叔母から盗ったことを告白した」。

こうしたケースで、先生が真相を調べるときには、かなり配慮する必要があります。まずはお母さんに話を聞き、彼がお金を盗んだことがほかの子どもたちに知られないようにするのがいいでしょう。

資料を読み進めましょう。「カールは、２歳までは正常で健康な子どもだったが、それ以降は、体がやや弱くなっている。一日に何度もトイレに行きたいと申し出る。母親が医者に見せたが、腎臓には異常がなかった。彼は学校で、頻繁にマスターベーションをする」。

こうした事実からも、カールが教室で、「先生に注目されたい」と望んでいることがうかがえます。「注目されたい」という望みは、先生やクラスメートにわいろを贈ることでは叶わなかったので、マスターベーションをすることで叶えようとしているのでしょう。

資料を読み進めましょう。「彼は、小さいころからずっと、毎晩おねしょをしている」。もしこれが事実なら、彼のお母さんは、ベッドを汚さない方法を正しく教えるという役割を果たしていませんね。

資料の記述はこう続いています。「『おねしょをしたらデザート抜き』にしたこともあったが、まったく効き目がなく、彼はデザートなしで6カ月を過ごしたという。『1週間おねしょをしなかったら、25セントのごほうびがもらえる』と決めたこともあったが、おねしょをしない日は1週間どころか、1日もなかったという」。

彼の行動パターンがお母さんの注意を引くためのものだとしたら、「おねしょ」は、お母さんに対するとても重要な武器になります。それで、デザート抜きとか、25セントのごほうびといった手では、その武器を手放させることはできなかったのでしょう。では、彼はどうしたらおねしょをしなくなるでしょう？　彼は「注目の的になる」という、自分が優位に立つための意味のない「目標」を目指しています。この目標を達成するには、おねしょを続けなければなりませんが、もしやめるとしたら、それは、「注目」してもらうための別の方法に力を入れたときでしょう。彼のような子どもからデザートを取り上げても、お菓子への欲求を高めるだけでしょう。おねしょをやめさせるためのお母さんのやり方は、カールの「面目がない」という思いをさらに強めてしまいました。彼は、家族から好意的な評価を得るという希望を失っていますが、それでも、どうすれば「注目の的」になれるかはわかっているのです。

では資料を読み進めましょう。「彼は、おたふくかぜと、ひどい百日ぜきにかかったことがある。2年前には胃の病気にかかり、1年にわたって厳しい食事制限が課せられた。しかしその後は、病気にはかかっていない」。子どもが、1年間もの厳しい食事制限を必要とする胃の病気にかかるのは珍しいことですし、食事制限をされているうえにデザートまで抜かれたわけですから、彼を取り囲む人々の、興味深い全体像が見えてきたように思います。

資料を読み進めましょう。「彼の『小さいころの記憶』は次のようなものであった。2歳のときに母親の化粧道具一式を、窓から投げ捨てた。すると近所の男の子たちがそれを拾ってうちに返してくれた。『お仕置きはされなかったよ。だってぼくはまだ小さかったから』」。

しつけが行き届いていない子どもが、自分は十分に大事にされていないと思ったときに窓からものを投げ捨てるのは、よくあることです。彼とは別の子どもの話になりますが、わたしは、ものを手当たり次第、窓から投げ捨てる男の子を見たことがあります。彼には何歳か年下の妹がいました。彼はものを投げ捨てることへの罰を受け続け、しまいには不安神経症を発症しました。彼の神経症は、自分はものを窓から投げ捨てるかもしれないという恐怖にとらわれるものでした。ですからその男の子は、一日じゅう泣いていました。彼は、自分がまた悪いことをしてしまうという極度の恐怖のなかで、「神経症になる」という、自分が注目されるためのもう一つの方法を見つけたのです。

こうしたタイプの子どもに罰を与えても、子どもの状態をさらに悪化させるだけです。なぜなら、子どもは自分が置かれた状況がわかっていないからです。もしみなさんがそういう子どもに、「きみは家族にほったらかしにされているの?」「きみは家族に差別されているの?」とたずねたら、子どもは必ず「いいえ」と答えるでしょう。ですがみなさんは、その子どもはいつも「もっとぼくに注目して」と言わんばかりの行動を取っていることに気づくはずです。うそをつくとか、マスターベーションをする、盗みを働く、おねしょをするといった行動は、どれも、子どもが「自分は気づいてもらえないのではないか」という恐怖にとらわれ、「自分をよく見てほしい」と思っているために、無意識のうちに使っている「手段（道具）」なのです。

興味深いことに、カールの「小さいころの記憶」は「罰」と関係があります。彼はこう言っているように思えます。「罰を受けずに済んだ時期もあったのに、もし今、同じことをやったら、罰を受ける」。みなさんもご承知でしょうが、なかには、罰としてぶたれてもまったくこたえない子どももいます。そういう子どもは、ぶたれても内心で「次はもっとうまくやって、見つからないようにしなくちゃ」と思うだけです。そういう子どもに罰を与え続けるのは、犯罪という仕事への最高の職業訓練を行うようなものです。わたしがカールについて心配していることも、まさにその点なのです。

では資料を読み進めましょう。「彼の将来の志望は『医者になること』。彼の姉は看護師になることを目指しており、彼は、自分も姉と同じ病院の医者になりたいと思っている」。彼のほんとうの望みは、「できるだけ少ない労力で、ほかのみんなより優位に立つこと」です。ですから「医者になりたい」という志望は、ほんとうの望みを実現するための手段なのです。彼は自分も病気になって大変な思いをしたでしょうし、お母さんは医院で働いていますから、彼にとって「医者になること」は、「神（完全な存在）に近づくこと」に等しいと考えていいでしょう。また彼は、お姉さんと少なくとも同等になりたいと望んでいます。あるいは、病院では看護師よりも医師のほうが高い地位にいることをすでに知っているのかもしれせん。「上の子を超えたい」という欲求は、二人目の子どもの欲求として典型的なものです。二人目の子どもが医者になりたいと思うのは、単純な動機によるもので、よく見られることですが、カールの場合は、医者になる準備はまったくできていないと言っていいでしょう。

彼は明らかに身構えていますから、彼へのカウンセリングでは、彼はお姉さんや妹、弟たちと対等であり、家族は彼を軽視していないと、彼に思ってもらうことを目指すべきでしょう。そのためには、彼に「もっと重視してもらうためには、悪いことではなく、よいことを行う必要がある」と、説明する必要があります。

またお父さんには、かみそりを研ぐ革ベルトで子どもを打つのをやめ、彼の敵意を取り除くよう教えなければなりません。わたしは、この救世軍で働いているお父さんは、そうしたアドバイスを聞き入れてくれると思っています。そしてカウンセリングを通じて、お母さんにも影響を与え、軌道修正してもらえると信じています。とはいえ、確かにカールの問題はかなり厄介で、もしカールの今の家庭生活——彼への希望を失っているお母さんと、厳しいお父さん、彼より気に入られているきょうだいたちとの生活――をもっと幸せなものに変えることは不可能だとわかったら、彼をもっと好ましい環境に移す必要があるでしょう。

お母さんには、カールが家庭環境のせいで、「自分はほったらかしにされている」と感じていることを説明しなければなりません。子どもが、自分の置かれた状況を誤解するのは、その状況を理解できないからです。家族のなかでは、お母さんが、子どもに影響を与えることのできる重要な存在です。お母さんなら、ほかの家族よりも簡単に、彼に「認めてもらえた」と思わせることができるからです。また、カールには、友だちを作ることを教えなければなりません。そして彼がクラスメートに興味を持ち、誠実に接すれば、わいろを贈る必要はないのだと教えたほうがいいでしょう。今回のケースを通じて、犯罪行為の起源が特定の家庭環境にあることがよくわかっていただけたのではないでしょうか。子どもが強盗を働くようになって初めて、彼を「犯罪者」だとみなすのでは、まったく意味がありません。わたしたちはそうなる前に、対策に乗り出すべきです。

面談

質疑応答

受講者　この子どものお父さんの宗教教育や道徳教育の悪影響によって、子どもがお父さんとは反対の方向に向かうことになったのではないでしょうか？　救世軍の人たちって、すごく厳しくて、自分の子どもには毎晩、その日の悪い行いをざんげさせています。

アドラー　わたしとしては、この子どもの素行の原因として、これまで説明した事柄以外のものがあるという考えには、疑問を抱きます。あなたは、資料に書かれていないことで、子どもを判断しないよう気をつけましょう。この子どもが何らかの宗教的な考え方にプレッシャーを感じていたといった記述があったら、わたしもあなたのように考えたかもしれませんが、そうしたプレッシャーについての記述はありません。とはいえ、あなたの解釈は、別の角度から見たら、価値があるかもしれません。もしこの男の子が完全に反抗的な子どもになったら、両親が最も痛手をこうむる部分を攻撃するかもしれません。つまり両親の「宗教」を攻撃する可能性があるということです。少し前に、ドイツの優れた社会学者が興味深い統計データを発表しました。彼は、犯罪者全体のなかで、法の執行を仕事としている人を親に持つ犯罪者の割合が、驚くほど多いことに気づいたのです。なぜ、裁判官や弁護士、教師の子どもが犯罪者になることが多いのかは、まだだれにも説明できていません。ですがわたしには、今申し上げたことが、唯一の説明になるのではないかと思います。つまり、好戦的な子どもが、親が最も痛手をこうむる部分を攻撃したのではないでしょうか。医者の子どもが病気にかかることが多いのも、おそらくそれが理由でしょう。

カールのお母さまを呼びに行ってもらいましたが、お母さまはなかなか教室に入りたがらないようです。

アドラー　お母さんの「ためらいの姿勢」は、勇気がないことを示しています。たぶん、息子さんの悪い行いのことを大っぴらに話すのはきまり悪いというのもあるでしょう。もしかすると、教室に入らないのは、泣いているからかもしれません。わたしたちは、彼女を慰め、勇気づけるためにできることをやりましょう。みなさんのなかには、わたしが迎えに行けばいいのに、と思っておられる方もいるでしょう。彼女はそれを期待しているのかもしれませんが、わたしはここで待とうと思います。わたしはむしろ、彼女は、わたしたちが息子さんのケースに対して、好奇心でいっぱいになっていると思っているんじゃないかと想像しているからです。彼女には、息子さんの悪い行いについて、まるでそんなことはごく普通で、簡単に直せるかのように、静かな口調で語りかけようと思います。

お母さまが教室に入りました。

アドラー　わたしとしては、カールの欠点は、驚くべきものとは思っておりません。とはいえ、保護者や先生方には、重大な欠点だと考えている人がたくさんいることは承知しています。子どもがつねに正しく成長するなんてありえません。わたしは以前、教室で子どもたちにこう聞いたことがあります。「何かを盗んだことが一度もない人、手を挙げて」。すると、だれもが何かしら盗んでいたことがわかりました。そのクラスの先生も、盗んだことがあると白状しました。ですから、盗みをひどく恐ろしいことと思う必要はありません。子どもが、「お母さんは、ぼくには見込み（希望）がないと思っている」と思い込んで、ひどく弱気になっているなら、なおさらです。あなたは、カールの信頼を勝ち取り、あなたが彼の将来に大いに希望を持っていると、彼が思えるように働きかけたほうがいいと思います。彼はきょうだいたちにはどう振る舞っていますか？

お母さま　あの子はきょうだいのことが大好きなようです。

アドラー　きょうだいにやきもちを焼いたりすることはありますか？

お母さま　あの子には義理の姉がいます。その二人のあいだには、ちょっと警戒心があると思います。

アドラー　そのお姉さんはとてもかわいがられ、よい子に育っているのではありませんか？

お母さま　ええ。

アドラー　よくあることですが、きょうだいのなかで一人が突出していたら、ほかの子どもたちは競争するのを怖がります。そういう状況を避けることはむずかしいです。ですから、わたしは、あなたが彼とお姉さんとの関係を改善できたらいいと思うんです。彼がうそをついたり、悪さをしたりするのは、幸せな状況にないからです。お母さん、彼に、「自分は許されている」「お母さんは、どうしてぼくがやきもちを焼くのか、どうしてぼくのほうがだめなのか、わかってくれている」と思わせてあげましょう。彼は、励ましてあげれば、学校でもっといい生徒になりますよ。そしてお姉さんといい関係を築けたら、あらゆる点でいい子になるでしょう。彼はあなたにかなり頼っていませんか？

お母さま　ええ。

アドラー　同じくらいお父さんにも頼っていますか？

お母さま　あの子は父親のことをすごく考えていますが、あまりなついてはいないように見えます。

アドラー　お父さんが彼にチャンスを与えるというのは期待できますか？　お父さんに、ときどき息子さんと散歩に出かけて、大自然とか世のなかの話をしてもらいましょうよ。お父さんに、そういう時間はあるでしょうか？

お母さま　ええ。彼はやってくれると思います。

アドラー　わたしは、カールのような子どもに何度も取り組んだ経験から、彼が「自分もほかのきょうだいたちと同じくらい愛されている」と思えるようになったら、あっという間に、大幅に行動が改善すると思います。彼の今の行動からは、「自分には、お姉さんほどいい子に成長する能力がない」と思い込み、自信をなくしていることがうかがえます。ですが、どうしたらあなたに認めてもらえるかを、あなたが彼に教えることで、そうした間違った思い込みを解消できると思います。それから、わたしだったら、たとえ彼が間違ったことをしても、あなたが今までしてきたような罰は与えません。彼のお尻を叩いたり、デザートを抜いたりしても何のメリットもないのです。そのことを忘れないでいただきたいと思います。もし彼が、またうそをついたり、盗んだりしたら、こう言いましょう。「あなたは、また自分が不当な扱いを受けていると思っているの？　あなたがどうしてほしいか教えてちょうだい」。こうした会話をしたら、カールに強い印象を植えつけることになるでしょう。同じようなやり方で、彼のおねしょも治せるんじゃないかと思います。わたしの経験から判断すると、子どもがおねしょをするのは、だれかにかまってほしいからです。あなたが夜起きて、おねしょの始末をしたら、彼は、赤ちゃんだったころと同じように、あなたがかまってくれていると思うわけです。彼は、暗いところを怖がりますか？

お母さま　そんなことはないように思います。

アドラー　彼が悪いことをするのは、両親の愛情を受けることでは、お姉さんにはとてもかなわないと思い込み、希望を完全に失っているからだと思います。たぶんわたしたちカウンセラーが、その思い込みは間違っていると教えることができるでしょう。わたしも彼を励ましてみたいので、彼に、ここに来てもらってもよろしいでしょうか？

お母さま　はい。

お母さまが退出しました。

アドラー　（受講者たちに）みなさんもおわかりかもしれませんが、カールの問題を改善するための正しい手がかりが見つかりました。それは、義理の姉へのジェラシー（やきもち）です。わたしたちは彼を、その不快な感情から解放することができると思います。

カールが教室に入りました。

アドラー　きみは学校でいい生徒だと聞いています。もしきみが、思いやりを持ち、勉強に励んだら、クラスメートや先生は、きみを好きになりますよ。がんばって勉強したら、お姉さんと同じくらいいい成績が取れますよ。そうなりたいと思いませんか？

カール　なりたいです。

アドラー　きみは医者になりたいそうですね。医者はすばらしい職業です。わたしも医者なんですよ。いい医者になりたいなら、自分のことより、まわりのみんなに興味を持ってください。そうすれば、だれかが病気になったときに、その人が何を必要としているか、わかるようになります。きみは自分のことばかり考えるのはやめて、みんなのいい友だちにならなければなりません。もしわたしが、だれかにプレゼントをあげて、それでその人がわたしに親切にしてくれるのなら、その人は、ほんとうの友だちではありません。でも、もしわたしがその人のことが好きで、その人にうそをつかなかったら、その人はほんとうの友だちになってくれるでしょう。そういうことは、きみにだってできると、わたしは思っています。そして、そのうちきみに、「できましたか?」って聞いてみるつもりです。それから、きみのお姉さんはきみより年上ですよね。年上だから、きみよりちょっと物知りですが、それはどうでもいいことです。もしきみが、叱られたり罰を受けたりしないように振る舞ったら、すぐにお姉さんに追いつきますし、お姉さんと同じくらい、人に好かれるようになります。そうなったら、きみは楽しいでしょう?

カール　はい。

アドラー　きみは、お姉さんともいい友だちになり、お姉さんにも興味を持つ必要があります。お姉さんはきみを好きですか?

カール　はい。

アドラー　だったら、それは簡単です。きみは、お姉さんが勉強しているときには、邪魔をしない、そして、きみがお姉さんを手伝えるときには、手伝う、ただそれだけでいいんです。それから、お姉さんがどうやって勉強しているかを調べてみてはどうでしょう。そして調べがついたら、きみも同じことをやりましょう。そうすれば、お姉さんと対等になれます。きみがお姉さんやお母さんのものを盗っても、自分の価値を高めることはできません。盗りたくなっても待たねばなりません。そしてきみがやるべきことをやって、きみに価値があることを証明しなければなりません。わたしたちは、ときには、人に不公平に扱われることもありますが、自分は不公平なずるい人間にならないように、強くならなければなりません。自分のまわりの人たちに興味を持ち、彼らをだまさないこと。それがまわりの人たちの愛を勝ち取る早道なんですよ。

カールが退出しました。

アドラー　わたしが彼に、今伝えたような話をしたのは、彼は自分がどうしてうそをついたり盗んだりするのか、気づいていないと思ったからです。彼はすっかり自信をなくし、困惑しながら、自分の立場を安全なものにしようと躍起になっています。ご両親は、彼が当然受けるはずだった愛情を与えることを、彼に約束すべきです。

担任教師　お父さんは、「娘のほうが好きだ」と言っています。

アドラー　わたしたちはお父さんに、そういう気持ちを表に出さないよう教える必要がありますね。お父さんが表に出さないようになるために、カールを散歩に連れ出して、彼と話をしてもらったらどうでしょう。そうすれば、カールは誇らしい気持ちになって、「ぼくは認めてもらった、お父さんはぼくに興味がある」と思うでしょう。

受講者　もし彼がふたたびうそをついたり、盗んだりしたら、お母さんはどうすべきでしょう？

アドラー　お母さんは彼にこう言うべきでしょう。「お姉さんと対等になることに、希望が持てなくなったの？　うまくいくと、わたしは思ってる。でもうそをついたり、盗んだりすることで、お姉さんに勝とうと思ってもうまくいかないものよ」。何よりも大事なのは、お母さんが希望を失わないことです。彼のような子どもが、後年、自殺することも珍しくはありません。そんなことにならないよう、わたしたちカウンセラーはがんばらねばなりません。

第4章　ほかの子と仲良くできない子ども

――リーダーになりたい欲望

今夜の講義では、ジョンのケースについて考えてみましょう。彼はもうじき9歳。次のような問題を抱えています。

「彼はほかの子どもたちと仲よくできない。年じゅうけんかをしたがる。学校では、授業を妨害し、バカなことをやって注意を引こうとする。ほかの子どもたちにはまったくなじめず、つねに自分にスポットライトが当たることを望んでいる」。ほかの子どもたちと仲よくできない子どもは、「共同体感覚」が備わっていない可能性が高いです。彼が注目を浴びるためにけんかをしているなら、自分が抱えている問題に有意義なやり方で取り組む勇気がないと考えていいでしょう。

資料の記述はこう続いています。「家庭でも、学校で担任教師が手を焼いているのと同じくらい、両親が彼に手を焼いている。いたずらが大好きで、指示には従わない」。

ジョンの行動は家でも学校でも同じですから、彼は明らかに、どちらの環境も同じようなものと考えています。結局のところ、彼は家でも学校でも、あまり認められていないと考えていいでしょう。彼がいたずらが大好きで、指示に簡単には従わないというのは、驚くには当たりません。「反抗的な」いたずら好きが「従順」だなんて、考えられないからです。もしそうなら、矛盾することになります。

資料を読み進めましょう。「母親が言うには、彼が1歳4カ月になるまで乳母を務めた女性は、とても厳しい人だったという。その乳母は、午後6時を過ぎたら、彼の部屋に入ることをだれにも許さず、父親にさえも許さなかったそうだ」。

どうやら、乳母の女性はご両親にも厳しかったようですね。赤ちゃんは、眠っているときには、だれにも邪魔されないほうがいいでしょうが、起きているんだったら、どうしてだれにも会わせないのでしょう。わたしには理解できません。ジョンがその女性としかつながりを持っていなかったのは明らかです。そして彼女には、ジョンの「共同体感覚」を育てる能力が欠けていたために、彼は不利な状況で育つことになったのでしょう。それについては、あとで、彼の「小さいころの記憶」についての記述を読めばはっきりするでしょう。

資料を読み進めましょう。「彼の家族は、父親と母親、ジョン、もうじき3歳になる妹で構成されている」。

これはとてもよく見られる家族構成ですね。ジョンは9歳に近いですから、けっこう長いあいだ「一人っ子」でした。妹さんが生まれてから、ジョンが反抗的な態度を取るようになったとは考えにくいです。むしろ彼は「一人っ子」の特徴を備えたと考えたほうがいいでしょう。十分な注意を払ってもらっていたのに、どうしてけんかする必要があったのかは、ちょっとわかりません。もしかすると、何か、事態を悪化させるできごとがあったのかもしれません。

資料を読み進めましょう。「両親はごく普通の夫婦で、夫婦仲はよい。父親は、ジョンが言うことを聞く唯一の人。以前は、ジョンに非常に厳しく、ジョンが悪いことをしたら、厳しく罰したという」。

夫婦が不幸せだったら、そのことが原因で、子どもの社会性が育たないことがあります。一方、とても仲がいい夫婦の子どもは、赤ちゃんという立場を長く維持しすぎて、両親に対して危険な劣等感を抱く恐れがあります。親御さんは、子どもの前では、お互いへの愛を表現しすぎないほうがいいでしょう。ジョンはお父さんの言うことしか聞かないということなので、おそらくお母さんは気弱で、ジョンは彼女を攻撃することにしているのでしょう。「共同体感覚」を養うのを阻むという点では、「罰を与えること」がわたしの知る一番の方法です。

ジョンは、乳母の女性やお母さんに対しては、何らかの「共同体感覚」を抱いたかもしれませんが、彼に体罰を加えていたお父さんとは、きずなをまったく築いていないでしょう。

実際、ジョンはお父さんを憎み始めていて、「お父さんなんかいなくなればいいのに」と か「死ねばいいのに」と思っているかもしれません。そう思っているなら、それは、フロイトが「エディプス・コンプレックス」と呼ぶ不適応の結果でしょう〔フロイト（ジークムント・フロイト、1856〜1939年）はオーストリアの精神科医。「エディプス・コンプレックス」は、男の幼児が母親に愛着を持ち、自分と同性である父親に敵意を抱くことで生まれる無意識の葛藤感情〕。これは後天的な問題です。世のお父さんがたは、子どもを殴ることで、子どもにエディプス・コンプレックスを植えつけることができますが、子どもの「両親への関心（両親を気にかける気持ち）」を育てることで、エディプス・コンプレックスを防ぐこともできます。

では資料を読み進めましょう。「彼は、家に母親しかいないときには、さんざんいたずらをして手を焼かせている。母親は神経をとがらせており、彼が言うことを聞こうとしないので、不幸な気分に陥っている。彼は、母親が相手なら簡単にわがままを通せることがわかっている。母親は、彼に対して何もできない。したがって、彼への家庭教育やしつけは、父親が一手に引き受けている」。

ジョンのお母さんが、自分は苦労している、つらい思いをしていると彼に文句を言っているなら、それは得策ではありません。ジョンのほうがつねに強い立場にあり、自分より強い人と戦っても無駄なのです。お母さんは「彼は言うことを聞こうとしない」と言っているようですが、これはどういうことなのかよくわかりません。もしかすると、彼女は彼に多くを求めすぎているのかもしれません。子どもが犬のように言うことを聞くなんてことは、とうてい望めません。親と子どもは、仲間のような関係を築くべきです。子どもに、何も考えずに絶対的に従うことを求める親御さんを、わたしは大勢見てきました。このお母さんがやっていることは、子どもに自分の知性の破産宣告をし、育児のすべてをお父さんに任せているようなものです。

資料の記述はこう続いています。「妹はとても利口で、従順で、愛らしい。両親は彼に、妹がとても注意深く、従順であることをしょっちゅう思い出させ、妹の行いを、見習うべき規範として伝えている」。

きょうだいのうちの一人が言うことを聞かない場合に、親御さんが、ほかの子どもの行いをお手本として持ち出すのは、とてもよくあることです。従順な子どもが、必ずしも、生まれながらの優しくていい子とは限りません。親を満足させることのメリットを知っているだけの日和見主義の子どもかもしれません。そういえば、わたしは以前、妹さんが生まれてからお姉さんがひどく反抗的になった姉妹とかかわったことがありました。

その妹さんはいつもとてもいい子だったので、ご両親にとてもほめられ、模範的な子どもになりました。彼女が模範的な子どもになったのは、欲しいものをすべて手に入れるには、それが一番いいと気づいたからです。ですが、小学校に入ると、学校では甘やかしてもらえず、その後はずっと、どんな課題にも二の足を踏むようになりました。二の足を踏むのは、ミスをするリスクを負う勇気がなかったからです。彼女は友だちができず、仕事も得られず、恋をすることも結婚することもできませんでした。彼女は「模範的な人になって、注目の的になりたい」と強く望んでいたのですが、その望みを叶えるための有意義な手段が見つからなかったために、強迫神経症を患うことになりました。彼女の強迫神経症の症状は、つねにすべてのものを、シミ一つなくきれいにしておこうとする、というものです。彼女は、自分は世界で最も身ぎれいにしている、最も汚れのない人間だと思うことで、「人より優れる（自分が上位に立つ）」という目標を達成したのです。そして彼女は、自分に近づいたり触れたりする人はすべて、自分を汚す人だと思い込むようになりました。ジョンの妹さんの場合は、おそらくお手本になることを楽しむでしょうが、それは彼女に「共同体感覚」があるからではなく、まわりの人たちに気に入られているという誇りと、気に入られたいという野心があるからでしょう。とはいえ、ジョンが妹さんのことが好きだとしても不思議はないですし、嫌いだったとしても、不思議はありません。彼のような子どもには、その両方のケースが考えられます。

では、資料を読み進めましょう。「ジョンは、両親が妹をほめることに腹を立てているようには見えない。彼は、『妹はかわいらしい。ぼくは妹が大好きだ』と言っている。母親は、彼が妹に悪知恵をつけるのではないか、もしそうなったら、妹はおりこうさんではなくなるのではないか、と心配している。母親はすでに、妹が彼のまねをしたり、滑稽な顔をしたりするのを目撃している」。

ジョンは、妹さんがおりこうさんだからといって、腹を立てることはないでしょう。なぜなら、彼は「攻撃的な姿勢」を、人より優れる（自分が上位に立つ）ための手段と考えているからです。彼は、人に従うよりも人を攻撃したほうが大きな影響力が手に入ることに気づいていて、妹さんは自分の考えに同意し始めたようだと思っているのではないでしょうか。

資料を読み進めましょう。「母親と父親は、しゃれた店を所有し、二人で経営している。母親は午前9時に家を出て、午後6時半に帰宅する。家のことは家政婦と乳母に任せ、母親がその二人の監督役を務めている。家はきれいに片づけられ、趣味のよい家具が置かれている。部屋は6室。ジョンと妹は同じ部屋で寝るが、ベッドは別にしている。乳母が子どもたちと同じ部屋で寝ている」。

彼の家では、子どもたちへのしつけは、ほとんど乳母たちが担っているようです。ですが、反抗的な子どもなら、乳母を無視するでしょう。子どもは、乳母が使用人だとわかっているからです。子どもというのは、親と使用人の違いをすぐに感じ取るものです。ジョンの場合は、おそらく乳母の女性をずっと支配してきたのでしょう。そして今では、家のことをすべて支配したいと思っているのではないでしょうか。

資料を読み進めましょう。「ジョンは正常分娩で誕生した。出生時の体重は7・5ポンド（約3400グラム）。最初から粉ミルクで育てられた。風疹、ジフテリア、おたふくかぜにかかった。へんとう腺を除去している。疲れやすく、神経質で、（脳神経による）筋肉コントロールがうまくできないため、神経内科の病院を受診した」。

この記述には、いくつか医学的な疑問を覚えます。粉ミルクを与えるというのは、赤ちゃんを育てるベストの方法ではないですが、わたしはこれまで、ミルク育ちでも満足のいく発達を遂げた子どもたちを見てきました。また、栄養不良で、貧血のある子どもなら、疲れやすかったり、筋肉コントロールがうまくできなかったりすることがよくありますが、ジョンに栄養不良や貧血があるとは思えません。子どもも大人も、自分に何かを要求されることへの防御として、一種の「疲れ」を覚えることがあります。ジョンが、勉強や遊びに関心がないのも、自分に何かを要求されるのが嫌だからではないかと思えてきました。彼は、母親への攻撃に、そんなに簡単に疲れているようには見えません。

資料の記述はこう続いています。「ジョンは、ものごとを適切なタイミングで記憶しているようには見えない。彼はいつも着替えに時間がかかる」。

「共同体感覚」が発達していない子どもは、協力する気がないので、何かに注意を払うとか、意識を集中させるということをしないものです。記憶力に問題があるように見えるのは、他人に関心がないからです。「着替えに時間がかかる」というのは、彼が「甘やかされた子ども」であることの確実な証拠になるでしょう。服を着るとか、食事をするといったことに問題を抱えるのはそのタイプの子どもだけです。ジョンは、「厳しい乳母」と思われていた女性たちの一人から、過度に甘やかされ、その後、厳しくしつけられたのではないでしょうか。乳母の交代が彼の反抗心を生んだということも、十分考えられると思います。

資料の記述はこう続いています。「彼はダラダラと着替えるので、時間内に着替えを終わらせるには、だれかが手を貸さねばならない。彼は学校に遅刻することが多いが、それは着替えに手間取ったことや、ニュースタンド（新聞を売る露店）を見つけて、新聞の見出しを読んでいたことが原因だ。彼はいつも午後9時にはベッドに入るそうだが、朝から疲れている」。

もしジョンが、学校に遅刻したくないと思っていたら、間に合うようにさっさと着替えるはずです。ですが彼にとって、「学校」というのは、向き合いたくない問題なのです。彼は「自分が支配できる状況（場面）」を探していますが、学校はそれに当てはまりません。彼は朝起きたら「学校へ行かなくちゃ」と思うでしょう。そう思うと、したくをためらい、疲れてしまうのです。彼にとっては、「ためらうこと」と「疲れること」が、現実と向き合いたくないという気持ちを表す一番の方法なのでしょう。

資料を読み進めましょう。「彼は、父親も母親も同じくらい好きだと語っている」。

これは信用できません。子どもに「お母さんとお父さん、どっちが好き？」と聞いたら、「どっちも好き」と答えますよ。子どもは、たいていの場合、そう言うよう教え込まれています。教えられていなかったとしても、賢い子どもなら、どちらかを好きではないといったことは表に出さないほうがいいと思うでしょう。みなさんが、どちらが好きかをほんとうに知りたいときには、聞いてみるのではなく、子どもの行動を観察してください。

資料を読み進めましょう。「彼は、父親の言うことだけは聞く。父親は彼に厳しいのだ。父親以外は、だれの言うことも聞かない。母親は、彼を大目に見すぎて、甘やかしてしまっている。彼女は毎日のように、学校ではいい子にするよう彼に懇願しているが、彼は聞く耳を持たない」。

お母さんが懇願しても、何の効果もありません。涙を流したり、怒りを爆発させるのも同じです。そんなことをしても、彼の「目標」は変わりません。自分を気に入ってもらえない状況（場面）を回避するというのが彼の行動パターンなのです。彼にとっての一番の難題は、自分が支配できない状況にとどまること。お母さんが懇願したり、泣いたりしたところで、何の役にも立たないのです。子どもは、不快な状況に追い込まれれば追い込まれるほど、ますます反抗するものです。ときには、子どもがお母さんの懇願に説得されて、いい方向に進んでいるように見えることもありますが、いずれ必ず行き詰まります。なぜなら、子どものほんとうの「目標」は、お母さんに押し付けられた行動と両立しないからです。

資料の記述はこう続いています。「母親が言うには、彼は母親といるときなら自分がやりたいようにやれるとわかっているので、母親と二人だけになると、とてもわがままで、いたずらになるという。彼は、妹と遊ぶのは好きだが、乳母のことは好きではなく、乳母に対しては悪質ないたずらをすることがある。先週は、彼女の口の中に水鉄砲を発射した。父親は、就寝前の水鉄砲所持を禁じるという罰を下した。ジョンは、人生は楽しいことばかりだと思っている」。

乳母への彼のかかわり方を見れば、彼の「共同体感覚」のレベルがわかるというものです。またこの記述から、彼は、人生を真剣に受け止めていないこともわかります。「甘やかされた子ども」が、人生を真剣に受け止めないという行動パターンに陥るのも無理はありません。今、もう一人思い出したのですが、わたしは以前に、その行動パターンのもっと極端なケースを見たことがあります。どんなことがあっても、学校でつねに冗談を言ったり、笑ったりしている男の子がいたのです。

その男の子に担任の先生が質問をすると、声を立てて笑うのですが、答えることができません。担任の先生は、彼に知的障害があると思い、わたしのところに連れてきました。ですが、わたしが彼の信頼を得てからは、彼は打ち解けて話すようになり、こう言ったのです。「わかってるんです。彼らはぼくをバカにしたがっている。学校は、親たちが子どもをバカにするために作ったんです」。子どもを笑いものにしてはいけません。この子どもがこうした考え方をするようになったのは、ごく小さいころから両親に笑いものにされたことが原因でした。彼は好戦的な子どもで、両親が彼にまじめになってほしいと望んでも、彼は拒否しました。こういうタイプの子どもは、後年、世の中は楽しいことばかりじゃないと気づいたときに、自殺に走ることがあります。

ではは資料を読み進めましょう。「学校では、ジョンは分別がなく、一日じゅう遊びたがっている。そして教師をイライラさせ、煩わせたいと思っている。彼には責任感がなく、他人にも権利があるという感覚がない。クラスのなかに、友だちは一人もいない」。

彼が教室での責任や義務を回避し、同時に、注目の的であり続けるために、どれほど高度なテクニックを身につけたか、もうみなさんもおわかりになったのではないでしょうか。実際、彼のライフパターンに気づいたら、「責任感がない」とか「他人の権利など気にかけない」といったところは、彼のとても賢いところなのだと認めるしかありません。わたしは、ジョンがこの資料に書かれているような事実に直面していて、それでも学校に行くのが好きだと聞いたら、彼の知能に疑いを持つでしょう。

資料の記述はこう続いています。「クラスメートたちは、彼を『とても迷惑な子』とみなしている。彼はつねにほかの子どもたちをイラつかせ、抑圧し、踏みつけにする。彼は、ほかの子どもたちをつまずかせたり、近くにいる子どもと片っぱしからけんかしたりすることが大好きなのだ。わたし（担任教師）はいつも、彼を自分の机の横に座らせている。わたしはいつも、彼の行動をコントロールできるように、彼を一番前に並ばせている。彼は階段を下りるのがあまりにも下手なので、わたしはいつも、彼がつまずいて転げ落ちやしないか、そしてだれかにけがをさせるのではないかと心配している。彼は筋肉コントロールがうまくできないように見える」。

この記述から判断すると、ジョンが自分の思い通りに振る舞い、自分は「教師の支配者」だと思っているのは確かでしょう。わたしは、いろんなトラブルを起こす「甘やかされた子ども」をしょっちゅう見ていますが、自分の体のバランスを保てなくなるほど甘やかされた子どもは、めったにいません。おそらくジョンは、まわりの人たちを笑わせるために、足取りのぎこちない子どもを演じているのでしょう。その一方で、自分でしっかり歩く方法の教え方をわかっている人がだれもいないために、きちんと歩けない子どもや、人に頼ることが行動パターンに組み込まれているために、きちんと歩けるようになることに興味がない子どももいます。

資料を読み進めましょう。「彼には、通りで遊ぶ友だちが5人いる。その5人とは、キャンプで知り合った」。

彼は通りで遊んだり、けんかしたりするときも、筋肉コントロールがうまくできないのでしょうか？　彼は「一人っ子」の行動パターンを備えているので、年上の少年たちといっしょにいるほうを好むと考えていいでしょう。一人っ子がみんなそうだとは限りませんが、たいていは、年上の子どもたちといっしょにいます。みなさんは、ジョンはほとんどの問題から逃げるような子どもなのに、年上の少年とつき合うのなら、彼には奇妙な勇気があると思われるかもしれません。でもわたしは、彼が年上の少年とつき合っているとしたら、それは、彼が年上の少年たちは自分を攻撃しないとわかっているからだと思います。

資料を読み進めましょう。「彼は自分のまわりに壁を張り巡らせ、それに近づいたクラスメートたちと、いつもけんかしている。彼は、ほかのどんなことよりけんかが好きで、いつも、けんかをするのは相手が悪いからだと主張する。あまりにもけんかが多いので、彼には、午後の授業が始まる10分前まで自宅にいてもらうことにしている。そう決めたのは、ほかの子どもの保護者からたくさんの苦情が寄せられたからだ。彼は『警官と泥棒ごっこ』などの通り（路地）での遊びを好んでいる」。

泥棒ごっこをするのは、勇気があるからではなく、安っぽい英雄気取りによるものでしょう。

資料の記述はこう続いています。「彼は、探偵が泥棒を捕まえるような推理小説を好んでいる。本をたくさん読み、読むのがとても速く、幽霊の話や推理小説を好んで読む。クラブには入っていない」。

ここまでの記述で、彼は「誤った扱い方をされた子ども」であり、あらゆる手を使って注目の的であり続けようとする、という行動パターンを持つと断言できる証拠が揃ったと思います。

資料を読み進めましょう。「彼は、5歳半のときから毎年キャンプに参加し、スポーツを好んでいる。キャンプの責任者は、ジョンのいたずらが過ぎるので、家に送り返そうと考えたが、キャンプリーダーがジョンの知性を気に入り、キャンプを続けさせるよう嘆願した。そう嘆願する決め手となったのは、ジョンが無邪気な口調だったことだという。そのキャンプリーダーは、毎年、ジョンがベッドメークをしたり、自分のテントの掃除をしたりするのを手伝った。キャンプでのジョンは、ものを散らかし、時間に遅れ、言うことを聞かない。結局彼は、どこへ行っても、自分が負っている責任を何とか逃れているのだ」。

わたしも、子どもをキャンプに参加させるのはとてもよいことだと思います。ただし、言っておきますが、子どものライフパターンがすでにしっかり出来上がっていたら、キャンプでそのパターンが変わることは期待できません。キャンプにその子どもを知り尽くしている人がいたら、変わる可能性はありますが、キャンプ生活をすれば、子どもの悪い行いが直ると考えるのは間違っています。ジョンは、「ずる賢い」とか「無邪気なふりをする」といった好ましくない資質を身につけたことで、キャンプでも、「人より優れる（自分が上位に立つ）」「パラサイトになる（人の好意を利用して暮らす）」といった意味のない「目標」を達成しました。

資料を読み進めましょう。「彼は一般知能が非常に高く、算数の問題を解くのを好んでいる。学校の勉強は好きで、自分が理解できる勉強に対して文句を言うことはない」。

これはとてもいい報告ですね。おそらく彼は、算数で成功した体験があり、そのおかげで、算数の能力を高めることに関心を抱いたのでしょう。わたしたちが正しい形で、「彼を好きにさせる」ことができたら、彼の問題を解決できると思います。もちろん、「彼を好きにさせる」というのは、彼が後年、直面する状況に対応できるようにするためには、正しいやり方ではありませんが、まずは、彼にわたしたちの考え方をわかってもらうことから始める必要があります。彼に罪はありません。何しろ彼は、自分の最大の関心事が「責任を逃れること」だとわかっていないのですから。

資料の記述はこう続いています。「彼は、知能の面では、身体年齢よりも1年進んでいる。1年A組のときには、担任の教師のことが好きで、その教師の授業に対しても、とてもうまく対応できた。1年A組でのジョンの評価は、(4段階評価で)行動は『B』、勉強は『A』だった。彼は1カ月後に1年B組に昇格(彼の小学校では、習熟度別にクラスを編成し、B組が、習熟がより進んだ子どものクラスになっていると推測される)。そのクラスの担任教師を嫌い、1年B組でのジョンの評価は、行動は『D』、勉強は『B』だった。2年A組での評価は、行動は『C』、勉強は『A』、2年B組での評価は、行動は『D』、勉強は『A』だった。3年B組のときに、勉強の評価が下がった。3年B組での評価は、行動は『D』、勉強は『C』である。彼の最も得意な科目は『読解』と『算数』。最も苦手な科目は『体育』。とはいえ、『筋の協応性(筋肉協調運動)』を調べるテストでは、『10歳レベル』という結果が出ている」。どうやら、筋肉コントロールがうまくいかないというのは、身体器官が原因ではないですね。これで、彼が「足取りのぎこちない子ども」を演じているという推測が裏づけられたと思います。彼は体育に興味がないから、それを演じていたのでしょう。おそらく、体育館で批判された経験があるのだと思います。

資料を読み進めましょう。「彼はすぐに疲れ、授業をいくつか受けたら、横になって休む必要がある。また、彼は『ペン習字』の授業で、インクを使うことを許されていない。インクびんの中身を全部ぶちまけてしまうからだ。彼は字が乱雑で、絵を描くのは不得手である」。彼が授業のあとに「疲れた」と言うのは、一種の冗談であり、先生をからかっているのではないでしょうか。

資料の記述はこう続いています。「彼は授業を妨害するので、継続的に校長室に送っている。校長は、ジョンが笑顔を見せず、あれほど悲しげな顔をするのはとても残念なことだと語っている。彼が悲しげな顔をするのは、自分を無邪気に見せるための手段である」。

ジョンを校長室に2、3回送って、期待した効果が得られなかったのなら、継続すべきではありませんでした。「笑顔」には、いろいろな感情が込められているものです。反抗心がことのほか強いジョンに、たくさんの笑顔を期待するのは、無理があるのではないでしょうか。ジョンが演じているのは、間違って非難されている「無邪気な子ども」です。

資料を読み進めましょう。「彼は、何かのいたずらをして叱られたときには、弱々しい、赤ちゃんみたいな声で話す。そして、そのいたずらについて、ほとんど息もつかずにしゃべり続ける。彼はそのいたずらに見合った言い訳をする気はないが、しょっちゅう、自分を弁護するためのうそをついている」。

彼は、しゃべり続けることで、自分より上の立場にある先生に勝ちたいと思っているのではないでしょうか。彼がずる賢くなったのは、お父さんの懲罰を逃れようとした結果なのだと思います。

資料を読み進めましょう。「彼は1928年1月に、大学で、心理学の研究者たちに検査をしてもらった。検査結果のあらましは次の通りである。――身体面について　身長、体重ともに標準値を上回っている。視力が低いが、めがねで矯正できる。歯は手入れが必要。知能面について　精神（知能）年齢は10歳3カ月。筋の協応性、および関連性の知覚能力は10歳レベル。理解力は4Aレベル。算数の理解力は5Aレベル」。

この検査結果は、ジョンが器官に弱点を抱えていることを示唆しています。そして、彼への励ましがなかったために、彼はその弱点を適切に矯正するのを拒んできたのではないでしょうか。

資料を読み進めましょう。「父親はジョンに、通りで遊んでいても5時までには帰るよう指示しているが、ジョンは従わず、なかなか帰ってこない。彼の遊び仲間には、その日の解散時の集合の前に抜けたら、パンチを60発食らわせるというルールがある。当然ながら、ジョンはいつも、自分がパンチを食らうより人にパンチ食らわせるほうを選んでいる。だから、指示された時刻を過ぎても、仲間のところにとどまっている。彼は両親に指示されたことを記憶していない。父親は、ジョンはとても頭がいいのに、いったいなぜだろうと思っている。

ジョンの友人たちは、小遣いを50セントもらっているので、ジョンは自分も同じ額が欲しいと思っている。両親は、彼にはそんな多額のお金は必要ないと考えている。彼に必要なものはすべて与えているし、お金の無駄遣いをしてほしくないからだ。ジョンの友人たちは、以前は彼といっしょに日曜学校に通っていた。だが今では、通うのをやめているので、ジョンは自分もやめたいと思っている。両親は、彼が日曜学校に参加し、宗教教育を受けるよう指示している」。こうした事実から判断すると、ジョンは遊び仲間といっしょのときのほうがはるかに楽しく、その仲間のなかでは、彼は重要な役割を果たしていると考えられます。彼がご両親からの言いつけを記憶していないのは、ご両親が要求することが、彼の行動パターンに沿ったものではないからです。

資料を読み進めましょう。「父親は、ジョンが『行動』でいい評価を得るのを強く望んでいる。ジョンは毎日、『行動カード』を家に持ち帰り、父親は、ジョンをお金で釣って、いい子にさせようとしている。つまり父親は、次のような、評価別の現金支払い制度を設けたのだ。

――ジョンは、行動の評価が『B』だったら15セントを受け取り、『B＋』だったら20セント、

『A』だったら25セントを受け取る。しかしジョンは、評価が『C』だったら父親に10セントを支払い、『D』だったら25セントを支払う。数日前のこと、ジョンは『D』と書かれたカードを持ち帰った。父親はジョンを叱った。そして、彼のお尻を麺棒で軽く2、3回叩いて、そのお仕置きの感覚を少し味わわせ、もう一度『D』を取ったら、もっと厳しいお仕置きをすると宣告した。しかし残念ながら、ジョンは今日、また『D』のついたカードを持ち帰った」。

お父さんは善意でやっているのでしょうが、そういう制度は表面的な効果しかありません。「いい子にする」というのが、子どもの行動パターンに沿っていないなら、お金で釣っていい子にさせるなんて無理なのです。また、ジョンにとって体罰は、役に立たないどころか有害であることは、だれの目にも明らかだと思います。

資料の記述はこう続いています。「学校では、勉強はよくできるが、行動は、大いにはた迷惑だ。授業中に、ひとり言を言ったり、まわりの子どもたちに話しかけたりするし、注目を浴びるためにピエロを演じることもある。彼の机は、つねに非常に散らかっていて、教科書のうちの何冊かは椅子の上、何冊かは床に落ち、プリント類はあたりに散乱しているというありさまだ。彼の字はとても乱雑であり、同様に、学校が終わるころの彼の身なりもとても乱れている。朝、登校したときには、身ぎれいできちんとしているのに、下校のときにはひどいありさまなのだ。クラスの別の男子の父親が学校にやって来て、次のような苦情を申し立てた。『ジョンがうちの息子を、攻撃すると脅している。放課後に、通りの角で待ち伏せしようとしたこともあった。息子は、ジョンに攻撃されるのを恐れて、学校に行くのを怖がっている』。クラスの子どもたちは彼を嫌っている。それは、彼がつねにリーダーになりたがり、ほかのみんなには、権限を一切認めないからだ」。

わたしが推測したことを裏づける記述がまた出てきました。ジョンが攻撃者として優れているなら、筋肉コントロールが下手なはずはありません。

資料の続きを読みましょう。「通常は、5時まで外で遊び、それから父親の店に行って、そこで6時まで過ごし、その後帰宅して、夕食を取る。その後は、乳母が、妹が寝たことを知らせに来るまで、キッチンで読書をし、9時にベッドに入る。雨の日は、父親の店に行き、読書をする」。

たぶん、彼が読書をする理由の一つは、現実が嫌いだからでしょう。だから、空想の世界に浸って、本のヒーローたちに自分を重ね合わせているのではないでしょうか。

資料を読み進めましょう。「家庭での教育やしつけが、まったくなっていない。両親ともに、彼を甘やかしている。放課後は彼のしたいようにさせ、彼が悪い習慣を身につけるのを放置している。彼は不良グループの考え方を身につけつつあるように見える。彼は暗がりのなかにいても怖がらず、夜中に人を呼ぶこともないが、ベッドのなかで非常に落ち着きがないという」。

ジョンが暗がりのなかでも怖がらないというのは、思い違いでしょう。彼は夜間も、昼間と同様、簡単にお母さんや乳母の注意を自分に向けさせることができるので、そう見えるのだと思います。

資料を読み進めましょう。「彼は、将来は、探偵になって泥棒を捕まえるか、医者になってがんになった人々を治すか（彼の祖父は、がんで亡くなっている）、弁護士になって、トラブルを抱えている人々を手助けしたいと思っている」。

最近は、がんを治すことは「英雄的な行為」になっていますよね。彼の将来の志望を聞いたら、彼にはある程度の「共同体感覚」が備わっているようにも思えますが、それは、彼の遊び仲間との世界に合った「共同体感覚」と考えていいでしょう。たいていの少年グループは、正直であることを重んじる伝統を持っています。メンバーはお互いに忠実ですから、ジョンにとっては、少年グループに属していることが大いにプラスになっているのではないでしょうか。彼が「泥棒」より「探偵」になるほうを選んでいることも安心材料です。ジョンについての資料は悪い話ばかりじゃありません。彼には、いい方向に成長している面もあります。一番の問題は、重視するものを間違えていることです。彼が攻撃するのは、それが、価値のある人になるための、彼が知っている唯一の方法だからです。彼へのカウンセリングは、そのことを念頭に置いて進めなければなりません。カウンセリングでは、ご両親と話をすることになるでしょう。お父さんには、彼を叩くのではなく、彼の仲間になるようアドバイスする必要があります。息子さんといっしょに旅行をして、お互いに理解し合うよう努めてもらうのがいいでしょう。

最も大事なのは、ジョンとご両親に、ジョンの目標（目的）は「注目を浴びること」だと気づいてもらうことです。本人に気づいてもらうほうが大変でしょう。わたしたちカウンセラーが、彼に自分の人生の目標（目的）を理解してもらうには、少し時間がかかるかもしれません。わたしたちは、自分たちが使えるあらゆる手を使って、彼を手助けする必要があります。幸い、今日の講義には、彼の担任の先生もいらしています。彼女なら、ジョンの行動の理由を彼に説明し、彼をもっといい方向に導くのを、大いに手助けしてくださるでしょう。

面談

質疑応答

受講者　この少年の目標は無意識のものなのに、いったいどうしたら、彼に気づいてもらえるのでしょう?

アドラー　彼の心に「鏡」をかざすんです。彼が自分の姿勢（考え方）を見ることができるようにし、その姿勢と、わたしたちが作った別の絵を比べることができるようにするのです。わたしたちが彼に「自分のほんとうの考え」をわかってもらうことができたら、いずれは、彼がいたずらをしている最中にそれを思い出し、いたずらの手をゆるめる日が来ます。そして、彼が自分の行動の理由を完全に理解したら、彼は別人のような少年になるでしょう。

お母さまとお父さまが教室に入りました。

アドラー　わたしたちは、あなたがたの息子さん、ジョンを理解するのにちょっと苦労しましたが、うまく理解できたと考えております。あなたがたが務めを果たしてくださるなら、わたしたちが、彼を正常な子どもにするお手伝いをいたしましょう。ジョンの場合、人生の一番の目標は、「注目を浴びること」のように思えます。彼は、その目標を建設的なやり方で達成することもあれば、悪いやり方で達成することもあります。読解と算数については順調に力をつけていますし、妹さんへの接し方や、役に立つ人になろうという将来の志望も頼もしく思います。ですが、彼の悪い行動から判断すると、彼は「自分が傷つけられた、差別されている」と思っています。わたしたちは、彼が小さかったころの状況をもっとよく知りたいと思っています。子どもは、最初はとてもかわいがられ、さんざん甘やかされたのに、その後、突如としていつものサポートを得られなくなったら、まるで楽園から追放されたように感じるものです。そういう子どもは、自分が支配者になれない状況を回避することに、残りの人生を費やすことになります。さんざん甘やかしてもらった赤ちゃん時代と同じように、労せずして「注目の的」になろうとしますが、それができなかったら、「反抗する者」のパーソナリティーを身につけ、「注目の的」になるために戦います。そして、自分がその場で最も称賛され、最も強い人にならない限り、お母さんを攻撃し、先生を攻撃し、クラスメートたちを攻撃します。ジョンは、もう失ったと思い込んでいる「楽園」を何とか取り返そうとしているのです。さて、彼についての資料には、彼が1歳4カ月になるまで乳母を務めた女性はとても厳しい人だったと書かれています。そんなに厳しかったんですか？

お母さま　彼女はいつも厳格でした。赤ちゃんに近づくのをだれにも許しませんでした。

アドラー　彼がその乳母の方を気に入っていたか覚えていらっしゃいますか？

お母さま　ジョンはまだ小さかったので、何もわからなかったと思います。

アドラー　次の乳母の方は、もっと厳しかったのでしょうか？

お母さま　彼女のほうが、ジョンに優しかったと思います。

アドラー　彼の当時の環境を正確に再現するのは不可能でしょうが、ジョンは、乳母あるいは家政婦の方、あるいはあなたに甘やかされたのではないでしょうか。彼は何年ものあいだ、一人っ子でしたよね。彼を甘やかしたのはあなたでしょうか？

お母さま　いいえ。決してそんなことはしていません。

アドラー　でしたら、甘やかしたのは乳母の方なのでしょう。ですが、それがだれであれ、彼の置かれた状況が突然変わったのだと思います。ジョンがあなたをてこずらせるようになったのは、いつからですか？

お母さま　2年前からです。ジョンは、学校に入ったばかりのころはほとんど問題がなかったのですが、7歳のときからおかしくなってしまいました。

アドラー　子どもが小学校に入学したときに、問題を抱え始めるというのはよくあることです。小学校では、それまでの「労せずして、自分が上位に立つ」という立場はもう保てませんからね。

お母さま　ジョンは、最初は私立の学校（の幼児クラス）に入ったんです。その学校は、かなり自由でした。

アドラー　おそらく彼は、別の学校に入って、好ましい場所が好ましくない場所に変わってしまったと思ったんでしょうね。ジョンの行動は理にかなっていますが、彼は目指す「目標」を間違えました。わたしたちが彼に、「役に立つ人」になることで、初めて人に認められ、愛されるということを納得させるまでは、彼は変わらないでしょう。そこで、お父さんとお母さんに提案します。お二人がほんとうは「彼の友人」であることを、彼に証明できるよう努力してみませんか。彼にそう思ってもらえたら、彼は言うことを聞くようになるはずです。彼は必ず、学校での自分の立場にも、家族内での自分の立場にも、折り合いをつけることができるとわたしは思っています。彼に対して、校長室に送るとか、悪い成績表を渡すとか、お仕置きとして彼を叩くとか、おこづかいで釣るといったことをしても、効き目はありません。お二人には、わたしのやり方を試してみることをお勧めします。それから、わたしからジョンにちょっと話をして、彼が悪い子なのではなく、彼とご両親が互いに誤解しているということを説明したいのですが、よろしいでしょうか?

お母さま　はい。

アドラー　ありがとうございます。それでは、彼と話してみます。

ご両親が退出しました。

アドラー　(受講者たちに) お父さんは、わたしが息子さんを助けるための提案をしたときに、かなり疑っておられるように見えました。でも、まったく問題ありません。こうした、聴衆のいるような場で親御さんに何かを提案して却下されたとしても、こちらの意見を強く主張したら、反感を買うだけです。放っておくのが一番です。たいていの場合、その場を離れたら、「拒否」が「同意」に変わるんですよ。わたしがジョンのご両親に一番伝えたかったのは、「ジョンが悪いのではない」ということです。なぜなら、ご両親がずっと「ジョンが悪い」と思っているからです。一つ、見過ごしていたことがありました。ご両親がジョンに日曜学校に行くよう指示していたことです。彼らが厳しく指示したら、ジョンは宗教に対しても逆らうようになるでしょう。子どもが親を攻撃するときには、親が大きな価値があると思っているものにダメージを与えるものです。とはいえ、ジョンは読解と算数が得意ということですし、戦うこともできるのですから、必ず、ほかの科目でもいい成績を取り、申し分のない行動を取れるようになるでしょう。

ジョンが教室に入りました。

アドラー　きみは医者になりたいそうですね。わたしも医者なんですよ。医者の仕事が好きなんですか？

ジョン　はい。

アドラー　人々を病気から助け出すのは、とても楽しいですよ。それはほんとうに簡単なことなんです。簡単じゃないなら、世のなかにこれほどたくさんの医者がいるはずがありません。きみには、友だちがたくさんいますか？

ジョン　はい。

アドラー　とてもいい友だちですか？
ジョン　はい。
アドラー　きみは彼らのことが好きなんですね？
ジョン　はい。
アドラー　それはよかった。きみはリーダーですか？
ジョン　ぼくたちは、交代でリーダーになるようにしています。
アドラー　きみはいつもリーダーでいたいですか？　いいことをするときのリーダーになるのはすばらしいことですが、男の子は、悪いことをするときのリーダーになったほうがいいと思い込むことがあります。いいことをするときのリーダーになるには、たくさんの勇気が必要です。わたしには、きみはいつも注目の的になりたがっているように見えます。きみは小さいころ、甘やかされていましたか？
ジョン　いいえ。
アドラー　よく考えてみてください。きみは、自分が昔ほど大事にされていないと思っているのではないでしょうか。そして、自分が注目してもらうには、授業の邪魔をしたり、お母さんを攻撃したりするしかないと思っているのではないでしょうか。たぶん、それ以外に、注目してもらう方法が見つからなかったんでしょう。でもわたしは、きみほど賢い子どもなら、必ずもっとうまくやれると思うんです。きみには、新しい方法を試してみる勇気がありますか？　わたしは、きみが、やりたいことはどんなことでも成し遂げられることを知ってますから、きみは必ず、学校で最高の生徒の一人になれると思っています。もしかすると、きみは「そんなことは信じられない」「試すのは怖い」と思っているかもしれません。でも、みんなが「ジョンはすばらしい子です」って言うようになったら、今よりずっと愉快だと思いませんか？　自分が注目の的になりたくて、人の邪魔をするのは、とてもひきょうなことです。人を手助けするほうが、はるかに勇敢です。きみには、人を手助けするのを試せるだけの勇気がありますか？　きみがクラスで一番いいことをする生徒の一人になるのに、どのくらい時間がかかると思いますか？　わたしが思うに、きみは頭がいいから、２週間でなれるんじゃないかな。２週間後に、またわたしのところに来て、きみがどうしているか、教えてもらえませんか？

ジョン　わかりました。

第5章　赤ちゃんのままでいたい子ども

——大きくなることが怖い！

今夜の講義では、ジョージのケースについて考えてみましょう。彼は6歳8カ月で、1年B組に在籍しています。資料によれば、彼のお母さんは、わたしたちが彼の話し方の問題を解決できるのではないかと期待して、彼をここに連れてくるということです。彼は赤ちゃん言葉で話し、ほかにも、変顔をするとか、ピエロみたいに振る舞う、読むことや質問に答えることができないふりをする、といった悪い癖があるそうです。知能指数は89。彼の話し方の問題は、器官の障害が原因になっている可能性もありますが、ほかにも悪い癖がありますから、環境への不適応が原因になっている可能性のほうが高いでしょう。後者が正しいとしたら、彼がおかしな話し方をするのは、まわりの人たちとのつき合いから逃れるためか、つき合う人を、「この人なら自分は安全だ」と思える人に限定するためのどちらかでしょう。ただしこうした推測は、ほかの事実によって裏づける必要があります。また、この男の子は整理整頓ができず、非社交的で、好き嫌いが多く、臆病だろうと推測します。彼は知能指数が89ですから、明らかに知能には問題がありません。ですから、赤ちゃんみたいに振る舞うのは、何か目的があるはずです。

わたしは以前の経験から、彼は、「大きくなる（成長する）」という課題に向き合うことを恐れているのではないかと思います。以前に、5歳の男の子で、飲みものをいつも哺乳びんで飲みたがる子どもを見たことがあります。彼は、そうしたかなりわかりやすい行動を取ることで、赤ちゃんのころの好ましい状況に、自分を置こうとしたのです。彼は「劣等コンプレックス」を抱えていました。そういう子どもが、はっきりと「大きくなるのはイヤだ」と言うことはありません。ですが、自分が理解できないような初めての状況を、確実に回避するための行動を取ります。そういう子どもは、たとえ「大きくなるのがイヤだ」という意識があったとしても、なぜ嫌なのかという理由についてては無意識下にあるものです。

ちなみに、「意識」と「無意識」は、相反《あいはん》するものではありません。その二つは同じ方向に流れている二つの流れなのです。

「赤ちゃんのままでいたい」と思っている子どもには、必ずと言っていいほど、悪い癖がいくつかあるものです。大事なのは、その子どもがなぜそういう「目標」を選ぶことになったかを知ることです。その子どもは、ひどく甘やかされたのかもしれませんし、ルックスのいい赤ちゃんだったのかもしれません。あるいは、生まれたばかりのころに病気をしたのかもしれませんし、「一人っ子」か「末っ子」なのかもしれません。変顔をすることや、ピエロみたいに振る舞うことは、注目を集めるのにもってこいの方法です。ですから、そういうことをするという事実が、この男の子が「甘やかされた子ども」で、自分が次第に失いつつある「快適な環境」を求めて戦っていることを裏づけているのではないでしょうか。そしてそれが事実なら、赤ちゃん言葉を話すのは、欠点ではなく、ちょっとした才能ということになります。「赤ちゃん言葉」も「変顔」も、彼のクリエイティブな作品の一部ということになるんです。もし彼が「赤ちゃんのままでいたい」と思っているとしたら、彼が選んだやり方以上に効果的な方法を、みなさんは見つけられるでしょうか。たくさんの子どもが、笑いを誘う方法を見つけています。ときには、たまたまやったことで笑いを取り、それからは、同じようなことをやって笑いを誘い、しまいには、自分を滑稽に見せる達人になることもあります。

ジョージは、字が読めないふりをすることで、人を自分のために働かせ、読むことも質問に答えることも期待されなかった赤ちゃん時代の自分をイメージしているのではないでしょうか。彼のおかしな癖のことで、彼を叱ったり罰したりするのは大きな間違いです。彼はうそをついていません。彼は、自分の目標を追求していて、その目標は、ご両親が彼に設定した目標とは違うというだけなのです。もし彼が「よい生徒になること」を目標としていたら、読むことも、質問に答えることもできるようになっていたはずです。彼はそうしないで、あえて「ぼくにはできない」ことにしているのです。その言葉を、心のなかの言葉に置き換えたら、こうなるでしょう。「ぼくは赤ちゃんなんだよ。ぼくには何も期待しないでね」。

資料にはこう書かれています。「彼には、14歳の兄と、11歳と9歳の二人の姉がいる」。これで、わたしの推測を裏づける事実がもう一つ出てきました。彼は「末っ子」ですから、甘やかされた可能性が非常に高いです。資料の記述はこう続いています。「兄や姉たちは、しょっちゅうジョージとけんかをしている」。

これは興味深い話ですね。この話は、彼がまったくの臆病者というわけではないことを示しているからです。彼にまったく勇気がなかったとしたら、上の子たちは、彼とはあまりけんかをしないはずです。

資料を読み進めましょう。「彼は、姉たちとのほうが仲よくやっている。とくに11歳の上の姉とは仲がいい。この姉はとても有能な子どもで、母親が病気だった時期には、家庭で母親の代わりを務めた」。

どうやら上のお姉さんは、ジョージが望んでいるような愛情を、彼に注いだようですね。おそらく、お母さんが最初に彼を甘やかし、お姉さんがそれをまねたのでしょう。

資料の記述はこう続いています。「兄はジョージをひっぱたいたり、ジョージの友人たちを嫌ったりしている。とくに、ジョージが家に連れてくる、肌の色がやや濃い男の子を嫌っている。兄は『ジョージはぶざまな態度を取る』と言っている」。

「ぶざまな態度」というのは、赤ちゃんのような態度ということでしょう。わたしは「ぶざま」とは思いませんね。とても「技巧に優れた」態度だと思います。彼が赤ちゃんのように振舞おうとしているなら、彼は、赤ちゃんのように身を守る必要があるということです。彼が「目標」を変えることができないのは、自分のほんとうの状況を見抜くことができないからです。ジョージに「大きくなるということは、今より大きな力を持つことだ」とか、「過去の楽園を探すよりも、成長するために努力したほうがいい」といったことを理解してもらうことが、とても大変な仕事になるとは思えません。

そうした仕事のことを考えると、学校の重要性を再認識せざるを得ません。というのも、ジョージの担任の先生が彼を励まし、成長するための方法を教えたら、彼に、将来への道が開けるからです。お母さんとも話をして、彼にもっと自立させ、家族や遊び仲間にもっと興味を持たせるよう説得する必要があるでしょう。お兄さんには、やり方が間違っていると教えなければなりません。クラスメートたちには、ジョージが変顔をしても、笑わないでもらったほうがいいでしょう。彼には、そうした安易な手を使って、自分を重視させる機会を与えないほうがいいのです。

資料を読み進めましょう。「彼の兄や姉たちは、ジョージの赤ちゃん言葉を聞くのを嫌がっている。兄と上の姉は学校の成績が非常によく、二人とも『高ＩＱグループ』に入っている。下の姉は『低ＩＱグループ』である。ジョージは金髪の美男子だが、ほかのきょうだいたちは金髪ではなく、見た目はさほど魅力的ではない。母親はこう語っている。『わたしたち、彼を愛さずにはいられないの。彼は金髪でとってもキュートですもの』」。

彼が「甘やかされた子ども」だという推測を裏づける事実が次々に出てきました。

資料を読み進めましょう。「父親はイタリア人で、レンガ職人。母親はアメリカ人。夫婦仲はよくないようだ」。

これは、彼の成長をむずかしくしている要因ですね。夫婦仲がよくない場合は、男の子はお母さんにばかり頼るようになり、愛の対象からお父さんを除外する傾向があります。そうなったら、生き方をかなり狭めることになりますから、ジョージが、責任を問われない赤ちゃんのままでいたいと思うのは、そうなったことが原因でしょう。

資料を読み進めましょう。「ある日のこと、ジョージがとても動揺した様子で登校し、こう言った。『お母さんが一晩じゅう、うちに帰らなかったの。お父さんがお母さんを泣かせたんだ。そしたらお母さんがうちを出て行って、帰ってこなかった』。彼はそのことを午前中いっぱい心配し、何度も『まだ家に帰っていい時間じゃないの?』と、わたし(担任教師)にたずねた」。

お母さんが一晩じゅう帰らなかったのなら、このときの夫婦げんかは、かなりの大げんかだったんでしょう。そうした家庭環境のなかでは、子どもが「共同体感覚」を養うのは、ことのほか困難です。ジョージがお母さんにべったりなのは明らかだと思います。

資料の記述はこう続いています。「母親は帰宅したときに、彼にこう言ったという。『お母さんは映画を見に行っていたの。そしたらすごく具合が悪くなっちゃって、うちに帰れなくなったの』」。この記述から判断すると、このお母さんは子どもにうそをつくようです。わたしはお母さんに、子どもにうそは一切つくななどと申し上げるつもりはありませんが、それにしても、こんな見え透いたうそではなく、もっと上手なうそもつけたはずです。

資料を読み進めましょう。「以前は、彼の一家は南部で裕福に暮らし、不動産や車を所有していた。母親は、一家が南部を離れたのを残念に思っている。彼女には、長期にわたって体調がひどく悪かった時期があり、父親には、数カ月にわたって失業していた時期があった。数カ月前、父親が学校に学資の援助を訴えたが、今では職を得ている」。

これで、ジョージのもう一つの問題が見えてきました。彼が小さかったころは、一家にはもっとお金があって、心配事は少なかったでしょうから、おそらく彼は、そのころは今よりずっと幸せだったことを覚えているのでしょう。

資料の続きを読みましょう。「母親には、別の州に住む16歳の甥がおり、その甥もジョージと似たような話し方の問題を抱えている」。それなら、お母さんは「遺伝だろう」と考えているかもしれませんね。その16歳の少年のお母さんと彼のお母さんが姉妹で、彼女たちは、子どもを甘やかす家の出身なのでしょう。話し方の問題は、遺伝したものではなく、二人が似たような環境にあったということです。わたしたちは、「一家の伝統」を調査の対象からはずすべきではありませんが、よくよく調べてみたら、「これは遺伝で受け継いだ資質だろう」という推測が、知識がないことによるただの勘違いだったと判明することがよくあります。

資料を読み進めましょう。「彼は正常分娩で誕生した。しかし、なかなかミルクを飲まない赤ちゃんで、3歳になるまでは、しょっちゅう病気になった」。

彼は、消化管に障害があったのかもしれません。あるいは、たんにお母さんがミルクを飲ませるのがあまり上手じゃなかっただけかもしれません。そして、彼が病気のときに甘やかされた可能性はきわめて高いです。この一家の伝統を思えば、そう考えるのが自然でしょう。

資料の記述はこう続いています。「彼はへんとう腺を摘出する手術を受けた。両親が、そうすることが話し方の改善につながると信じたためだが、効果はなかった」。

当然のことですが、へんとう腺の摘出術を受けたところで、彼が陥っている状況が変わることはありません。子どもが「赤ちゃんのようになりたい」と思っているなら、へんとう腺があろうがなかろうが、その子どもは赤ちゃんのようになるでしょう。

資料を読み進めましょう。「医師たちは、ジョージの発声器官にはまったく異常がないと言って、母親を安心させた。小学校の校医によれば、虫歯がいくつかある以外は、彼の健康状態は良好だという。学校では、ほかの子どもたちは彼のことが好きで、彼の変顔を楽しんでいる」。

小学校低学年の子どもたちは簡単に喜んでくれますよね。ジョージにとっては、人を面白がらせる、いい練習になっているんでしょう。資料の続きを読みましょう。「彼はクラスメートとしょっちゅうけんかをして、彼らを小突いている。また、近くの席の子どもによく話しかけている。登校時は身ぎれいに見えるが、すぐに靴下留めから靴下を引っ張り下ろして靴にかぶせ、ネクタイをゆるめる」。

こうした振る舞いはどれも、彼の役者としての芸当のレパートリーに含まれているのでしょう。資料の続きを読みましょう。「彼は上着を決してハンガーには掛けず、クローゼットのなかに放り込むだけである。彼は寒い日にもコートを着てこないが、それは、冬のコートは丈が短すぎるからだという。彼はランバージャケットも着たがらないが、それは穴があいているからだという」。

「整理整頓ができない」というのは、甘やかされた子どもであるという明白なサインですが、ジョージは見栄っ張りでもあり、カッコ悪い服は着たがらないようです。以前、ご両親が裕福だったころは、彼はいい服を持っていたのでしょう。おそらくそのことが、彼の人生の大事な要素になっているのではないでしょうか。彼が以前からずっと穴のあいたコートを着ていたなら、違いがわからないはずです。

資料を読み進めましょう。「彼は算数がよくできる。上手な読み方も覚えつつある」。こうしたことは、彼が学校での問題を克服しつつあるという、いいサインです。それから、明らかに、彼の担任の先生は親切です。そうじゃなかったとしたら、たぶん算数でつまずいていたでしょう。

資料の続きを読みましょう。「彼は字を書くことが非常に苦手で、乱雑な文字を書き、紙を（インクで）汚してしまう」。この記述から判断すると、彼は左利きかもしれません。左利きなら、彼にとっては、字を書くことはとくに大変なはずです。

資料の続きを読みましょう。「彼は左利きだったが矯正している。左手を使えば、数字をとても上手に書けるが、教室では、決して左手を使おうとしない」。

やはり彼は、思った通り、左利きで、字を書くことについては、右手の弱さを完全には補えていないんですね。そういう子どもは、読み方を覚えるのに苦労することがよくあります。読み方を覚えられないので、頭が悪いとみなされますが、そういう子どもをわたしたちがよく調べてみると、文字を右から左に――鏡に映すように――読んだら、とてもうまく読めることがわかりました。

資料を読み進めましょう。「彼は、ほめてあげるとすぐに反応がある」。

これについては解説するまでもないでしょう。次を読みましょう。「彼は不器用なのではなく、できないふりをしている。たとえば、彼は、わたし（担任教師）が見ているときには、紙を折ることができないふりをするが、見ていないときには、完ぺきに折ることができる」。彼が目指している「目標」がますますはっきりしてきました。それは、自分に優しくしてくれる人全員を、思い通りに動かすことです。彼は、その目標を達成するために、自分がまだ赤ちゃんであることを証明しようとしているのです。

資料の記述はこう続いています。「彼は自分で服を着ることができない。体を人に洗ってもらうことを嫌がり、母親が洗おうとすると、ありったけの声を出して悲鳴をあげ、騒ぎ立てる」。

こうしたことも彼が甘やかされているというサインです。お母さんが彼の体を洗っているときに悲鳴をあげるのは、洗われるのが嫌いだからではなく、お母さんをさらに煩わせたいと思っているからです。

資料の記述はこう続いています。「母親は、罰として彼にお仕置きをし、ときには、騒ぎを回避するために、11歳の姉に彼を洗わせ、ごほうびをあげることもある。彼は自分で食事をするが、ペースがきわめて遅いうえ、遊びながら食べる」。

ほかの面で子どもを過度に甘やかしているお母さんは、子どもにお仕置きをするだけでは、「自分で体を洗う必要がある」という意識を植えつけることなどできません。また、食事の時間は、ジョージにとって、さらなる注目を集める機会になっているようです。資料を読み進めましょう。「彼は、家では言うことを聞かない。家でも、学校で見せるのと同じような変顔をする。自分のおもちゃや服を片づけることはない。夜は、9歳の姉といっしょのベッドで寝ている。上の姉も同じ部屋で寝ている」。

お母さんには、今のベッドの手配のしかたは、ベストではないと伝えなくてはいけませんね。資料を読み進めましょう。「父親がジョージを罰することはないが、ジョージと母親の関係は、父親との関係よりもはるかに深い。母親はこう語っている。『もしあの子がお父さんのほうが好きだったら、わたし、最悪の気分になると思う』」。

この記述は、ジョージの問題の真相を解明するヒントになりそうです。お母さんと彼との結びつきのほうが強いのは確かでしょうが、お母さんは、実は、彼がお父さんと仲よくならないようにしているように思えます。お母さんが、こういうことを語らなかったとしても、わたしは同じことを考えたかもしれません。夫婦仲がよくない場合は、子どもはお母さんの側につくことが多く、お母さんは無意識のうちに、子どもをお父さんと戦う「同志」に引き入れることがあるからです。

資料を読み進めましょう。「彼は近所の男の子たちと外で遊ぶこともあるが、女の子たちと遊ぶほうを好んでいる」。

こうした好みは、彼の行動パターンに合致しています。彼が女性を好むのは、お母さんやお姉さんにかわいがってもらっているからでしょう。もし彼に家庭教師が必要になったとしたら、そうした好みを考慮に入れたほうがいいでしょう。まあ確かに、彼が女性に対する誤った固定観念を抱いたままにしておくのは、賢明とは言えません。ですが、わたしたちは、最初から彼に対して、強く出すぎてはいけないことを覚えておく必要があります。もし彼に家庭教師が必要になったら、女性の教師にしたほうがいいでしょう。

資料を読み進めましょう。「将来の志望については、『大きくなったら、カウボーイになりたい』と語っている。なぜなら、彼が映画で見るカウボーイたちはみんな戦っているからだそうだ」。

失望している子どもが、空想のなかで英雄の役割を演じるのはよくあることです。ジョージにとっては、カウボーイになることが、神に近づくことなのでしょう。彼を前に進ませることはそれほどむずかしくはないでしょう。彼の将来の志望が、「もし簡単にできるのなら、ほんとうは大きくなりたい」であることを物語っています。つまり、彼は、適切な条件のもとで、英雄になりたいのです。資料の記述はこう続いています。「彼はこんな夢を見たという。

『男の人がやって来て、ぼくの家のドアを取りはずした』」。
わたしは彼の夢を推測することもできました。彼のような子どもにとって適切な夢は、大きくなることの危険性を指し示すような夢です。そういう夢を見ることで、「赤ちゃんのままでいたい」と思うのは間違っていないと、自分の都合のいいように考えることができるからです。

それを思えば、資料に書かれている彼の夢は、ちょっと奇妙です。ですが、この夢も解釈できそうです。もしだれかが家のドアを取りはずしたら、家が開けっ放しになって、彼は保護されないことになるでしょう。ドアは「保護するもの」で、ジョージは自分の身を守ることに大いに興味を持っていると解釈できます。資料のなかに、彼が書いた文字のサンプルがありますが、これには、左利きであることを示す特徴がいくつか見られます。たとえば、「M」から始まる語を逆向きに書いていますし、用紙の左側のマージンがとても狭くなっています。そして字がかなり汚いです。

このケースのカウンセリングでは、お母さんに、ジョージとお父さんの仲を取り持つよう説得することが、一番の大仕事になるでしょう。ジョージのお兄さんやお姉さんたちに、弟を批判せず、弟が変顔をしても知らんぷりしているよう伝えてもらう必要もあります。お母さんは、彼をもっと自立させる努力をすべきです。彼が自分で体を洗ったり、服を着たりしたときや、家族の使い走りをしたときには、ごほうびをあげてみてはどうでしょう。担任の先生は、彼をよく理解しているとお見受けするので、彼女へのアドバイスはあまり必要なさそうです。先生にお勧めしたいのは、彼をほめる機会が訪れるのを待つことです。彼の字が少しきれいになったらほめてあげましょう。紙をインクで汚したからといって、叱ってはいけません。彼が注目を集めようとしたときには、先生は大げさに驚いてみせたほうがいいでしょう。また、ほかの子どもたちのいないところで、彼にこんなふうに話しかけるといいでしょう。「あなたの仕事を全部先生にやってもらいたいと、あなたが本気で思うなら、やってあげてもいいのよ」。そして、そのあと、こんなことを伝えればいいのです。「あのね、あなたのお母さまはあなたをちょっと甘やかしているの。だから、あなたはいつも、だれかに自分のために働いてもらいたい、自分の面倒を見てもらいたいと思ってしまうのよ。でも、大人になるためには、だれかにやってもらうというのはまずいわ。だれかにやってもらってもいいのは、赤ちゃんのままでいいって思っている人だけよ」。

面談

ジョージが、お母さまにしがみつきながら、教室に入ってきます。アドラーが握手しようと手を差し出しましたが、ジョージは拒みました。

アドラー　どうして握手をしてくれないのかな？　わたしはきみの友だちです。きみはもう大きいんだから、お母さんにつかまらなくても、一人で歩けるはずですよ。きみは赤ちゃんじゃありませんよね？

ジョージはお母さんから離れて、アドラーといっしょに歩きました。

アドラー　きみには友だちがたくさんいますか？　彼らはいい友だちですか？　きみは彼らを手助けしますか？

ジョージはどの質問にもうなずいて、肯定の意を示しましたが、アドラーに顔を向けません。

アドラー　（受講者たちに向かって）ごらんの通り、彼は、わたしが友だちであると確信できないらしく、わたしを見ようとしません。（ジョージに向かって）わたしがきみに噛みつくと思っているの？　じゃあ、きみは、何をやるのが一番好きですか？

ジョージ　絵を描くこと。

アドラー　画家になりたいと思いますか？

ジョージは返事をしません。

アドラー　画家よりもっとなりたいものがあるんですか？

ジョージ　カウボーイになりたいです。

アドラー　もしカウボーイになったとしたら、きみは何をやるでしょうか？

ジョージ　馬に乗ります。

アドラー　きみはカウボーイにならなくても、馬に乗れますよ。きみは、やりたいと思っていることは何だってやれるとわたしは思っています。ちょっと教えてほしいんだけど、きみは赤ちゃんになりたいですか？　それとも、先生とか、医者になるほうがいいですか？

ジョージはこれらの質問には「いいえ」と答えています。

アドラー　もしきみが、授業をもっとちゃんと聞くようになって、手をいつもきれいにしているようになったら、みんなはきみをもっと好きになりますし、担任の先生もきみをほめてくれますよ。きみのお兄さんは、きみに乱暴するの？　だったら、わたしが彼に、これからはもう、きみを攻撃してはだめって言っておきましょう。それから、もしきみが赤ちゃんみたいにしゃべったら、きみの言うことを聞いてはだめってことも、言おうと思います。これからは、きみが赤ちゃんみたいな顔をしても、だれもきみを見ないですよ。でも、もしきみがそういう顔をしたいなら、一日じゅうでも、一晩じゅうでもそういう顔をしていていいんですよ。さて、きみは高学年になったら、何をするつもりですか？　話をしたり、朗読したりするのが得意になりたいと思いませんか？

ジョージ　なりたいです。

アドラー　それなら、まずは、自分で服を着て、自分で体を洗うことから始めましょう。それから、ちゃんと食事をして、赤ちゃんみたいになるのは、もうやめましょう。いつも赤ちゃんみたいに振る舞っていて、カウボーイになれるでしょうか？　きみが腕をみがくには、赤ちゃんみたいに振る舞うのは正しいやり方ではありません。

ジョージは足早に退出しました。

アドラー　彼が急いで出て行ったところをみると、彼は大勢の人の前にいるのを居心地悪く感じるのでしょう。ですが、この部屋で、彼の頭に新しい考えを吹き込むことができたと、わたしは思っています。

アドラー（お母さんに向かって）ジョージは自分のために「赤ちゃん」という役割を作り出しました。それはおそらく、彼が、自分が小さかったころはとても快適な状況に置かれていたことを覚えていて、その状況を取り戻したいと思っているからでしょう。だから彼は、あなたに手をかけさせ、自分の体を洗わせたり、服を着させたりして、赤ちゃんのままでいようとしているのだと思います。彼はきかん坊になりたいわけではありません。彼はいい生徒ですし、立派な男の子です。ですからわたしは、彼は必ず、短期間で問題を克服すると思っています。

あなたが彼の力になりたいなら、彼がおかしな顔をしても、知らんぷりして、叱らないであげましょう。それから、彼のきょうだいたちにも、彼がおかしな顔をしても、無視するよう伝えてください。彼が赤ちゃん言葉を話したときには、聞こえなかったふりをし、大きくなった子どものように話したときには、ほめてあげましょう。彼はあなたに頼りすぎていますし、かなりの人見知りですね。お兄さんやお父さんに、彼と仲よくなる努力をしてもらってはいかがでしょう。彼は、学校では適切な励ましが得られていません。ですから、あなたも彼の力になったら、すべてうまくいくと思います。彼には、自分で体を洗わせ、自分で服を着させましょう。たとえすごく時間がかかっても、そうさせてください。彼がいい方向を目指して努力しているのを見たら、ほめてあげましょう。そしてこう伝えるといいでしょう。「あなたは、もう大きくなって、赤ちゃんじゃなくなったのね。お母さんうれしいわ」。彼の悪い癖はすべて、大きくなるのが怖いという思いから生まれたものです。ですから、彼が「ほんとうは大きくなることに危険はないのだ」と理解するよう、働きかける必要があります。

お説教はしないでください。彼が赤ちゃんみたいな話し方をしたときには、彼がきちんと話そうとするまで、知らんぷりをしてください。

お母さまは、アドラーがアドバイスしたことを実行することに同意しました。

アドラー　（受講者たちに）ごらんの通り、わたしからは、それほど多くのアドバイスを直接お伝えしないこともあります。彼のような子どもをよくするのに必要なこまごましたコツをすべてお母さんに教え込むのは、無理だからです。ですが、お母さんが全体的な状況を理解していれば、自分が何をしたらいいかわかるはずです。どんな緊急事態にも対応できるルールは作れません。確かに、このご家族は幸せではないようですが、家庭内の小さな変化によって、家庭内の雰囲気全体がよくなることもあるのです。

受講者　甘やかさずに子どもを愛するには、どうしたらいいんでしょう？

アドラー　あなたは子どもを、思うぞんぶん愛していいんですよ。でも、あなたに頼らせてはいけません。あなたには、子どもが自立した存在としてうまくやっていけるようにする義務があり、そのためのトレーニングは、子どもがごく小さいうちから始める必要があります。もし子どもが、親は結局は自分の言いなりになるという確信を得たら、「愛」について間違った考え方をすることになるでしょう。

第6章　けんかや窃盗を繰り返す子ども

――反抗的な不良少年の心の奥

今夜の講義では、12歳5カ月の少年のケースを取り上げましょう。彼の現在の問題は、素行を矯正できず、救いようがないことです。彼はプロベーション（試験観察）に置かれているのに、けんかと窃盗で告訴されています。ご両親は、彼を施設に預けたほうがいいとアドバイスされているそうです。〔「プロベーション」は、アメリカ法の用語で、有罪の宣告を受けた者にただちに刑罰の言い渡しをせずに、一定の地域にとどまらねばならないなどの制約を課して、一定期間、公的機関（監察官）の観察下に置くこと。観察の成績が悪ければ刑罰を科されるという心理的圧力を加えて、犯罪者の社会内での更生意欲を後押しすることを目的としている〕。

そういうアドバイスを提供されたということは、ご両親には、まっとうな人生を送るよう息子さんを納得させる方法が見つからなかったということでしょう。だれにでも――「個人心理学」の手法について十分に訓練を積んだカウンセラーでさえ――、自分にはこの子どものライフパターンを変える力はないと思うケースがきっとあるでしょう。ですがわたしたちは、正しい方法を見つけるのは無理だとあきらめるべきではありませんし、自分には無理でも、ほかの人が見つける可能性を疑うべきではありません。きわめてむずかしいケースでは、クライエントの子どもあるいは大人に、こう伝えたほうがいいこともあります。「わたしは、あなたがなぜこういうことをするのかわかっているのですが、それをあなたにも、わたしと同じくらいはっきりわかってもらえるかどうかは、自信がありません」。こう伝えれば、たいていは、クライエントによい印象を与えます。子どもであれ大人であれ、今回のケースのような救いようのないタイプは、「劣等コンプレックス」と「優越コンプレックス」を抱えています。ですから、「わたしはどんな人間も矯正できる」などと思い上がったことを言わず、失敗を認めることをいとわない担任教師やカウンセラーに出会うと、とても安心するのです。とくに、「自分を立ち直らせることができる教師などいないことを証明しなければならない」などと思い込んでいる少年は、安心するものです。

みなさんがそういう少年を相手にするときには、「たぶん、わたしではうまくいかないでしょうが、ほかの人ならうまくいくかもしれません」といった姿勢で臨めば、少年の敵意を和らげることができます。

今回の少年のような好戦的なタイプが、けんかや窃盗で告訴されるのは、当然と言えるでしょう。彼は、自分は裏切られたと思っていますが、自分の権利のために戦うだけの勇気を備えています。ただし、戦う相手は、彼のまわりの弱い人たちでしょう。資料によれば、彼はプロベーション（試験観察）に置かれているとのことです。プロベーションに置かれていることと自体が、よくないことです。わたしたちがこの少年と、今から4、5年前の、プロベーションに入る前の時期に出会えなかったのは残念です。今では、プロベーションに置かれていますから、彼には烙印が押されています。ご両親が彼を施設に預けるようアドバイスされたところをみると、彼のまわりの人たちは、すべての手段を使い果たし、彼の将来を悲観し、彼に「救いようがない少年」というレッテルを貼ったのではないでしょうか。そういう状態なら、わたしは、この少年を預けることに反対すべきではありません。でも、いったいどこに預けるというのでしょう?　いったいだれがこの少年を理解し、彼に有意義な人生を送るための訓練をするのでしょう?　彼には、自信をつけさせる必要がありますし、彼を救おうとする教師やカウンセラーを好きになってもらわねばなりません。彼をどこに預けたら、そうしたことをやってもらえるのか、わたしにはわかりませんが、一つわかっているのは、もし彼の学校に「メンタルヘルス・サポートセンター」のようなものがあったら、彼の問題に有利に取り組めるということです。サポートセンターが、彼のために友人か指導員を手配し、その人が、彼が家庭では見つけられなかった「人間のいたわり合う気持ち」を経験させます。たいていの場合、彼のような少年は少年院に送られますが、わたしが観察したところでは、若い犯罪者のほとんどが少年院を経験しています。わたしは、これまでに少年院が矯正できた少年がどれほどいるのか疑問に思っています。

それでは、資料を読んでいきましょう。「この少年は過去に、学校で盗みを働いたり、けんかをしたりして、何度か問題を起こした。そこで、3カ月にわたって、ペアレンタル・ホーム（問題児収容施設）に預けられた」。ペアレンタル・ホームに入れても、彼の反抗心をさらに強めただけだったのは、間違いないでしょう。

資料を読み進めましょう。「この少年ニコラスは、ドイツ系の両親のもとに生まれた。父親は厳しく、いかめしい人で、きょうだいの一番上の女の子を気に入っていたが、結核で亡くなった。母親は、はるかに年下の男性と再婚した。その男性（継父）は、ニコラスにとてもフレンドリーに接している。ニコラスの上の姉は、6歳で亡くなった。その姉はニコラスより2歳年上だった。彼には、1歳1カ月年上の、生きている姉もいる。今では、4歳の異父妹もいる。ニコラスは、4歳4カ月のときに上の姉を亡くし、4歳6カ月のときに父親を亡くした」。

どうやら、亡くなられたお父さんは、ニコラスの「共同体感覚」を育てるようなタイプの方ではなかったようです。わたしたちは、ニコラスが家族を相次いで亡くしたときにどんな気持ちになったのか、調べる必要があります。妹さんは彼より8歳も年下ですから、たぶん彼にとってはライバルではありません。彼のライフスタイルは、妹さんが生まれる前に形成され、定着しています。したがって、彼のまわりの人たちのなかで、彼が厄介な相手とみなしているのは、お姉さんだと推測していいでしょう。そしてそのお姉さんは、とてもよい子に育ったおりこうさんで、お母さんに気に入られているのではないでしょうか。もしこうした推測を裏づける事実が出てきたら、彼の人生の原動力となっているものが見えてきます。彼は、自分が差別されていると感じていますが、お姉さんにはかなわないと思っているのではないでしょうか。そして彼が弱気になっているのは、お姉さんを超えるためのいい方法が見つからないからではないでしょうか。

資料を読み進めましょう。「父親と母親はともに、夫婦のあいだには何の問題もないと言っている。ニコラスと姉は、しょっちゅうけんかをする。彼の現在の父親（継父）は、彼に親切にして、彼の信頼を得ようと努めている。ニコラスは、異父妹をとてもかわいがっている。母親はこう語っている。『ニコラスにはもう耐えられないから、よそに預けたいと思っています。だってあの子ときたら、うるさいし、家を汚すんですもの』」。

この記述は重要です。ニコラスとお姉さんがライバル関係にあるという推測が、これで裏づけられました。彼の今のお父さんは善意の人のようですが、ニコラスといい関係を築くためのやり方は、適切とは言えないでしょう。妹さんは、推測した通り、ライバルではないですね。お母さんとニコラスとのあいだには対立があるようで、お母さんの言葉から判断すると、ニコラスとの関係がうまくいっていないことは確かでしょう。ニコラスはお姉さんを超えたいと思っているのですが、お姉さんはあまりにも強力だと気づいているのではないでしょうか。彼は、お母さんが自分をもっと気にかけることを期待しているので、お母さんが期待に反したときには、散らかしたり、けんかを売ったりして、お母さんを攻撃するのではないでしょうか。彼が盗みを働くのは、彼が失望していることの表れでしょう。そして彼は、うるさくしたり、家を汚したりすることで、お母さんの泣き所を突いているのだと思います。とはいっても、12歳ぐらいの少年は、ほとんどの子がうるさくて、家を汚しますけどね。

資料を読み進めましょう。「継父は肉屋を営んでいる。母親は、少しばかりの寡婦年金を受け取っている専業主婦。一家の経済状態は中程度。5部屋からなるアパートに住み、寝室は両親が使用し、姉妹は二人で寝て、ニコラスはダイニングルーム（食事室）のカウチで寝ている。彼はメソジスト教会の日曜学校に通っている。

ニコラスは正常分娩で誕生し、健康な赤ちゃんだった。5カ月半で離乳。10歳までは、平均よりもかなり小柄だった。1歳1カ月で歩き始め、1歳4カ月でしゃべり始めた。今では、マスターベーションをするようになった」。体が普通より小さい子どもには、非常に攻撃的な子どもが多く、ニコラスの場合も、体が小さかったことが、姉と競争するようになった大きな要因かもしれません。それから、環境に適応できない少年たちが早いうちからマスターベーションをするのは、注意を引きたいという欲求や、見守ってほしいという欲求があるからだと、わたしは考えています。この考えは、わたしの推測――ニコラスは、お母さんは自分より姉を気に入っていると感じていて、お母さんに自分をもっと気にかけてほしいと思っているという推測――に合致します。

資料の記述はこう続いています。「彼は、ポスト・グラジュエイト・ホスピタル（医大生の卒後臨床研修のための病院）で、精神科医による検査を受け、ブロム剤（鎮静剤）と下垂体ホルモンの投薬治療を行ったことがある。この治療は、その後中止された。母親は、『父親が亡くなる前は、ニコラスにてこずることはなかった』と言っている。てこずるようになったのは、父親が亡くなってかなり経ってからで、彼女が再婚後に、彼を家に連れ戻してからだという」。

お母さんは、ニコラスが生まれて最初の4年間は、彼にとてもうまく対応していたと考えていいでしょう。その後、お父さんが亡くなって、彼をよそに預け、再婚後に連れ戻したということですね。今のお父さんがニコラスの信頼を得られないのは、ニコラスが今のお父さんにお母さんを奪われたと思っているからではないでしょうか。

ニコラスは、家に戻ったあと、環境に適応できなかったのでしょう。適応できなかったのは、新しい状況に対する準備（覚悟）ができていないのに、新しい状況に入ってしまったからです。彼がお母さんをてこずらせるのは、お母さんに大事にされなくなったと思い込んでいるからでしょう。

資料を読み進めましょう。「父親が亡くなったあと、ニコラスと姉は、父親の義理の姉の家に2カ月間預けられた。その家には子どもが二人いた。義理の姉は、ニラコスも姉も『悪い子』だと文句を言い、養育費をもっと払うよう要求した」。

彼とお姉さんは、こうした居心地の悪い環境に置かれたことが原因で、戦い始めたのですね。資料の続きを読みましょう。「その後、ニコラスと姉は、赤の他人の家に預けられた。その家には子どもが3人いた。その家は掃除が行き届いていず、ニコラスと姉は、十分な食事を与えてもらえなかった。ニコラスは屋外トイレに行くときに、その家の子どもたちに悪さをし、トラブルを起こすようになった。その後、3軒目の家に預けられた。その家では、子どもたちが家の外で遊ぶことが許されなかった。

母親が子どもたちを訪ねたときには、ニコラスはベッドの上で泣いていることが多かった。母親は心から、子どもたちによくしてあげたいと思っていたので、訪ねるたびにプレゼントを持っていった。ときどき、その家の一番上の女の子が、ニコラスの姉を誘って外出したが、ニコラスは置いてけぼりだった。ニコラスたちはその家で、母親が再婚するまで、1年半を過ごした」。この少年は生まれて最初の6年のあいだに、何度も屈辱を味わい、とてもつらい思いをしたのですね。

資料の記述はこう続いています。「ニコラスが自分の家に帰ったときには、大泣きし、いつまでも母親の膝の上に座っていた」。

彼についてのわたしの推測を裏づけるこれ以上の証拠はないでしょう。彼は「お母さん」が欲しかったんです。でも「お母さん」は見つからなかった。そして今では、お母さんといっしょに暮らしているものの、お母さんは彼をよそに預けたがっているというわけです。ニコラスは、お母さんの愛を勝ち取りたい、お母さんのそばにいたいと切望していると考えていいでしょう。

資料を読み進めましょう。「ニコラスはこう言っている。『家を出て、ぼくを知ってる人がいないところに行きたいです』」。

自分の権利を求めて戦っている少年は、よくこういうことを言うものです。こういうことを言うのも、家を汚したり、マスターベーションをしたりするのと、意味は同じです。彼は、家を汚すとか、家を出る、マスターベーションをするといったことを心から望んでいるわけではありません。復讐のつもりで、そういうことをしているのです。彼が、今の環境に絶望しているのは確かでしょう。彼のまわりには、彼が信用できる人がだれもいないからです。

資料の記述はこう続いています。「彼はこうも言っている。『もう学校には行きたくないです。勉強が大変すぎるんで。前に入ってたペアレンタル・ホームにまた入れるといいなあ。あそこ、気に入ってたんです』」。

犯罪の道に入り始めたときには、みんな、こういうことを言うんです。もし大人が、仕事が大変すぎると思ったら、生計を立てるために盗みを働きたくなると思いませんか。この少年は、あたかも犯罪者になりたい、刑務所に入りたいようなことを言って、強がっていると考えていいでしょう。この少年がこういうことを言うのは、「絶望による怒り」を抱えているサインです。ですからわたしたちは、まずは彼の信頼を得なければなりません。信頼を得ない限り、彼に対して大したことはできないでしょう。

資料を読み進めましょう。「朝は、姉より一足先にトイレに駆け込んで、姉を待たせる。いつも食事を出せと大声をあげ、姉をしつこくからかう。母親には、いつも生意気な態度を取っているが、たまに優しく接することもある。父親には、口答えして反抗的な態度を取り、父親を手伝うことは拒否している」。これでは、ご家族は大変ですね。彼は、食事を出せと大声をあげているときには、心のなかでこう思っているのではないでしょうか。「お母さんはもっとぼくの世話をしてくれると思っていたのに、裏切られたよ」。彼にとっては、お姉さんとお父さんは「敵（ライバル）」であり、彼はお母さんに復讐をしているのでしょう。

資料の続きを読みましょう。「彼は食品を大量に盗んでいる」。

これについては、もっとよく調べたほうがいいですね。彼が、自分で食べるために盗んだのか、人にあげるために盗んだのか、突き止める必要があります。糖尿病の子どもは、大量の食品を盗みたくなることがよくあります。そういう子どもは、いつもお腹を空かせ、のどが渇いているので、家で迷惑がられ、そのうちようやく、だれかに糖尿病だと気づいてもらえることが多いです。

資料を読み進めましょう。「家を飛び出して、何時間も帰ってこないことがよくある。彼は『13歳になったら家出する』と言っている」。これは、彼がたんに「家にいたくない」と思っているだけではなく、お母さんに自分を追いかけさせたいと思っているということでしょう。

資料の続きを読みましょう。「食事のときには、やたらにたくさん食べる」。これは、わたしが先ほどお伝えした考えを裏づけています。

資料を読み進めましょう。「彼は3カ月前まで、特別支援学級に入っていた。しかしクラスメートとけんかをしたり、クラスのレクリエーションの時間をわざと台無しにしたりした。また、クラスメートのものを盗んだり、ひどく口汚い言葉で彼らをののしったりした」。

彼が学校でいい生徒になることは、あまり期待できそうにありません。なぜなら、彼のほんとうの望みは「気に入られること」ですし、先生もクラスメートも、彼が望んでいるような重要な役割を彼に果たさせてくれないため、彼は先生やクラスメートにダメージや屈辱を与える方法を見つけ出したからです。彼は、自分を強く見せたくて、クラスメートのものを奪っているのではないでしょうか。そして彼らに悪態をつくことで、彼らより上の立場を維持している気になっているのでしょう。

資料を読み進めましょう。「彼は『子どもたちがもっとたくましいところ』に戻りたがっている。特別支援学級では、知能面ではクラスメートたちより優れていた。彼は教師たちに生意気な態度を取り、言うことを聞かず、手に負えず、不機嫌で、短気で、反抗的で、理屈っぽく、傲慢だ。彼には権威に対する敬意がないので、校長も教師たちも、彼をずっと嫌っている。彼は学校に最初に来た日に、子ども用の自動車を盗み、翌日はボールを盗んだ。その後も、ずっと盗みを働き続け、年上の二人の少年といっしょに、人の家に押し入ったこともある。彼はペアレンタル・ホーム（問題児収容施設）に送られた。彼が裁判官に、そこに行きたいと伝えたからだ」。

ニコラスは学校の要求に、自分を合わせることができなかったために、残念ながら、犯罪者の道を歩き始めてしまいました。彼は、自分に与えられる罰を「誇り（名誉）」とみなしているようです。

子どもは、お仕置きとしてお尻を叩かれたり、殴られたりすると、よく「痛くなんかない。ぼくを殴ってかまわないよ」などと言うものです。ニコラスは、自分の理想を維持するためなら、不快な経験もいとわないわけですから、ある程度の精神力を持ち合わせていると考えていいでしょう。彼に必要なのは、彼をこれ以上堕落させないためにどうしたらいいかをわかっている「いい仲間」だと思います。

資料を読み進めましょう。「彼は父親の肉切り用大包丁で、ネコ2匹の尻尾を切断した。ニワトリを（獲物として）追いかけたくて、貨車1両に入っていたニワトリを外に出したこともある。坂道に停車中の車を発車させ、坂を下らせたこともある。一度、女性のアパートから、20ドルのお金を盗んだことがある。商店などからは、たくさんの小物を盗んでいる」。

こうした悪事を働くことから判断すると、彼は動物に対しても人間に対しても「共同体感覚」がなく、人を困らせるためならどんなことでもやると考えて間違いないでしょう。もちろん、その一方で、彼がこうしたことをするのは理にかなっていると考えることもできます。というのも、彼は、舞台の中央に居続けること、そしてお母さんや学校の先生など、彼を優遇しない人全員を痛めつけ、罰することを「目標」としているからです。

資料を読み進めましょう。「趣味は読書。たまに映画を見に行く。友だちはいない」。

このようなケースでは、友だちがいなくて、むしろ幸いかもしれません。もし彼が、すぐに友だちを作れるタイプだったら、確実に不良グループに入っていたと思うからです。不良グループなら、彼を認め、受け入れてくれますから。

資料の続きを読みましょう。「彼は一人で街をうろついては、トラックに飛び乗り、長い距離を移動し、また別のトラックを捕まえて帰ってくる。通りで少年たちに出会うと、彼らを呼び止め、何者なのか、どこに行くのかをたずね、たいていは難癖をつけ、けんかに発展する」。

彼は街のチンピラみたいなことをして、多少は勇気があることを示していますが、言うまでもなく、そうした行為は、役に立つ人間になるための適切な訓練にはなりません。資料を読み進めましょう。「彼は、ボーイスカウトに入るためのお金をもらったが、すぐに使い込んでしまった。父親は彼に、自転車や楽器をはじめ、たくさんの遊び道具を与えてきた。彼は特別支援学級にいたときには、かなり成績がよく、『読み』『つづり』『語学』を得意とした。しかし『図画』『音楽』『工作』は苦手だった。現在は5年生のクラスに在籍し、成績は芳しくない。宿題は、母親か姉が手伝わない限りやらない。父親に助けを求めることはない。IQは何度か検査しているが、85から103までの幅がある」。

こうした記述からも、彼が今のお父さんを「うちの征服者」とみなしていることや、自分で決めた条件のもとでしか勉強しないことがわかります。知能指数の幅が広いことは、知能検査の結果が絶対的なものではないことを示しています。

資料を読み進めましょう。「彼の家族は、彼が毎日、何かしらトラブルを起こすと訴えている。彼らは、彼がしょっちゅう警察沙汰を起こすことにうんざりしている。近所の人たちからは、彼のやったことでいつも苦情を言われ、何か問題が起きればすべて彼のせいにされてしまう。彼の姉は、『弟はわたしの顔に泥を塗っている』と語っている。彼はこう語っている。『うちは人が多くて狭すぎる。お父さんはぼくに、あまりにもたくさんのことをやらせたがる』。彼は自分の家を嫌い、自分の学校を嫌い、自分の街を嫌っている。担任の教師は、彼を特別支援学級に戻したがっている。クラスメートたちは彼をあざけって、けんかをけしかける。校長先生は彼に優しく接しようと努め、クラスメートたちにも協力を求めている。担任の教師は、スポーツに興味を持ってもらおうと努めているが、これまでのところ、彼はどんな提案も却下している」。

この少年は、「まわりの人たちに面倒をかける」という目標を達成することについては、見事な成功を収めていますね。ですが、校長先生と担任の先生は、正しい道を歩んでおられると思います。おそらく、クラスの男子の一人を、彼が友だちとして認めたら、けんかはなくなるでしょう。資料の続きを読みましょう。「彼は読書などをして一人で過ごすことを望んでいる。しかし『クラスのやつらはぼくの邪魔をする』と彼は言う。学校が終わってから夜自宅に帰るまでの時間を彼がどのように過ごしているかは、だれも知らない。教師の一人が彼を誘い、自分の車で一日じゅう彼とドライブをし、その後、その女性教師の友人たちも交えて、夕食を取ったことがあった。そのときのニコラスは、最も感じよく協力的に振る舞い、間に合わせで作った夕食のために、テーブルセッティングの手伝いまでしたという」。

これで、彼が場合によっては、簡単に警戒を解くことがわかりましたね。ですが、たまに警戒を解くのではなく、それが継続するような方法を見つけ出す必要があります。資料を読み進めましょう。「彼は『小さいころの記憶』として、次のようなできごとを思い出した——お父さんにお金をちょうだいと頼んだら、追いかけられ、テーブルのまわりをぐるぐる回った。お姉さんが通りで、女の子とけんかをしているのを見た」。

実のお父さんとのできごとを真っ先に思い出したのなら、おそらくそのお父さんは、彼に優しくなかったのでしょう。お姉さんがほかの子どもとけんかしていたことを思い出したところをみると、彼は、お姉さんはけんか好きで、彼が彼女とけんかになるのも、お姉さんのせいだと思っているのは間違いないでしょう。

資料の続きを読みましょう。「彼は、お父さんの葬儀に出たくなかったので、花屋の後ろに隠れていたことも思い出した。また、火葬に立ち会ったことや、ドレスを着た上のお姉さんが棺のなかに収まっているのを見たことも思い出した」。

　彼が「死」というものにとても強い印象を受けたのは間違いないでしょう。ですが、彼が葬儀に出たくなかったのは、お父さんの死がショックだったからか、それともお父さんへの復讐のつもりだったのかは、定かではありません。わたしは彼が、医者を志望しているとしても驚きません。身近な人の死を経験した子どもは、医者になりたいと思うことがよくあるのです。

　資料を読み進めましょう。「彼は、夜中に夢を見て叫び声をあげるなど、夜驚症《やきょうしょう》の症状を見せている〔「夜驚症」は、睡眠中に突然起き出し、叫び声をあげるなどの恐怖の症状を示すこと〕。彼はときどき次のような夢を見るという。――彼は葬儀屋に行って、やわらかで快適なベッドに腰かけていた。すると葬儀屋が彼に『そこをどいてくれ。そこは、わたしが死者に服を着せる場所なんだ』と言った。そこで彼が別の部屋に駆け込むと、その部屋では、何人もの死者がベッドに横たわっていた」。彼が夜中に叫び声をあげるのは、お母さんに、「ぼくは暗がりに一人でいる勇気はないから、いっしょにいてほしい」と訴えるためでしょう。「死」に関する夢を何度も見ていることから判断すると、彼の頭のなかでは、自分の問題に対する可能な解決策として、「死」という選択肢がはっきり見えているのだと思われます。結局のところ、希望を完全に失った少年にとっては、選択肢は、あてもなくさまようか、自殺するか、犯罪に走るかの三つしかないのだと思います。

資料の記述はこう続いています。「また彼はときどき、マントルピース（炉棚）の上の小さな銅像が、目を見開き、彼を見つめ、だんだん大きくなり、炎をあげて燃え、消える夢を見るという。夜中に、男たちが窓から覗いているのが見えることもあり、そのときに見えるのは彼らの目と、頭の上部だけなのだという」。

なかなか興味深い夢です。というのも、こうした夢は、彼が昼も夜も敵に囲まれていると思っていることを示しているからです。彼は何度も怖い夢を見るという形で、恐怖を味わう訓練を積んでいます。その訓練は、夜中に叫び声をあげて、お母さんを呼ぶためのものでしょう。こうした夢から判断すると、彼は、「ぼくは臆病なのに、お母さんは気にもかけてくれない」と思っていると考えていいでしょう。

資料を読み進めましょう。「彼は、将来は陸軍か海軍に入隊したいが、オファーがあったらどんな仕事でも引き受けるつもりだという。弁護士や医者になる気はない。勉強が大変すぎるからだそうだ。彼は『肉屋と医者には絶対ならない』と言っている」。

彼は「医者にはならない」と言ったのですから、医者になることについても、ある程度は考えてみたのだと思います。考えてはみたものの、学校の勉強がまったく進んでいないのに、医者になろうなんて、ちゃんちゃらおかしいと思ったのではないでしょうか。「肉屋にはならない」と思ったのは、それが、彼が憎んでいるお父さんの職業だからでしょう。ですが、もしかすると、肉屋になる気がないのは、残忍なことをやりたがる傾向を克服したからかもしれません。万が一この少年が、犯罪者の道を選ぶことになったとしても、彼が殺人犯になることはないでしょう。可能性が高いのは、強盗犯といったところでしょうか。

資料の記述はこう続いています。「彼は、巡回セールスマンになって、世界各地を見たいと思っている」。

そして資料の最後に、担任の先生の見解として、次のように記されています。「お母さんは、ニコラスには優しいところもたくさんあるが、彼を重荷に感じ、何としても彼を追い払いたいと思っているのではないだろうか。彼女が追い払いたいと思うのは、彼がいずれ、夫との幸せな生活を壊すのではないかと恐れているからだ。彼女は、ニコラスのせいで、いつかは夫が、一家が置かれた状況にうんざりするのではないかとおびえながら暮らし、自分は息子と夫のどちらかを選ばなければならないと思っている。ニコラスは、『もう食事を出せと大声をあげることはしない』と、わたしに約束し、その約束を守っている。彼は、1週間にわたって、放課後毎日、お父さんの店に顔を出し、配達の手伝いをすることも約束した。しかし、彼は最初の日だけ手伝いをしたが、その日以降は、顔を出していない」。

以上で、資料を読み終えました。この先生の、お母さんの心理状態に対する見解には、わたしも完全に同意します。わたしたちはニコラスについても、まるで何年も前からの知り合いのように詳しくなりました。彼が今、危険な状況にあることは確かですが、彼を懐柔できる可能性もあると思います。なぜなら、この先生が彼の友だちになれたからです。

わたしたちは、彼に、もう一人友だちを見つける必要があります。友だちがいたら、学校でけんかばかりすることはなくなるでしょう。それから、彼には、「自分よりもお姉さんのほうが気に入られている」という思い込みが間違いであることを説明する必要もあります。また、上から二番目の子どもである彼がすごく野心的なのはなぜか、再婚したお母さんを許せないのはなぜか、といったことも教えなければなりません。お父さんには、ニコラスをさらにサポートし、彼の仲間になるよう説得すべきでしょう。

学校の先生は、鍵を握る存在になるでしょう。みなさんにたびたびお伝えしている通り、犯罪の急増を食い止めることができるのは、人の学校時代であり、担任の先生なのです。学校は、社会の発展の中心になるべきです。学校があらゆる社会改革の起点になるのは理にかなったことなのです。さて、今日の1回の面談でお母さんを説得できるものか、とりあえずやってみましょう。お母さんには、ニコラスがないがしろにされていると思っていることや、だからこそお母さんは、彼を罰したり、警察沙汰になると脅したりするのではなく、彼に「家族のかけがえのない一員」という気持ちになってもらう必要があることを、わかってもらわなければなりません。彼のお姉さんも、おそらく、まわりの人たちにそれほどうまくは適応できていないと思われますが、彼女には、ニコラスに対するけんか腰の態度を改め、彼への競争意識を捨ててもらう必要があります。

面談

お母さまが教室に入りました。

アドラー　息子さんについて、あなたとお話ししたいと思います。彼についての資料を拝見して、改善の見込みのないケースなどではまったくないと思いました。彼が賢い少年であることがわかったので、わたしたちが、彼が小さかったころの教育にどんな誤りがあったかを突き止めて、その誤りを修正すれば、彼は立派に成長するでしょう。あなたも彼を成長させるために相当がんばってこられたと思います。でも彼も、自分が差別されていると思っていることをあなたに教えようと、相当がんばっているんですよ。お姉さんはとてもよい生徒で、順調に成長しているそうですね。あなたが彼をお姉さんと同じくらい愛していることを、彼に納得させてみてはいかがでしょう。息子さんは、お姉さんのほうが明らかに有利だと思い込んでいます。お姉さんには勝ち目がないと思って、絶望的になっているのです。彼があなたや家族に迷惑をかけ、困らせたいと思っているのは、それが理由でしょう。

担任の先生は彼のことがよくわかっていて、彼に、どうしたら友だちを作れるか、どうしたら成績がよくなるかといったことを教えてきました。わたしは、家庭でも同じことができると思っています。まずは、あなたが彼を信頼することから始めてみませんか。彼にこう言えばいいんです。「あなたの妹に本を買うとしたら、どの本がいいと思う？」「自分の部屋が欲しい？」「今日のお昼は何がいい？」。こうしたことをたずねることで、子どもは自分が重視されているように感じるものです。それから、あなたは彼のお姉さんに、彼とけんかするのをやめるよう働きかける必要もあります。彼は、あなたがほかの子どもを気に入っているので、家での自分の不幸な状況は変わらないと思い、希望を失っています。そのことを、お姉さんにもわかってもらわなければなりません。

お母さま　あの子はあまりにも見苦しい振る舞いをするので、みんな、彼のことを好きではありません。

アドラー　彼は、預け先からあなたの家に戻ったとき、おそらく、あなたが一人で家にいることを望んだのではないでしょうか。でも、戻ってみるとそうではなく、お姉さんとご主人に自分が追いやられたと思ったのでしょう。それが、事の始まりだったのです。あなたは優しいお母さんで、最初のころ、つまり彼といっしょに暮らしていたころは、どうしたら彼と「友だち」になれるかを、たぶんわかっておられたと思います。でも、彼が戻ってきて、問題が起きるようになったときには、あなたは彼をどう扱ったらいいかわかっていなかったのではないでしょうか。あなたは彼をいい子にしようと努めるうちに、彼を叱りすぎてしまったのです。友だちが間違いを犯したときには、ただ笑って、友だちに優しくその間違いに気づかせるべきです。イライラすべきではありません。叱るべきではありません。あなたに賛同していただけたら、わたしはこれから彼と話をし、これまでに見られた間違いのいくつかについて説明したいと思います。お母さんが彼のことをほかの子どもたちと同じくらい好きだということをわかってもらえるよう、説得してみましょう。あなたには、家庭を、彼にとってもっと魅力的なものにすることをお願いしたいと思います。それから、家族のみなさんにも、彼の敵意を取り除くよう働きかけてください。彼の問題を解決することは、担任の先生やわたしも手伝いますが、それには時間がかかりますから、あなたには我慢が必要になるでしょう。彼は今、とても困難な状況にありますが、そのことを彼に知らせるべきではありません。彼に「将来ろくな大人にならない」といったことは、決して言ってはいけません。彼は勇気を失っているので、楽に生きることだけを望んでいます。彼が人生にもっと勇敢に向き合えるよう励ますのが、あなたの務めだと思います。

ニコラスが教室に入りました。

アドラー　はじめまして！　ここにいるみんなは友だちだと思ってください。では、きみが一番やりたいことは何か、わたしたちに教えてください。

ニコラス　ウェストポイント（陸軍士官学校）に入って、馬を走らせたり、銃を携帯したりしたいです〔陸軍士官学校がニューヨーク州ウェストポイントにあり、地名が学校の通称になっている。この陸軍士官学校はたくさんのエリートを輩出している名門校〕。

アドラー　そういうことなら、牧場や農場でもできませんか？

ニコラス　できませんよ。農場とかには太った馬しかいませんから。

アドラー　きみは速く走る馬が好きなんですね。競走馬も好きかな？　きみはお姉さんと競走して、どちらが前に出るか確かめたいですか？

ニコラス　はい。

アドラー　わたしには、きみがそれほど勇敢とは思えません。お姉さんは学校ではいい生徒です。でもきみは、いい生徒になるという希望を失っているように見えるんです。きみの先生は、きみが授業をもっとちゃんと聞いたら、必ずいい生徒になると思っているんですよ。わたしも、きみは賢い少年ですから、きみがその気になったら、クラスのなかでもとくにいい生徒の一人になれると思っています。ちょっと時間はかかるでしょうが、そうなるに決まってます。きみは今すぐウェストポイントに行くことはできませんし、入学を許可してもらうには、たくさん勉強する必要があります。ウェストポイントに入る一番の方法は、勇気を出して、学校で今やるべきことをやることです。

もしきみに友だちがいなかったら、ウェストポイントですごく寂しい思いをするでしょうね。まずは、学校で友だちを作ることから始めてみてはどうでしょう。そのためには、クラスメートに対して、けんか以外のこともできるようにならなければなりません。彼らと仲よくなる必要があるのです。それから、もしかするときみは、お母さんがきみのことをあまり好きじゃないとか、お姉さんもきみを大事に思っていないなどと思い込んでいるのではないでしょうか。でもわたしは、お母さんはきみをほんとうに愛しているんだなと思いました。お姉さんには、四六時中きみとけんかするのはやめるよう、わたしから伝えるつもりです。もしわたしがきみだったら、お父さんと仲よくするでしょうね。お父さんは優しくていい人ですし、きみの敵ではありません。お母さんはお父さんのことが大好きなんですよ。きみも大きくなったら、きみを愛する女性がいることに気づいて、その女性と結婚するかもしれませんね。それに、お母さんがお父さんを愛しているからといって、お母さんがきみを愛するのをやめたわけではありません。お母さんは、きみの妹さんのこともお姉さんのことも愛していて、きみも、そうしたきょうだいの一人なんです。きみがお母さんをもう少し手助けしたら、必ず、お母さんもお姉さんも、きみをもっと好きになりますよ。どうでしょう。これからの1週間で、人がやりたがらないことを2回だけやってみませんか。そして1週間後にまたここに来てもらえませんか。どうです。できそうですか?

ニコラス　はい。

第7章　食べることのできない子ども

——ハンガーストライキの理由

今夜の講義では、6歳の少女ベティーのケースについて考えてみましょう。彼女の一番の問題は、食欲がわかないこと。ただし、彼女の食欲は、周囲の状況に対する彼女の気持ち次第で変わるそうです。周囲の状況が彼女の好みにぴったり合っていないときには、食べものへの嫌悪感がとくに強くなるということです。これは甘やかされた子どもの特徴ですね。とはいえ、結核やくる病、感染性疾患の子どもにも似たような食欲不振が見られますから、そうした身体器官の障害の可能性を排除することには慎重になるべきでしょう。2歳半ぐらいの子どもが環境に適応できない場合も、同じような症状を見せることがありますが、検査をしてみると身体器官の異常が見つかって、食べるのを嫌がるのは正しかったのだとわかることもあります。子どもたちの問題を解決しようとしている人たちはだれもが多少の医学的知識を備える必要がありますし、医学の専門家ではないカウンセラーやソーシャルワーカーは、危険な判断ミスを犯さないよう十分に気をつけるべきでしょう。ですが、ベティーの食べものへの嫌悪感が周囲の状況に対する気持ち次第で変わるところをみると、彼女の問題は医学的な問題ではなく、精神的なものでしょう。

資料にはこう書かれています。「ベティーの状態は、母親といっしょにいるときにはとくに好ましくない。彼女が食べものを欲しがることはめったになく、ほとんどの場合、ダラダラと食事をする。彼女がものを食べるときには、食べたものをいつまでもほっぺたのなかに入れているので、飲み込むことに苦労しているように見える」。これは、お母さんにもっと世話をしてもらいたいと強く望んでいる明らかなサインです。おそらくお母さんは、ベティーがごく小さいころに彼女を甘やかし、その後、甘やかすことは間違っていると気づいて、それをやめたのではないでしょうか。もしそうなら、当然ながら、子どもは厚遇される立場を突然失ったことに腹を立てるでしょう。また、お母さんは食べることの重要性を過度に強調してきたのではないでしょうか。だからベティーは、お母さんの一番の泣き所を突いているのかもしれません。子どもが食べものを飲み込めないような重度の脳の障害は、きわめてまれにしか見られません。子どもであれ大人であれ、飲み込むのが困難な様子を見せる人は、たいていは、食事のときに注目されたがっていると考えていいでしょう。そういう人は、一見、とても危険な状態に陥っていて、必死の努力をしているように見えるので、食事に同席している人たちを驚かせることができます。でもまわりの人たちだって、人に飲み込み方を教えることなんて、できませんよね。

資料の記述はこう続いています。「食事のなかでも、朝食は最悪で、ベティーに何かを食べさせることはほとんど不可能である」。

わたしの解釈が正しいかどうかわかりませんが、わたしには、これは、子どもが目覚ましソングを歌っているように見えます。つまり、まるでベティーが、「お母さんは、今日はこんな目にあうよ」と、お母さんがその日に抱えることになる苦労についてヒントを与えているように思えるのです。神経症を抱えている人々、とくにうつ病を抱えている人々のなかには、朝は症状が最悪で、まるで、自分は調子が悪いと何度も繰り返し伝えたがっているように見える人がたくさんいます。親御さんは、たぶん朝食を食べないのは体によくないという思いがあるからでしょうが、子どもが朝食を食べなかったら、すごく困りますよね。ベティーは、食べることを拒否することで、影響力を強め、家族を支配し始めていると考えていいでしょう。ベティーの目標は「家族を支配すること」ではないでしょうか。なぜそれを目標にしているかを理解するには、彼女の「家族のなかでの立場(生まれ順)」を知る必要があります。

わたしの推測では、彼女は「一人っ子」です。そして何らかの理由で、彼女にとっては「家族を支配すること」がすごく重要なのではないでしょうか。

資料を読み進めましょう。「かつてのベティーは、長いあいだ『吐く』という手段に頼り、好き嫌いも多かった。無理に食べさせられると、いつも吐いていたのだ。最近、幼稚園で、突如として吐いたことがあった。担任の教師は、ベティーが拒否した食べものを処分したと主張した。しかしベティーは自分の分を処分されて、不当な行為のように感じたようだ。そう感じたのは、彼女は、ほかのものはすべて二人分を要求し、幼稚園でも家でも、食事の長時間記録を保持しているからだという」。

わたしはいつも言っているのですが、子どもに食べることを強要してはいけません。なぜなら、子どもはわたしたち大人より強い立場にあるからです。資料の記述から判断すると、ベティーの担任の先生は、かなり厳しい方のようです。ですが、ベティーが抵抗したことで幼稚園で厳しい扱いを受けたら、家庭でしつけが行き届かない場合よりも、悪い結果につながります。かつては、ヒステリー性の失神を起こした女性に対して、冷水をかけるとか、大きな声で名を呼ぶといったことが当たり前のように行われていました。そしてたいていは、それが功を奏して、失神から回復することがよくありました。ですが、何かの下心があって失神の発作を起こす人が、失神しても思い通りにならなかったら、もっと効果的な手段を探すだけなのです。

そういえば、わたしは以前、とても野心的で支配欲が強く、ご主人が運転する車で交通量の多い通りを走ることに耐えられない女性を見たことがあります。彼女は怖くて神経が高ぶると、ご主人の手やハンドルをつかみ、運転の邪魔をしたり、運転をやめさせようとしたりしました。そんなときは、ご主人はさらにスピードを上げ、しまいには、彼女はご主人を抑えつけることなどできないと悟るのです。こういうやり方を「治療」と呼ぶ人もいるでしょうが、わたしは戦時中（第一次世界大戦のとき）の治療法を思い出します。当時は、兵士がヒステリー状態（興奮状態）になって震えていたり、しゃべれなくなったりしたら、医師が「電気ショック」という極度の苦痛を与えることがよくあったのです。電気ショックを与えられた兵士は震えが止まるか、悲鳴をあげるかのどちらかでした。これは「治療」ではありません。精神的なものが原因で起こる身体の症状は、強い力を使うことで簡単に解消します。ですが、人の行動パターンは、強い力を使っても変わりません。結局、兵士は自分が優位に立てる役割を演じるための別の道を探すだけなのです。ベティーが吐いたり、好き嫌いをするのをやめさせるのは、それほどむずかしくないでしょうが、彼女がそうしたことをやめたとしても、あとになって、別の症状（問題）を引き起こすことになるでしょう。

資料を読み進めましょう。「ベティーにはもう一つ問題がある。それは、2年ほど前から、非社交的な態度をはっきり示すことが増え、母親をはじめ、まわりの人たちに攻撃的な態度を取ることが増えたことだ。ベティーはあいさつすることを拒否している」。

推測した通り、彼女の攻撃は、主にお母さんに向けられているようですね。あいさつを拒否するというのは子どもによく見られる問題で、その「理由」がなかなか興味深い問題でもあります。というのも、その「理由」が、あいさつというものの起源と関係があるからです。周囲の大人たちを支配することを「目標」としている子どもには、学校の先生や通りで出会った人々にあいさつをしない子どもが多いです。彼らがあいさつをしないのは、あいさつをしたら服従することになる気がするからです。たとえばウィーンの人々は、あいさつを通じて「服従の気持ち」を暗に示すだけではなく、実際に表明しています。ウィーンでは「セルブス！（Servus!）」は一般的なあいさつですが、この言葉は、実は「わたしはあなたの奴隷（召使い）です」という意味なんです。このあいさつの言葉は、古代ローマ時代の、奴隷が帽子を取ってご主人に「わたしはあなたの奴隷です」と言わなければならなかった慣習に由来するのではないかと思います［「Servus」は、中央および東ヨーロッパの多くの地域で使用されているあいさつ。

イタリア語の「Ciao」のようなあいさつや別れの言葉」。とはいえ、アメリカでは、あいさつは「服従」というより、「友好」のしるしですね。

ではは資料を読み進めましょう。「ベティーが、会った人に自由に話しかけたり、ていねいに話をすることはなく、乱暴な言葉を使うことが多い。彼女は想像した悪事を忘れようとせず、怒りの原因となるような思い込みに次々にとらわれている。今のところは、新しいことを試みる気はないように見える。新しい状況（初めての場面）を回避し、初めての人との出会いは、年配の人であれ若い人であれ避けている。しかし、たまに知らない子どもと遊びたくなることもあり、そんなときには、事前にだれかに連絡を入れさせるようにしている」。この記述は、ベティーに「共同体感覚」が備わっていないことをさらに裏づけています。

資料の記述はこう続いています。「彼女はたくさんの考えごとをしているように見える。長時間にわたって『静かにして』と周囲に望むことがよくあり、そうした時間は、じっと考えごとをして過ごしている。しかし、そうした状態から脱して、きわめて知的な質問を発することもよくある」。

心理学のほかの学派、とくにユング――スイスのチューリヒ在住――の学派の方なら、こうした物思いにふける姿勢は、その子どもが内向的であることを示していると言うでしょう

〔ユング（カール・グスタフ・ユング、1875〜1961年）はスイスの精神科医、心理学者。分析心理学（ユング心理学）の創始者〕。確かにベティーは内向的です。ですが、それは生まれながらの資質ではありません。ですからわたしたちは、その資質が人為的に形成された経緯を推測することができます。ベティーの場合は、孤立していて、まわりの人たちとつながりを持っていないので、「考える」こと以外、何もやることがなかったのだと思います。もし彼女が、人と交わるのが大好きで、まわりの人たちに強い関心を持っていたら、ユングは彼女のことを「外交的」だと言ったでしょう。「外交的」というのは、たんに、彼女が適切な教育を受け、「共同体感覚」を抱き、それを追求できるような環境で成長したということにすぎません。わたしは「内向的」とか「外向的」といった資質は、固定的なものではないと考えています。

資料を読み進めましょう。「アウトドアや自然は、彼女にとって大切だ。彼女は常々『田舎に住みたい』と口にし、景色にとくに惹かれたときには、感動して、上機嫌で『この世界は美しいと思わない？』などと言ったりする」。子どもが人づき合いがよく、なおかつ「自然」に関心があったら、それはとても幸運なことです。ですが、ベティーは人間には関心がないですから、彼女が自然を愛するのは、勇気があるからではなく、弱いからではないかと思います。人づき合いをするのを怖がり、どこかの小さな島や森小屋などで人と一切交わらずに暮らしたいと思っている人たちには、自然を愛する人が多いです。

資料の続きを読みましょう。「ところが先日は、晴れ渡った朝のさわやかさと美しさに感動したように見えたのに、とがった声でこう言った。『わたし、逆らうことが好きなの』」。

この言葉からも、彼女がまわりの人たちとのつながりを築けないことがわかります。また、つながりを持っていないために、「逆らう」ことが彼女に残されている数少ない行動の一つになっていることもわかります。そして、「逆らう」というのは、お母さんを困らせる最高の手段でもあります。だから彼女は「逆らう」のが好きなのでしょう。

資料を読み進めましょう。「両親の話では、ベティーの『食べること』に関する問題は、彼女が生まれたときからあったが、それ以外の問題は、最近になって生じたものだという」。

これはたんに、ベティーが道具（手段）を変えただけで、彼女が置かれた状況自体は変わっていないということでしょう。

資料の続きを読みましょう。「この家族は、父親と母親、一人の子どもで構成されている。父親と母親は愛情のある関係を築いているので、二人は幸せな結婚生活を送っていると言えるだろう。ただし二人は、家計面での不安を抱えていたり、母親の家族が長いあいだ病気に苦しみ、母親がその家族を心配して頻繁に会いに行ったりしているため、精神的なストレスを抱えている。父親と母親はともにかなり神経質で、時折、感情を爆発させることがある」。「一人っ子」というのは、たいていの場合、きょうだいが何人かいる子どもよりも、「注目の的」になりたがります。前にも触れましたが、そういう子どもは、両親が互いに深く愛し合っていることに気づくと、自分が不公平な扱いを受けているような気になります。夫婦仲が悪かったら、子どもは「まわりの人たちへの適応」に問題を抱えることが多いですが、だからといって、夫婦仲がよいことが、子どもを育てるのに最も大事なこととは言えません。わたしたちが子どもと親がどんな関係にあるかを知るには、親子関係に限らず、夫婦関係をはじめ、家族相互の関係を理解する必要があるでしょう。

この記述で、ベティーがお母さんと対立している原因についてのヒントが、さらに得られました。お母さんは病気のご家族のことで頭がいっぱいで、子どもへの関心が薄れていると考えていいでしょう。子どもにとっては、両親が感情を爆発させているのを見るのは、つねにつらいものです。子どもが野心家で、舞台の中央にいることに慣れているならなおさらです。両親が感情を爆発させていたのでは、ベティーには、自分が上位に立っていることを証明するチャンスがありません。彼女は「共同体感覚」がないために、外部の人々とつながりを持つことができず、神経をピリピリさせているために、家族に溶け込む道も閉ざされてしまったのでしょう。自分が上位に立っていることを示すための、唯一残された手段が、食べものの好き嫌いを続けることなのではないでしょうか。

資料を読み進めましょう。「父親は作家で、母親は仕事に出ている。生計を立てるには、父親の収入に母親の収入を加える必要があった。アパートには、明るく広い部屋が4室ある。両親が1室を自分たちの部屋にしている。ベティーはメイドといっしょの部屋だが、自分のベッドで一人で寝ている。父方の祖母がいて、ベティーが生まれたころから、彼女の食事や体重について過度に心配し、そうしたことについて、ベティーにも聞こえる所で、意見を述べている。祖母は、自分の不安をベティーの両親に押し付けることに成功している」。

新たな問題が出てきましたね。おばあさんというのは、たいていは、あまりにも孫の好きにさせすぎて、お母さんが子どもの好きにさせるのをむずかしくするものです。おばあさんが父方なら、なおさらです。もしかすると、父方のおばあさんとベティーのお母さんでは、考え方に違いがあるのかもしれません。おばあさんがベティーに「食べものは重要だ」という考えを吹き込み、ベティーが「世のなかで一番大事なのは食べることだ」と信じるよう、働きかけているのではないでしょうか。

資料の続きを読みましょう。「祖母は、ベティーの母親に対して、ずっと批判的な態度を取り続けており、そうした態度はベティーの前でさえ変わらない。母親は、ベティーが自分に対して批判的、敵対的な態度を取るのは、祖母の影響だと考えている」。

自分が「注目の的」になることで、家族を支配したいと思っている子どもが、自分にとても優しく、自分を心配し、「ベティーは十分に世話をされていない」と思い込んでいるおばあさんに味方するのは、当然と言えるでしょう。ただし、ベティーがいくつかの問題を抱えているのは、たぶんおばあさんだけが原因ではありません。とはいえ、おばあさんが大いに影響しているのは確かでしょう。

資料を読み進めましょう。「ベティーは、生まれたときは健康そのもので、7カ月になるまで母乳で育てられ、その後離乳した。ミルクに切り替えて間もないころ、清潔ではないミルクを与えられたことが原因で重い腸の障害を患い、治癒するまでに長い時間がかかった。その後は順調に成長した。1歳2カ月で歩き始め、1歳3カ月でしゃべり始めた。そのとき、いきなり文章をしゃべり、複数形を使った」。

腸の障害を患ったことは、このご家族が食べることを重視する理由を知るもう一つのヒントになります。ほかにも、ベティーが並外れて頭がいいことがわかる重要な情報も得られました。

資料の続きを読みましょう。「ベティーは、いくつかのすばらしい習慣を身につけた。きわめてきれい好きだが、親指をしゃぶる癖があった。この癖を直すのは、大仕事であった」。

親指をしゃぶるのは、ほとんどの場合、注目を集めるための手段です。ベティーは、親指をしゃぶっていれば、簡単に自分を見守ってもらえると気づいていたでしょうから、その癖を直すのはたぶん、かなり大変だったでしょう。ですが、親指をしゃぶる理由については、いくつか別の説もあるんです。フロイト流の解釈によれば、指をしゃぶるのは性欲を満たすためで、しゃぶることによって口唇に性的な快感が得られるということです。それよりはるかに合理的なのは、ニューヨークのインスティチュート・オブ・チャイルド・ガイダンス（児童相談所）の医師、デービッド・M・レヴィ〔1892〜1977年。アメリカの精神科医〕の説でしょう。彼は、赤ちゃんが、たっぷりの母乳がほとばしるように出るお母さんに育てられた場合は、口や顎を動かす練習が十分にできないことに気づきました。赤ちゃんは親指をしゃぶることでそれを補っていると彼は考えました。わたしもそれが、親指をしゃぶる要因の一つだと思いますが、もう一つの要因として、子どもが、指をしゃぶっていれば見守ってもらえると思ったら、それが癖になるのではないかと考えています。

資料の続きを読みましょう。「ベティーは、（指をしゃぶらないようにするために）手を縛られると、『吐く』という手段に出た」。

これはつまり、ベティーが、自分のほうが強いことをもう一つの方法で証明したということです。フロイトだったら、「彼女には性的欲求を抑える必要があった。だから吐いた」と言うのではないでしょうか。

資料を読み進めましょう。「母親は、ベティーが初めて『吐く』という手段を使ったのは、手を縛られたことへの反抗だったか、食べものへの反抗だったか思い出せないと語っている。ベティーは、何かを禁止されたら、必ず激しく抵抗したという」。自分が支配したいと思っている子どもが、禁止されることをひどく嫌うのは当然でしょう。そういう子どもには、罰を与えても、何の効果も得られません。

資料を読み進めましょう。「ベティーはまだ2歳にもなっていないころ、おもちゃを取り上げると脅されて、こう答えたという。『わたしは平気よ。だってあんなの、いらないもの。わたし、窓から外を見て、考えることだってできるのよ』」。

ベティーは、目標としている「自分が上位に立つ」という状態を、いとも簡単に維持できるんですね。彼女の言葉からは、「わたしは強いのよ」というプライドが感じられます。

資料を読み進めましょう。「この一家の社会階級は、上位中流階級といったところだ。両親の友人たちは、専門職の人がほとんどだ。ベティーは父親の言うことは比較的よく聞き、父親をとても慕っている。父親が母親を愛撫すると、ベティーは『わたしにもキスして』『わたしのこともハグして』といった、明白な抗議の声をあげる」。

ベティーが、両親がお互いに愛情を注ぎ合ったら、自分に注がれるはずの愛情が減ることになると思い込んでいるのは、間違いないでしょう。資料の続きを読みましょう。「母親は働く必要があったので、ベティーが2歳半のときに、母親にあまりにもべったりだったベティーと離れるために、ベティーを数週間にわたって、十分に訓練を積んだ、優しいベビーシッターに預けた。両親は、そのベビーシッターに預けることで、『食べること』の問題も改善するのではないかと期待した。ベティーが預けられたのは、母親が、自身の家族が病気になったためにしばらく家を空けた少しあとのことだった。母親が家を空けているあいだ、ベティーは慰めようもないほどのありさまだったのだ」。

優しいお母さんと突然引き離されたのは、もちろん、ベティーには理解できないことだったでしょう。子どもにとっては、まさに悲劇です。

資料の記述はこう続いています。「ベティーは預けられると、数日間は、黙って悲嘆に暮れていたが、そのうち、自分が置かれた状況を受け入れ、見たところでは、新しい状況に適応したようだった」。

「見たところでは」という言葉を使っているのは、正しいと思います。彼女がその後、どんな子どもになったかを見れば、母親を決して許していなかったことがわかるからです。

資料を読み進めましょう。「母親は、自分が家を空けたことを、ベティーはずっと忘れなかったし、絶対に許せないのだと思っている。ベティーはこの一件の少しあとに、実験的な教育を行っている私立の幼稚園に入れられた」。お母さんは、ベティーの気持ちをわかっていたんですね。でも、それをどうしたら癒せるかはわからない、といった状態のようですね。

資料の続きを読みましょう。「ベティーは、幼稚園に行くことに激しく抵抗し、苦痛に満ちたように泣き、食べることを拒否し、吐いた。3カ月にわたって、こうした状態が続いた」。

ベティーは、これほどの抗議行動をやり遂げるのですから、かなり「強情」と考えていいでしょう。でもわたしは、ある意味、それは将来有望であることのサインだと考えます。何か有意義な分野で、その「強情さ」を発揮できたら、ベティーはリーダーになると思うからです。

資料の続きを読みましょう。「その後、ベティーは突然『泣かないで幼稚園に行くことにする』と宣言し、それ以降はその言葉を守っている。今では幼稚園の3年目に入り、彼女はとても人気がある」。

ベティーが突然態度を変えたのは、幼稚園に行くという問題を乗り越えるためのもっといい方法が見つかったか、幼稚園での状況が彼女に都合のいいものに変わったかのどちらかでしょう。「人気がある」というのは、ベティーがまわりの子どもたちに関心がないことを思えば、ちょっと驚きです。とはいえ、たくさんの甘やかされた子どもたちが、まわりの人たちを惹きつける優れたテクニックを身につけています。たぶんベティーもそういうテクニックを身につけたのでしょう。

資料の続きを読みましょう。「ベティーは最近まで、年長組の男の子たちにとって、際立って魅力的な存在であり、彼女のほうも自分の魅力を利用して大いに楽しんだ。彼女の影響力があまりにも並外れていたので、先生たちは、彼女がどうやって男の子たちをとりこにしているのか学ぼうと努めた。しかし、彼女のやり方はわからずじまいだった」。

これで、彼女がまわりの人たちに自分を大事にさせる優れたテクニックを身につけたという推測が裏づけられました。男の子たちに対する彼女の「やり方」は、おそらく、お父さんを味方につけるために使ったものと同じでしょう。

資料を読み進めましょう。「ベティーは昨年と一昨年の夏のあいだ、幼稚園の先生の一人が運営するサマーキャンプに参加し、3カ月にわたって家を離れた。昨年は、キャンプのほかに、幼稚園の子どもとそのご両親といっしょに、2週間の旅行もした。そのあいだ、ベティーはとても愛想よく振る舞い、ご両親はベティーをほめちぎった。とはいえ、ベティーは毎年、キャンプの前には『わたしは行かない』と宣言し、今年も同じことを主張した。しかし実際には、毎年、とても喜んで出かけるという」。

これで、人々に愛される方法をベティーがわかっていたことが、いっそうはっきりしました。彼女が毎年「行かない」と言ったのは、たんにご両親を困らせようとしただけでしょう。

資料の続きを読みましょう。「ベティーは、今年は自分も幼稚園の友人たちと同じように、お母さんといっしょに旅行に行きたいと主張した」。

これが、彼女の心のなかで燃えている「炎」なんですよ。つまり彼女は、「お母さんといっしょにいたい」ということです。ベティーは、「わたしの友だちはお母さんといっしょに出かけているのだから、わたしもお母さんと出かけたい」という言い方で、とても賢くお母さんを責めています。

資料を読み進めましょう。「ベティーの趣味は、ごく普通である。近所に遊び友だちはいない。毎日午後4時半まで幼稚園で過ごすからだ。『ピアノを弾くこと』に対する意欲があり、それについてはまぎれもない才能を見せている。ピアノの先生についているわけでもないのに、自分でとても美しい小曲を作る。幼稚園の先生は、ベティーは、やってみたときには何でも上手にできると語っている。先生は、ベティーが自分の出来に神経質であることに気づいている。彼女は、自分が人より優れていると思えない限り、安心せず、自分のほうが優れていることを示せないのではないかと恐れたときには、作業や遊びを拒否する」。ベティーは幼稚園では、文句のつけようもない振る舞い方をしているのでしょう。少しでも叱責を受けることがあったら、ベティーのプライドと野心が深く傷つくことになるからです。

資料を読み進めましょう。「ベティーは、弟や妹がいないせいで、家にだれも遊び相手がいないと思い、文句を言っている。友人たちを家に呼ぶが、彼らが帰ってふたたび一人になると、決まって母親をてこずらせ、母親が仕事をしていて家にいないことについて、つねに強く抗議している」。

ベティーがほんとうに弟や妹が欲しいのかは、疑わしいと思います。彼女は、この先、弟も妹もできないことを確信しているのではないでしょうか。文句を言うのは、弟や妹が欲しいというより、お母さんを責めていると考えていいでしょう。ベティーは、お母さんに家にいてほしい、自分にかかりきりにさせたいと心から望んでいるのだと思います。

資料の続きを読みましょう。「彼女は、泣いたり、脅したり、すかしたりして、母親を家にいさせようと努めている。たとえば、こんなふうに言ったりする。『お母さんが家にいてくれるなら、わたしはもうそれだけで、お母さんの友だちになるわ』。ベティーの一日は、彼女の年齢としてはごく普通の一日である。夜は、観察した限りでは、よく眠っているという。夢は見ないが、たまに、夜中に悲鳴をあげて目を覚まし、『ライオンやトラたちが、階段を上ってくる』と言うのだという」。ベティーはついに、夜中にご両親の注意を引き、煩わせるための手段も見つけたのですね。ライオンやトラたちというのは、その目的にはとても有効です。

資料を読み進めましょう。「幼稚園へは、毎朝、母親が送っていき、迎えには、父親が行くことが多い。ベティーはごく小さいころからずっと、まわりの大人たちや子どもたちの反応を観察することに、ほかのどんなことよりも興味があるように見える。ときには観察好きがこうじて、たんに反応を観察し、それについてコメントするだけのために、何らかの反応を引き起こすこともある。彼女は、だれかを観察すると、すぐにその人の特徴を正確に報告する。彼女は明らかに、論理的かつ分析的な頭脳の持ち主である」。

これはどういうことでしょう? 作家のお父さんを、そっくりまねているのではないでしょうか。作家は、日ごろから人々を観察しなければなりません。みなさんの多くは「女性は論理的、分析的思考ができない」という迷信があるのをご存じでしょうが、ベティーの例は、それが間違いであることの証明にもなります。ベティーのように、論理的、分析的に考えることが、自分の目的にかなうのであれば、女性だって、論理的、分析的に考えるものです。

資料の続きを読みましょう。「ベティーは次のような遊びを考案した。――ベティーが『裁判官』、彼女の遊び相手たちが『おまわりさん』の役を務める。おまわりさんたちが、はだかの女の人を逮捕し、ベティー裁判官の前に連れてきた。ベティー裁判官は、次のように刑を言い渡した。『はだかの女は、電気椅子送りにするしかありません』」。

この遊びの記述は重要です。なぜかというと、この遊びから、次の二つのことがわかるからです。一つは、ベティーが男性と女性の違いを理解していること。もう一つは、彼女が劣等感を抱えていることです。ベティーが刑を言い渡したのは、はだかの女性であって、はだかの男性ではありません。これは、ベティーの「男性的抗議」を示していると考えていいでしょう（「男性的抗議」はアドラーが唱えた言葉で、「女性の役回りを拒否する姿勢」のこと）。それと同時に、自分が女であることを腹立たしく思い、男になりたいと思っていることも示しています。彼女がお父さんのまねをするのも無理はありません。彼女の高い望みは、彼女が考える「女性の役割」とは相容れないものなのでしょう。

資料の記述はこう続いています。「『はだか』自体は、ベティーにとっては、驚くようなものではない。キャンプで友人たちのはだかを見慣れていたし、両親は、自分たちの入浴中にたまたまベティーがバスルームにやって来て、彼女にはだかの姿を見られてもまったく気にしないからだ」。

ベティーが耐えられないのは、「はだか」ではなく、「女性」なんですね。

資料の続きを読みましょう。「ベティーは、長期間にわたって、悪い動物や悪い人の物語を聞かせてほしいとせがんだ。彼女は善人の話には興味がない」。

「悪い動物の物語をせがむ」というのは、夜にお母さんを困らせるには有効でしょう。「共同体感覚」のない人は、「人間は本質的に悪である」と信じたがるものです。非常に利己的な哲学者たちが、そうした説を支持しています。「共同体感覚」を備えた人は、たいていは寛容で優しく、人が悪人になった要因を把握しようと努めるものです。また「善人の話」というのは、実際、読んでもたいして面白くありません。朝はいつもにっこりと起床し、家族に優しい言葉をかけ、笑いながら仕事に出かけ、子どもたちへのプレゼントと妻への花束を持って帰宅し、いつも優しく、思いやりがあって、寛大な善人の話になんて、だれも興味を持ちません。ですが、みなさんが冷酷で非常識な悪人の話を書いたら、人々に読んでもらえるのではないでしょうか。

資料を読み進めましょう。「最近、ベティーはとてもむきになって、幼稚園のクラスメートたちを次のように脅した。『もしあなたたちが○○をやらなかったなら、わたし、今晩、あなたたちにインフルエンザを送るから。インフルエンザには、開いてる窓から入ってもらって、あなたたちは死ぬことになるわよ』。しまいには、彼女自身がこの話を信じ込み、窓を閉めるよう強く主張したという」。

ベティーは「あなたたちは死ぬことになる」などと言っていますから、魔法の力を欲しがっていると考えていいでしょう。彼女は神のような役割を担いたいと思い始めています。「生と死」の支配者になって、人々が自分に従わないときには、彼らを死なせたいと思っているのでしょう。そこに、こういう子どもの悲劇があるのです。つまり、こういう子どもは「共同体感覚」がなく、威圧的な態度を取っていることで、自分自身が報いを受けることになるということです。彼女のような武器を使っている人はだれもが、その武器によって自分が滅びることになるでしょう。それが人生というものです。

ベティーは、今夜は体調が悪いということです。ですから、面談できるのはお母さんだけです。わたしの考えをお母さんに納得してもらうことができるかどうかわかりませんが、状況をお母さんに説明するのがこちらの仕事で、お母さんにはそれをベティーに説明してもらわなければなりません。お母さんは多くの面で、適切な行動を取ってこられましたから、娘さんの振る舞いに一貫性があることをわかっておられると思います。お母さんからベティーに、「食べること」はおばあさまが考えるほど重大なことではないことを、説明してもらわなければなりません。ただし、おばあさまがダメージを受けることがないような形で、説明する必要があります。たとえば、「おばあさまは善意でおっしゃっている。でも、そういうことにすごくお詳しいわけではない」といった言い方をするといいでしょう。また、ベティーはもっと友人を増やしたほうがいいですし、彼女には、友人たちのなかで、有意義なリーダーシップを取る力を身につけるよう働きかける必要もあります。

面談

お母さまが教室に入りました。

アドラー　わたしたちはお嬢さんのケースについて慎重に検討し、彼女がとても賢く、将来有望な子どもであることがわかりました。彼女の振る舞いに対するあなたの解釈は、多くの点で優れていると思います。あなたがご家族のことで忙しかったときに、お嬢さんは、自分が見捨てられたような気がして、そのことであなたをずっと許していないように思えます。お嬢さんは、今では、自分を見捨てたあなたを罰することが人生の目標になっていることに、気づいていないのです。でもわたしは、あなたがそうしたことについてお嬢さんと話をしたら、あなたが友人であることを、彼女に納得してもらえるのではないかと思っています。

お母さま　そういうことはこれまで何度もやってきました。でもあの子は興味を示しません。ベティーはそうしたことについてはとても理想主義的で、すごく感情的になって、頭に血が上るので、頭を働かせることができなくなるのです。あの子はわたしの今の仕事にとてもいら立っていて、「わたしの幼稚園に就職したらどう？」なんて言うんです。わたしは「幼稚園には、わたしの仕事はないし、そもそも幼稚園でパートのような仕事をしても、十分な収入は得られないの」って答えるんです。

アドラー　だったら、お嬢さんにこう言ってみてはいかがでしょう。「じゃあ、2週間ほど幼稚園で働いてみようかしら。そして、十分な収入が得られないせいで、あなたがお腹をすかせることになっても大丈夫かどうか、確かめましょう」。わたしは、ベティーがこの案に同意するとは思えませんね。あなたのお宅では、「食べること」が大変重視されているとお見受けしたものですから。

お母さま　おっしゃる通りです。

このあと、お母さまが「インフルエンザ」のことや、ベティーが人を観察していることについて、話をしました。

アドラー　ベティーがインフルエンザで脅したのは、自分には遊び仲間に取りつくようインフルエンザに命じる力があるのだと、あなたに伝えたかったからでしょう。そのことをあなたからベティーに説明してみてはいかがでしょう。それから、ベティーは赤ちゃんのころからずっと、「注目の的」になりたがっていることも伝えてください。

お母さま　これまでも、ベティーに論理立てて説明することに努めてきました。いつもある程度まではうまくいくんですが、途中でブロックされてしまうんです。

アドラー　もしかするとあなたは、彼女の心をつかむ言葉を見つけられなかったのかもしれません。散歩にでも連れ出して、あなたが彼女を残して出かけざるを得なかったために、彼女をひどく傷つけてしまったことを、気さくに話してみてはいかがでしょう。まず、あなたが可能な限りベティーといっしょにいるほうを選びたいということを彼女に印象づけましょう。それから、彼女の理性に訴えるために、「もしあなたが一家の面倒を見なきゃならないことになったら、あなたも働くのではないか？」と聞いてみたらいいのです。そして、彼女が「一人っ子」であることを思い出してもらい、彼女はなかなか食べようとしないことで家族を支配しようとしていることを、それとなく伝えましょう。「そのことについては、確信があるわけではないので、あなたと話し合いたい」みたいな言い方をしてもいいでしょう。

お母さま　最近、親族の何人かが、結核などで相次いで亡くなりました。それからというもの、ベティーは「食べること」をとても嫌がるようになりました。彼女は自分がしていることをよくわかってるんです。だって、「今夜食べなくても、わたしが死ぬことはないわ」なんて言うんですから。

アドラー　ベティーはあなたを困らせたい、自分のことであなたの頭をいっぱいにしたいと思っているだけですよ。彼女の言葉は、ほんとうはこういう意味です。「わたしは食べないわ。お母さんは、わたしが死なないか心配じゃないの？」。彼女は、そういうことを言えば、あなたが心配して、無理やり食べさせると思っているんですよ。

お母さま　実は、ベティーは「食べること」に関しては、それ以外のことへの反応に比べたら、それほど心配をかけているわけではないんです。ベティーは、自分の友人たちのことにまったく興味がないんです。

アドラー　そうした問題を最もうまく解決できるのは、幼稚園にいるときだと思います。ベティーの先生に、ほんとうの友人として彼女と話をしてもらい、ベティーならクラスのリーダーになれること、そしてリーダーになるにはみんなを支配したり、攻撃したりするのではなく、みんなを手助けする必要があることを、教えてもらいましょう。もちろん、そういうことについて、あなたからもベティーに話していただいてかまいません。ただし、ベティーを非難してはいけません。わたしがなぜそう言うのか、あなたなら理解していただけると思います。ベティーはあなたを困らせることを人生の「目標」にしています。そうしたことは、「一人っ子」の子ども、とくに、いったんは過度に甘やかされ、その後、見捨てられる形になった子どもによく見られます。わたしたちはベティーを、もっと人づき合いのよい子ども、まわりの人たちにもっと関心を持つ子どもにしなければなりません。それをあなたがうまくやりたいなら、そういう子どもになるための親切なヒントを、あちこちに散りばめることです。ベティーはとても考え深い子どもですから、そのヒントを理解するでしょう。ところで、ベティーは、これからもずっと「一人っ子」になることを確信しているのでしょうか?

お母さま　はい。

アドラー　あなたもベティーがどんなに賢いか、わかってらっしゃるんですね。ベティーは、子どもをもう一人くださいと神に祈れることも、その祈りは聞き入れてもらえないこともわかっているのです。では、ベティーが男の子になりたいと思っていることに、お気づきでしたか?

お母さま　はい。あの子は男の子のほうが自由だと思っています。

アドラー　ベティーは劣等感を抱いています。だから戦ったり、暴言を吐いたりするんです。それでもわたしは、ベティーは立派な少女だと思っています。彼女があなたに暴言を吐いたら、「悪態をつくのは別に賢いことではないし、ほんとうに立派な大人は、決して悪態をつかない」と、教えてあげればいいのです。あなたはベティーにもっと気安く接して、胸襟を開く必要があります。ベティーに、家庭内のちょっとしたことについて意見を聞いてみましょう。彼女を大人として扱いましょう。そして彼女に、責任を引き受けたり、人に親切にしたりすれば、尊重してもらえると思わせてください。またあなたからベティーに、彼女がいつも家族を支配しようとしているということを説明し、あなたもご主人も、家族を支配しようとはしていないことや、家族のみんなは協力関係にあること、一人はみんなのためにあり、みんなは一人のためにあることを、伝える必要もあります。

お母さま　とてもいいアドバイスをいただけたと思います。

第8章　不良グループの言いなりになる子ども
——なぜリーダーに逆らえないのか

今夜の講義では、マイケルのケースについて考えてみましょう。彼は12歳8カ月。強盗の一味として何度か逮捕されています。彼は、緩やかなつながりを持つ非行少年グループのメンバーです。そのグループのリーダーは14歳の少年で、彼がマイケルのような年下の少年たちに盗みのやり方を教えているということです。

マイケルは自分の境遇がひどく気に入らないにちがいない、というのがわたしの最初の印象です。もし非行グループのリーダーがマイケルに影響を与えて、盗みを働かせているなら、マイケルは学校や家にいるときより、グループの少年たちといるときのほうが、尊重されていると考えていいでしょう。資料にはこう書かれています。「マイケルはかなり以前から盗みを働いていたが、リーダーの通称『ボールディ（スキンヘッド）』が施設に入れられてしまった。それは2年ほど前のことだった。最近になってボールディがこのあたりに戻ってきた。そして少年たちが、強盗で何度か逮捕されている」。

重要なのは、マイケルが単独で盗みを働いているのではないということです。彼は非行グループに利用され、酷使されているのかもしれません。おそらくリーダーがマイケルをおだてて、彼の自尊心をくすぐったか、マイケルが知的障害を抱えている、あるいは知的障害に近い状態にあるかのどちらかでしょう。知的障害を抱えている子どもは、自分がリーダーとして受け入れた人には、盲目的に従うものです。そういうタイプのメンバーが、どの非行グループにもいることは、犯罪の事例について研究したことがある人なら、だれでも知っています。そういうメンバーが手先となって実際に盗みを働きます。おそらくマイケルには知的障害はないでしょうが、彼がほかのメンバーに極度に依存しているのは確かでしょう。彼は下っ端でいたいと思っていて、リーダーの命令に盲目的に従うことで、ゆがんだ優越感を手に入れているのではないでしょうか。

資料を読み進めましょう。「マイケルはチルドレンズ・コート（子ども用の裁判所）に連れていかれ、現在はプロベーション（試験観察）に置かれている」。

ここは、プロベーションが子どもたちにとってプラスになるかならないかを議論する場ではありません。ですが、まだ12歳の子どもにとっては、裁判所の監視下に置かれるのはとてもつらいことで、子どもは余分な屈辱と不名誉を味わうことになるのではないでしょうか。

資料を読み進めましょう。「父親と母親はウクライナ生まれで、母親は英語をあまり話せない。父親は英語をかなり上手に話す。一家は3年ほど前からニューヨークに住んでいる。父親は午前8時から午後5時まで工場で働き、母親は午後5時から9時まで清掃会社で働いている。二人ともアメリカに帰化し、子どもたちはみんなアメリカ生まれである」。

お母さんがあまり英語を話せないというのは、彼に不利な条件が加わることになります。そうしたちょっとしたことが、子どもの人づき合い能力の発達を妨げることがよくあります。そのうえ、この家では、子どもたちが家にいる時間に両親が揃っていることはほとんどありません。

資料の記述はこう続いています。「子どもが3人いて、現在、レオンが14歳6カ月、マイケルが12歳8カ月、メアリーが6歳である。一家は、4室からなる賃貸型の古いアパートに住んでいる。アパートにはエレベーターや風呂、暖房がなく、トイレは廊下にある。寝室は2室。マイケルはレオンといっしょに寝ている。一家はカトリック教徒である」。おそらくマイケルのお兄さんにはリーダーの資質があり、マイケルは、お兄さんの仲間、パートナーとして、お兄さんと対等だと感じるために、彼におとなしく従っているのではないでしょうか。マイケルの場合は、あえてリードされることが、リーダーから注目され、認められることにつながっているのだと思います。お兄さんが2歳年上で、妹さんは6歳年下ですから、マイケルのライフパターンに影響を与えたのは、妹さんではなく、お兄さんと考えていいでしょう。この記述から判断すると、この一家は非常に貧しく、家庭環境は劣悪だと思われます。

資料を読み進めましょう。「マイケルは正常分娩で誕生し、正常に発育した。1歳で歩き始め、それから間もなくしゃべり始めた。彼は、家族はもちろん、だれに対しても優しくフレンドリーであるように見える。学校では人気者で、クラスメートたちと仲よくやっている」。この記述によって、マイケルの心理についての推測が裏づけられたと思います。彼はフレンドリーで従順なタイプですから、どんな犯罪であれ、リーダーを務めることはなさそうです。

資料を読み進めましょう。「マイケルは、これまでに、嫌いな先生も何人かいたが、今の担任の先生のことは好きだと言っている」。彼は明らかに、親切にしてもらうことを望んでいますね。そして彼の振る舞いには、「優しくしてください。そうすれば、ぼくもあなたに優しくします」といった、権力者（支配者）との協定のようなものがあるのではないでしょうか。彼が犯罪へと導かれたのは、彼があまりにも腰が低かったからでしょう。彼をよい行いへと導くのも同じくらい簡単でしょうが、それだけでは不十分です。彼には「自立すること」

と「自信を持つこと」を教える必要があります。彼を叱ったり、説教したりするだけではだめなのです。彼には、「自分の責任で行動する」という感覚を植えつけなければなりません。

資料を読み進めましょう。「放課後は、ほとんどの時間を路地で遊んで過ごしている。鬼ごっこや、ボールを使った遊びをしたり、サイコロを振って遊んだりする。彼はたいていの場合、ほかの子どもたちにとても好かれ、年上の少年たちには、たやすくリードされる」。

わたしの推測が、資料の記述によって何度も裏づけられています。マイケルは認めてもらうためなら、何でもやるでしょう。資料の続きを読みましょう。「マイケルが言うには、彼にはガールフレンドがいて、彼女をときどき映画に連れていき、彼女の家に行ったことも何度かあるという。彼と兄は、交代で靴磨きの仕事をしている。靴磨きの道具を、二人で一式持っていて、二人は放課後や土曜日に仕事に出かけている」。

「彼と兄」というのが出てきましたね。この記述で、お兄さんがリーダーなのだろうという推測も裏づけられたと思います。女の子とつき合うというのは、年上の少年たちのまねをしていると考えて間違いないでしょう。

資料を読み進めましょう。「マイケルの母親はこう語っている。『マイク、いい子です。あの子、いつも家でハッピーです。妹と遊ぶの大好きです。ときどき妹をいじめます。あの子が今ボールディとつき合っているのか、わたしわかりません。ボールディとても悪い子です。マイク、ボールディに出会うまで、トラブルに巻き込まれること、まったくなかったです。学校2回休みました。1回は、あの子がコニーアイランド〔ニューヨーク市ブルックリンの南端にある夏の人気ビーチエリア〕に行ったとき。もう1回は、わたしがいっしょに病院に行ってほしかったときです。わたしうまくしゃべれないので。マイク、今悪い子たちとつき合ってます。わたしたち、引っ越そうかと思います。そうすれば、マイク、いい子たちとつき合います』。

母親の話では、彼女が5時に仕事に出かけたあとは、父親がマイケルに気を配り、出かけないようにさせているという。母親は、マイケルには、放課後は毎日セツルメント・ハウス〔低所得者層のための福祉施設。コミュニティー・センター〕に行ってほしいと思っている。そうすれば、マイケルは街に出かけないと思ったからだ。マイケルは1、2ドル稼ぐことがよくあり、そうしたお金は家に持ち帰って母親に渡し、母親が5セント硬貨か10セント硬貨を渡すという」。

少年が、自分で稼いだお金を家に入れるのはいいことですが、おそらくマイケルの場合は、家にお金を入れていることも、「自己卑下」の表れではないでしょうか。お母さんが別の地域に引っ越すことを考えているのは、まったく正しい判断だと思います。もし子どもがしょっちゅう悪事に誘われているのなら、その子どもを危険性のある状況に置いておくより、別の場所に移したほうがいいのです。マイケルは、お父さんをリーダーにすることもできたでしょうが、お父さんはいつも家にいるわけではないので、年上の少年たちの影響下に入ったのではないでしょうか。マイケルの問題のほんとうの解決法は、彼をもっと自立させること。それ以外にないでしょう。

資料の続きを読みましょう。「父親はこう語っている。『マイクは悪い子ではありません。家のお金を盗ったことはありません。盗ろうと思えば、わたしの札入れから抜き取ることもできたんです』。兄のレオンはマイクに対して、お兄さんらしい態度を取っている。レオンは弟のために戦い、弟とともに戦うだろう。レオンは、弟を守るためにほかの少年をやっつけたという話を熱心に語るが、弟に対しては多大な優越感を抱いている。彼は、弟よりも成長がはるかに早く、成績もはるかによい。彼は盗みを働かないし、サイコロも振らない」。

資料の記述は、またしても、最初の推測を裏づけています。マイケルはお兄さんを、英雄としてあがめていますが、お兄さんがマイケルとともに戦ったり、彼を下の立場に追いやったりしているのは、お兄さん自身が抱えている劣等感を克服するためでしょう。

資料の記述はこう続いています。「マイケルはこう語っている。『お父さんとお母さんはレオンのことが一番好きなんだよ』。レオンもこの言葉にしきりにうなずき、『妹もぼくのことが一番好きなんですよ』とつけ加えた。マイケルは母親と妹のことが大好きなので、自分が家族に支持されていないことへの腹立ちを示すことはないが、彼が『自分は支持されていない』と感じているのは確かだと思う」。

彼が腹立ちを示さないということは、もしかすると、彼が「下位の（従属的）立場」で我慢しているのはその立場にいるメリットを得ることだけが目的だから、なのかもしれません。彼の知能がほんとうに「下位」なのかどうか確かめる必要がありますね。そのためには、学校の成績表をチェックする必要があるでしょう。

資料を読み進めましょう。「マイケルはニューヨーク州の工場の町で生まれた。当時は母親と父親がともに工場で一日じゅう働いていたため、子どもたちを朝の8時に保育園に預け、夕方の5時か6時に迎えに行った。それを3年続けたのち、子どもたちをカトリックの学校に入れた。マイケルが8歳のときに、一家はミシガン州に移住した。しかし、同じ年にニューヨークに戻った。こうした移動のせいで、マイケルの学年が1年遅れることになった。彼は8歳を過ぎていたが、1年生のクラスに入れられた。現在は小学校の4年A組に在籍している。最も成績がいいのは『算数』で、最も成績が悪いのは『読み』と『つづり』である」。彼は1年遅れたことで、恥ずかしい思いをしているのではないでしょうか。年下の男の子たちといっしょのクラスになったわけですからね。それから、彼のニックネームは「レフティ」だそうです。それなら、彼は左利きかもしれません。

資料の続きを読みましょう。「担任の教師はこう語っている。『わたしはマイケルが好きです。クラスメートも彼のことが好きですよ。彼はけんかはしません。知能検査を行ったところ、知能指数は70でした。運動能力検査を行ったところ、手を使う能力に優れていることが判明しました。スコアは、彼の年齢の平均程度でした。感情に関する検査では、強盗を働いたことや、チルドレンズ・コート（子ども用の裁判所）に連れていかれたことを気にしていることがわかりました。彼は、非行少年グループの年上の少年たちを恐れているように見えます』」。

ＩＱが低いので、多くのみなさんがこの子どもは知能が低いと思われるでしょうが、彼のライフパターンは「弱気」と「恐怖」からなるライフパターンであることをお忘れなく。わたしは彼をもっと好ましい環境に移すことを強く支持します。

資料を読み進めましょう。「昨年の夏、マイケルは2カ月にわたって無料のキャンプに参加した。彼の活動記録によれば、彼は水泳を最も得意とし、陸上競技や音楽も得意ということだ。彼の態度は、協調的、協力的だったという。キャンプリーダーはこう語っている。『マイクはあのキャンプの明るいスポットの一つでした。彼は、わたしがこれまでに見たなかで最も幸せな気分にさせる笑顔を持っていて、それをいつも見せてくれました。彼は楽天的なタイプの典型です。日課の作業も遊びも、いつも陽気に取り組みました』。

マイケルは、だれかが善意で、「今までの自分を捨てる」よう求めたら、喜んでそうするのではないでしょうか。キャンプリーダーは、問題を抱えた子どもたちに囲まれているでしょうから、運動が得意でいつも陽気な子どもを見たときは、さぞかしうれしく思ったことでしょう。マイケルがそれほどいつも笑顔でいたのは、自分の行動の責任をすべて他人の手にゆだねることができたからでしょう。彼は、好ましい環境に置かれたら、問題を起こすことはないと思います。

資料の続きを読みましょう。「マイケルは、1929年3月30日までの数カ月間で、小さな窃盗を何度か重ね、しまいには、いくつもの札入れなどを奪うというかなり大きな強盗を働いた。盗んだ品物の金額を合計すると、60ドルにのぼった。盗品は、授業が行われていたオープンルームに運び込まれた。この犯行は、ボールディがリーダーを務める非行グループのしわざであり、別の少年が考案し、マイケルは手先にすぎないことが判明した」。

これで、マイケルがこの手の活動の先導者やリーダーにはならないことが、完全に明らかになりました。

資料の続きを読みましょう。「マイケルは次のようなことを供述している。――彼はビルの玄関ホールに入って、そのビルを担当しているエレベーターマンにちょっかいを出して、自分を追いかけさせた。エレベーターマンには、『お前を捕まえたら、首を絞めてやる』と脅された。マイケルが追いかけられているあいだに、別の少年たちがビルに乗り込み、札入れや時計を盗み出し、お金を山分けした」。

エレベーターマンに追いかけられるというのは、英雄的な役割とは言えません。

資料を読み進めましょう。「マイケルの話では、ブルックリンでの強盗のときには、彼は何も盗っていないのだという。彼の仕事は『警官が来ないか、見張ること』。警官がやって来るのが見えたときに、『チキ（逃げろ）』と叫べば、ほかの少年たちが逃げることになっていたという。ちなみに、彼らの逃げ足はあまり速くはなかったようだ。何しろ、彼らは全員が捕まって、裁判所に連れていかれたのだから」。彼はこのときも、下位の役割を担ったんですね。

資料を読み進めましょう。「この非行グループは、日曜日に、マイケルの家の前でクラップス（2個のサイコロを使うカジノのばくち）も行っている。マイケルはこう言って、ボールディを恐れている。『ボールディって、戦ってるときはすごいタフなんだよ』」。マイケルがボールディに従っているのは、「恐怖」だけが理由なのでしょう。

資料を読み進めましょう。「彼は『小さいころの記憶』を次のように語った。『リトルフォールズに住んでたころ、ぼくたちがよくスイカを盗んだのを覚えてるよ』」。彼が「ぼくたちが」と言っていて、「ぼくが」と言っていないのは興味深いです。マイケルは、一人でいることがないのでしょう。彼は、ものを盗むのが悪いことだとわかっていないんじゃないでしょうか。いずれにせよ、彼が非行グループの考え方に、多かれ少なかれ魅了されているのは確かでしょう。グループのなかにいるときは、個人のアイデンティティー（独自性）も責任も持たずに済むからです。

資料の記述はこう続いています。「『もう一つ覚えてるよ。小さいころ、床にネズミの穴があったんで、ぼくがそのなかに火のついたマッチを何本か入れたら、1本がベッドに落ちて、火が燃え移ったんだ。にいちゃんが階段を駆け下りて、父さんを呼んできた』」。

この記憶から判断すると、マイケルは、単独で活動すると必ず失敗や惨事につながると確信しているといいでしょう。それから、いつもだれかが自分を助けてくれることも確信しています。彼は、小さいころの劣等感をいつまでも克服できず、自分の責任でものごとに取り組むことを死ぬほど恐れていると考えていいでしょう。彼のこれまでの人生は、お兄さんや学校の先生、ボールディや非行グループの仲間たちに完全に支配されている場面の連続です。

資料を読み進めましょう。「彼は『どんな夢を見たか』については、こう答えている。『自分が、宮殿か、お城みたいなところにいる夢を見たよ。そこには、すごくきれいな大きな部屋がいくつもあったよ』」。この夢は、マイケルがもっと重要な地位（立場）につきたいと望んでいることを示しています。

資料を読み進めましょう。「次のような夢についても語っている。『ある晩、ぼくが眠っていたら、男の人がやって来て、お母さんを連れ去り、にいちゃんを銃で撃った。ぼくは馬に乗ってそいつを追いかけ、そいつの心臓めがけて2発撃った。するとそいつは馬から落ちた。お母さんが死んだ夢を見たこともある。ぼくは泣きながら、お母さんを殺したやつに仕返ししたいと思ったよ。そしてそいつを捕まえて殺したんだ。そいつはデカいギャングだったよ』」。

この夢では、ヒーローの役を演じています。この夢は、彼が家族のだれかを失うのを恐れていることも示しています。そして、彼のこんな気持ちを表しているように思えます。「ぼくにお母さんとにいちゃんがいてよかったよ。だってぼくはとても弱いから」。彼には、自分がリーダーなしで放っておかれること以上の惨事は想像できないのではないでしょうか。

資料を読み進めましょう。「マイケルに『大きくなったら何になりたい?』とたずねたところ、彼は即座に『警視総監』と答えた」。

マイケルが「警視総監」になりたいと思っているのは、それが、彼が想像する最も強い男、「指揮官」を象徴する存在だからでしょう。そういう存在は、彼自身の弱さを補うこともできます。

資料の最後に、担任の先生の見解が、次のように記されています。「これまで、マイケルには公平に扱われる機会が実際にはなかったのだと思う。お母さんがほとんどの時間、働かなければならなかったからだ。お兄さんのレオンは、学校でも家でも、マイケルよりはるかによい結果を出している。マイケルは6歳のときに、妹さんに座を奪われ、今では、彼女をとても愛しているのに、彼女は彼よりレオンを気に入っている。マイケルにとっては、学校生活が、弱気になるもう一つの原因となっている。非行少年グループが彼を喜んで受け入れることは疑いようもなく、彼は非行グループに加わるチャンスを得てグループに加わった。わたしがアドバイスされている改善策は、彼が昨年の夏に参加したキャンプにもう一度参加するよう勧めることだ。キャンプに参加すれば、彼は2カ月にわたって、いい環境に置かれることになり、水泳など、彼が得意とすることを行う機会も得られる。わたしたちはマイケルとレオンに、別々のキャンプリーダーにつくようアドバイスしている。そうしたほうが、マイケルが独自に、能力や勇気を発揮できると思ったからだ。わたしたちは、ご家族がマイケルを一家の『恥さらし』とみなすのではなく『財産』とみなすよう働きかけている」。

これは、彼への取り組みをスタートさせるいい方法だと思います。ですがこれは、取り組みの第一歩にすぎません。マイケルには、彼がなぜ下位の役割を果たしたがるかを理解してもらう必要があります。また、彼のリーダーは彼自身にも務まると思うよう働きかける必要もあります。マイケルと話をするときには、強盗のことには触れないほうがいいでしょう。わたしたちは、彼が自分を低く評価していることの改善に専念する必要があります。それから、彼が左利きかどうか確かめましょう。彼が左利きなら、「読み」と「つづり」の特殊なトレーニングが必要になります。

面談

お父さまが教室に入りました。

アドラー　息子さんのマイケルについて、あなたとお話ししたいと思います。わたしたちは、彼は前途有望な少年だと考えています。彼の最大の誤りは、あまりにも人にリードされたがることです。彼のパーソナリティー全体が、その誤りを土台にして形成されています。そんなわけで、彼はあまり勇気がなく、自分の行動の責任をほかの人に負ってほしいと思っています。あなたは、彼が勇敢ではないことや、暗闇を恐れていること、ひとりぼっちになるのを好まないことにお気づきでしたか？

お父さま　はい。あの子はひとりぼっちになるのを好まないと思っていました。

アドラー　あなたは彼を救うためにたくさんのことができます。彼を罰するべきではありません。彼に罪はないのです。彼には、お兄さんや非行グループの助けがなくても、一人で何でも成し遂げるだけの力があるのだとわかってもらえるよう、働きかけねばなりません。彼はいい子ですから、必要なのは、彼のどこが間違っているかを彼に教えることだけだと思います。彼を叱ったり罰したりするのではなく、彼がもっと強くなれるよう励ましてあげてください。そうすれば、彼はもっと自分で責任を負えるようになるでしょう。

マイケルが教室に入りました。

アドラー　あれっ、きみは大きくてたくましい少年だったんですね！　わたしはてっきり、小さくて弱々しい少年なのかと思ってました。でもぜんぜんそんなことないですね。さて、きみはどうして、自分よりのほかの子たちのほうが、いろんなことを知っていて、よくわかってると思うのでしょう？　どうして、ほかの子たちの言うことを聞かなければならない、彼らから頼まれたことはやらなければならないと思うのでしょうか？　だれかがきみにこの壁をよじ登れと言ったら、きみはよじ登りますか？

マイケル　はい。

アドラー　きみは賢い少年ですから、きみにリーダーはいりませんよ。きみは、勇気を出してきみが自分自身のリーダーになり、自立することができるくらい、大きくなっています。自分よりもほかの人たちのほうがうまくやれるという考えは、捨てていいですからね。きみはほかの少年たちの奴隷になって、彼らに命令されたことをやらなければならないと思っているんでしょうか？　彼らにやれと言われても一切やらないようにしましょう。それができるようになるまで、どのくらいかかりそうですか？　4日あればできると思いますか？

マイケル　たぶん。

アドラー　では8日ではどうですか？

マイケル　はい、8日あればできると思います。

マイケルが退出しました。

アドラー　（受講者たちに向かって）ルールは決めませんでした。ですが今回のケースでは、マイケルの行動パターンをもっと勇敢なパターンに変え、彼を、生きるのに役立つ道に引き入れることがわたしたちの務めです。彼の野望は叶えるのがむずかしすぎたので、手に入る地位で満足していたのでしょう。

受講者　彼がずっと笑顔を見せていたのは、自分を保護してもらうために、みんなを味方につけようとしていたというサインでしょうか？

アドラー　そうですね。それが一つの理由でしょう。

受講者　彼に、勇気を持つことが大事だと感じてもらうには、どうしたらいいでしょう?

アドラー　「勇気」は、ひとさじの薬のように与えることはできません。わたしたちは彼に、自分を低く評価するのをやめたら、もっと幸せな気分になれることを教えなければなりません。わたしたちの働きかけによって、彼が非行グループの命令に抵抗することができたら、その瞬間に、勇気を出すことのメリットに気づくでしょう。わたしは彼に、人にリードされてばかりいるのは間違っていることを教えようとしました。わたしたちが彼に、自分をもっと高く評価させることができたら、「勇気」も自然に持てるようになるでしょう。彼は、劣等感を抱いている限り、責任を受け入れないでしょう。責任を負うためのトレーニングが、結局は、勇気を持つためのトレーニングになるのだと思います。

受講者　あなたはこの少年に対しては、ほかの子どもたちに対するより、ちょっと厳しく接しませんでしたか?

アドラー　正直に言いますと、もしそうだったとしても、意図的にやったことではありません。ですが、できるだけうまく話をしたいとは思っていたんですよ。子どもへの上手な話し方は、経験を通じて習得する必要があり、わたしも、ほかのみなさんも、間違った話し方をする恐れはかなりあるでしょう。子どもへの接し方は人によって異なります。個人的には、わたしはちょっと芝居がかった調子で接するのが好きです。そういう接し方をすれば、子どもは自分を、会話をするうえでの「重要な役者」とみなすのではないかと思うからです。わたしはマイケルにとてもフレンドリーに接しようと努めました。ですから、彼がわたしを気に入って、またここに来たいと思ったとしても、不思議ではありません。おそらく担任の先生が、いずれ、彼の成長をここで報告してくださるでしょう。

第9章　学校でうまくいかない子ども

——従順すぎる理由

今夜の講義では、ソールのケースについて考えてみましょう。彼は8歳半。彼の現在の問題は、学校でうまくいっていないこと。その状態が長く続いているそうです。8歳半の子どもが学校でうまくいっていないなら、二つの原因が考えられます。一つはその子どもの知能が低いこと。もう一つは、家庭で、学校より魅力的な状況に慣れているため、学校という環境に適応できないことです。

では、資料を読んでいきましょう。「ここ2、3週間で、彼の問題は少し改善したように見える。改善しているなら、それは、彼の担任教師であるわたしが、こうした『個人心理学』についての講義を受講し、ソールの問題に対する理解を深めることができたおかげだ」。どうやら、二つの原因のうち、後者が正しいようですね。そして、こうした講義が実際に役に立っているとわかって、わたしは大変うれしく思います。

資料を読み進めましょう。「ソールは、学校の成績にはまったく無関心なように見え、どうやって勉強したらいいかわからないと言っている。しかし、個人面談を行い、彼にかなりのプレッシャー（圧力）をかけたところ、彼はある程度の知識を備えていることがわかった。とはいえ、彼がどの程度の理解力があるかを判断するのはむずかしい。彼は、自分の記憶から事実を組み立てる努力をまったくしないからだ」。

もし子どもが希望を捨て、成績を上げるなんて不可能だと思い込んだら、記憶がないと言ったり、事実を無視したりすることで、自分の姿勢（考え方）を表現するものです。

資料の続きを読みましょう。「彼は計算問題をやろうとしないが、数《かず》や計算のしかたについて、多少の知識は持っている。彼は答案用紙に文字を殴り書きするか、何も書かないかのどちらかであることが多いが、間隔を気まぐれにあけて書くこともある。また、態度が非常に悪く、明らかに授業を妨害した。よく席を離れてウロウロするし、まわりの子どもたちをあることないことにかこつけて攻撃するのだ。大声で話もするし、とくに多いのが、ふざけたり、ジェスチャーや歩き方、ジョークなどでクラスメートを笑わそうとしたりすることだ。彼には、コメディアンの能力があるように見え、同じことを適切なときにやったら、笑いを取れるだろう。しかし、学校はそういうことを行う場所ではなく、どんなに我慢強い教師たちも、彼を『手に負えない子ども』と呼んでいる。そしてこの呼び方が、教室での彼をとてもうまく表現している」。

ソールが道化役を演じるのは、注目の的になりたいからでしょう。そして、自分が自由に使えるような安易な手段を使ったのは、有意義な手段でクラスの注目の的になる自信がないからでしょう。

資料を読み進めましょう。「叱られると、彼はすぐに泣き、」。それなら、彼は甘やかされたせいで、自分は価値がある人間なので、自分がつらい思いをしているなら、まわりのみんなもつらい思いをすべきだと、思い込むようになったのかもしれません。資料の続きを読みましょう。「（叱られると、）赤ちゃんのように見える。彼はこうした振る舞いと、笑いを取ろうとする振る舞いを交互に繰り返している」。

甘やかされた子どもが赤ちゃんの役を演じるのを好むのは、よくあることです。ソールは注目を集めるために、「コメディアン」と「赤ちゃん」の二つの役を使い分けています。

資料を読み進めましょう。「彼は年上の児童たちとけんかをし、戦った。休み時間や、学校への登下校中に、いつもトラブルを起こした」。こうした行動から判断すると、彼は人づき合いがうまくできないと考えていいでしょう。

資料の続きを読みましょう。「彼はときどき作り話をする。たとえば、彼は一番下のクラスから一つ上のクラスに昇級したので、彼に改善が見られた可能性が高いが、新しい担任教師のわたしにこう言った。『ぼくが昇級できたのは、お父さんと前の先生が友だちだからだよ』（確かに二人は友だちだが、その教師は、ソールの昇級を決めた人たちのなかに入っていない）」。

前の先生が不正をしたようなことを次の先生に言いつけたところをみると、ソールには教師に協力する気がまったくないと考えていいでしょう。資料の記述はこう続いています。「先日は、宿題をやってこなかった言い訳として、『うちが火事になった』と話した（彼の叔母の家で火事が起きた）」。

彼は、自分が苦境から逃れるためのうそをつき始めたようですね。

資料を読み進めましょう。「彼の話は、あとになれば、意図的な作り話であったことが明らかになるが、彼が話した時点では、ほんとうに起こったことなのかどうか、だれにもわからない。ソールは自分がほんとうのことを話していないことがわかっていて、こちらがプレッシャーをかけると、そのことを認める。彼は過去にも同様の問題を起こしている。彼は、学力面の結果を求められない幼稚園時代には何の問題もなかったが、6歳になって小学校に入学すると、すぐに問題が見られるようになり、学年が進むにつれて、問題が大きくなっている」。

こういう子どもは、求められるものが少ないほど、起こす問題も少なくなるものです。ソールは、幼稚園という比較的楽な状況では、問題を起こさなかったものの、分別が必要な役割に直面したら、反抗するようになったというわけですね。彼は、一人で勉強することが身についていなかったのでしょう。資料のここまでの情報から判断すると、ソールは「大きくなる」という課題への抵抗を強めている「甘やかされた子ども」と考えていいでしょう。彼はその課題に取り組む必要に迫られれば迫られるほど強く抵抗し、その課題を回避しようとして、生きるのに役立たない道に逃げ込むことになったのでしょう。

以前は、彼の人生はまったく平穏で、小学校に入るまでは問題を起こさなかったということでしたね。これから資料を通じて必要な情報が揃えば、おそらく、彼のお母さんが彼を甘やかし、それは今も続いていると確信することになるでしょう。

資料を読み進めましょう。「両親は健在である。子どもは二人で、ソールが8歳半、サラが5歳である」。

これも「妹のいるお兄さん」のケースだったんですね。二人のあいだには相当なライバル意識があると考えていいでしょう。もしわたしたちが彼の幼少時のことを詳細に調査したら、彼の問題は、3、4歳のころに、妹さんとのライバル関係に向き合わざるを得なくなったときに始まったことに気づくはずです。おそらくそのときから「勇気」と「自信」を失い始め、お母さんの「過度の甘やかし」が続いてほしいと望んでいることを、行動で示すようになったのでしょう。妹さんは、丈夫で健康な子どもで、成長とともに、彼の領分に侵入するようになったのではないでしょうか。

資料を読み進めましょう。「夫婦仲はとてもよい。母親が、目立たない形ではあるが、家庭を支配している。父親は引っ越し専門の運送会社で働き、わずかな週給を得ている。その金額は週によって異なる。母親は倹約家で、家事の切り盛りがとてもうまい。洗濯はすべて自分で行っているが、近所の人たちには、クリーニング屋に出していると言っている。近所の人たちはクリーニング屋に出しているので、世間体をつくろいたいからだ。父親は毎週、給料を家に入れ、彼女がやりくり上手で、家をきれいにしていることを自慢に思っている」。

この記述から判断すると、お母さんはプライドが高く、野心的で、ご主人も彼女に頼っていると考えていいでしょう。

資料の続きを読みましょう。「母親は、子どもたちが、きれいにしていることや従順であること、健康によい習慣を身につけていることなど、あらゆる面でつねに標準に達しているよう気を配っている。子どもたちが遊ぶ場所や、遊ぶ相手にも目を光らせている。彼女は優秀な妻であり、優秀な母親である。父親はもっと直情的なタイプで、妻を大いに信頼し、子どもたちに優しい。父親はソールを、母親ほどうまくは管理できない。そのため母親は、ソールは父親のほうが好きだろうと思っている。ソールは役に立つ子どもであり、家事を手伝うのが好きで、母親に頼まれて買い物に行き、妹との相部屋を管理している」。

ソールが妹さんと敵対しないのは、二人でいっしょにいることがあまりにも多いからでしょう。お父さんといっしょの時間がもっと多かったら、妹さんに対してもっと批判的になっていただろうと思います。資料を読み進めましょう。「彼は、妹とは別のベッドで寝ている。母親が病気になったときには、非常に心配し、自ら進んで薬局に走り、助けを求めたという」。

これも、彼がお母さんに頼っているというサインで、おそらく彼は、お母さんの目に「英雄」に映ることを望んでいるのでしょう。

資料の続きを読みましょう。「母親が彼にお仕置きをすると、彼は泣くが、すぐに立ち直る。恨みの言葉は口にせず、こう言うという。『わかったよ。お母さんがボスだよ。お母さんは母親だし、お母さんが正しいんだ』。母親は、彼を過剰にほめることはしないが、ここ2、3週間は、学校で改善が見られたことをほめているという」。

彼がお仕置きされたときの言動は、弱者の控え目な批判と考えていいでしょう。ですが彼は、学校の勉強がもっとできるようになったら、もっと「勇気」を持てるようになると思います。資料の続きを読みましょう。「妹はとても魅力的で、甘やかされてはいないが、家族全員にかわいがられている。ソールは妹が大好きだ」。

この記述は、わたしの推測を覆しているようにも思えますが、おそらくソールは、自分が負けたことを認めているのでしょう。そして競争に勝つことをあきらめたので、自分に勝った妹と仲よくしているのだと思います。座を奪われた子どもが、自分を追いやった相手に好意を示すのは、珍しいことではありません。

資料を読み進めましょう。「彼は、ジプシーたちが通りで妹を誘拐するのではないかと心配している」。彼は、妹さんのことで頭がいっぱいだということを言いたいのではないでしょうか。

資料の続きを読みましょう。「母親は彼に5セントを与えている。彼は4セントで牛乳を買い、1セントを妹に与えている。母親は『ソールはお父さんに似ている』と語っている。つまり、『気前がよい』ということだ。妹は、兄から1セントもらうのを当然のことと思っている。通りで出会った少年たちが彼をからかうと、妹は彼らに『やめて』と訴えるという。

ソールは通りでからかわれることが非常に多い」。

ソールは「保護者」の役を演じているんですね。それは、お兄さんが妹といい関係を築くのによい方法です。なぜなら、お兄さんは大人になったような気分になれるからです。ただしこのきょうだいの場合は、妹さんもお兄さんを保護したがっているんですね。

資料を読み進めましょう。「ソールの主な遊び相手は親戚の少年たちだ。彼らはソールを『デブ』と呼ぶ。彼がとても太っているからだ。彼らはソールを『あほ』とも呼ぶ。学校の成績が悪いからだ。叔父たちが彼をバカ呼ばわりしたときには、母親がやめるよう頼んだという」。太りすぎの一番多い原因は「食べすぎ」です。とはいえ、彼が何らかの内分泌疾患を抱えていることが肥満につながっている可能性もあります。お母さんが彼の叔父さんたちに、彼を侮辱しないようくぎを刺したのは、適切な行為でした。

資料を読み進めましょう。「彼はけんかをする。そして負けるとわかっていても、戦い続ける」。

希望を失った子どもが、負けるとわかっていても戦うのは、珍しいことではありません。

資料の続きを読みましょう。「彼は、動物にことのほか優しく、花が好きである」。ソールのようなタイプの少年は、静かな生活を好むものです。もしソールがいじめられたり、攻撃されたりしていなかったら、おそらく、動物や植物の世話に興味を持ったはずです。資料を読み進めましょう。「彼は映画を見に行く。そして映画のことで頭がいっぱいになっている」。

ここで、映画についてひとこと言っておこうと思います。子どもが間違った方向に成長するのが、すべて映画のせいだとは思いませんが、家庭での教育に間違いがあった場合は、映画がそうした間違いをさらに助長する恐れがあり、子どもは映画を通じて、間違った行動パターンにつながる情報を得るのではないかと思います。とはいえ、映画を見ることを子どもに禁じても、子どもの行動パターンを変えるのは、まず無理でしょう。子どもは、行動パターンを維持するための別の方法を見つけ出すからです。

ヨーロッパには、子どもに見せていい映画かどうかを判断する、厳格な検閲制度がありますが、それでも十分ではありません。というのも、わたしたちは、大人たち――とくに、子どもを持つ親たち――が映画を通じて、間違った行動パターンを強化するのを防ぐことはできないからです。映画は人々を、「狡猾さ」や「ずる賢さ」に慣れさせます。たいていの映画が「トリック（策略、だまし）」を売りにしています。そして子どもたちも大人も、それを学びたがっています。それがあれば、手っ取り早く「力」が手に入るからです。「狡猾にトリックを使えたら、有利だ」と思っている人がたくさんいますが、心理学的な観点からは、その意見には賛同できません。手っ取り早く力を手に入れるためにトリックを使うのは、勇気がないというサインなのです。わたしたちは、そのことを人々に気づかせる必要があります。「トリック」とか、「狡猾さ」「ずる賢さ」といったものは、臆病者の道具なのだと、気づいてもらわねばなりません。わたしたちはそうしたものを見て笑ってもいいですし、そうしたものの効き目に驚いてもいいですが、そうしたものを使うのは、自分の「正常な目標を目指す力」を信じていない人たちだけだということを頭に入れておくべきでしょう。

では資料を読み進めましょう。「ソールは、誕生時には健康だったが、分娩には器具が使われた。9カ月まで母乳で育てられ、その後は哺乳びんが使われた。1歳でしゃべり始め、1歳3カ月で歩き始めた。1歳6カ月から2歳までのあいだに、4回ひきつけを起こした。その後、歯が生えてからは、ひきつけを起こしたことはない」。

彼が副甲状腺に何らかの障害を抱えていたことはほぼ間違いないでしょう。ひきつけは、歯が生えることとは一切関係ありません。

資料の続きを読みましょう。「2歳のときに、はしかにかかり、4歳のときに水ぼうそうにかかった。現在は健康で、よく食べるが、欲張りではない」。もしソールが欲張りだったら、ある程度の「頑固さ」を見せたはずです。彼は明らかに、抵抗を示すタイプではなく、服従しようとする気持ちのほうがはるかに強いタイプです。

資料を読み進めましょう。「生活習慣の面では、とてもきちんとしていて、おねしょもしたことがないという」。

彼のような子どもなら、おねしょをしたり、食欲がなかったとしても不思議ではありません。どうやらお母さんが、彼をかなりよく理解したうえで、しつけをされたようです。お母さんと話をしたら、わたしたちはきっと「彼女は賢い女性だ」と思うでしょう。

資料を読み進めましょう。「ソールはこぎれいに見えることを好み、毎日、通学用にきれいな上着を要求する。彼はお母さんに体を洗ってもらったり、服を着せてもらったりするのが好きだが、寝るときは一人で寝る。赤ちゃんのころはなかなか寝つかず、長いこと揺らしてあげる必要があったが、今はよく眠るという」。

彼はお母さんをまねて、こぎれいにしているのでしょう。そうすれば、お母さんに注目してもらえると思っているのだと思います。なかなか寝つかない子どもへのお母さんの対処のしかたが、時が経つにつれて上手になったのではないでしょうか。資料の続きを読みましょう。「彼は絵はがきや小さな絵を集めている」。彼は、失った名誉を、ものを集めることで補わねばならないと思っているのではないでしょうか。

彼は、今の状態が改善しなければ、いずれ、ものを盗む可能性があります。資料を読み進めましょう。「彼にはめがねが必要かもしれない。視覚に関する問題がないか確かめるために、今週、検査を行う予定である」。

ソールにめがねをかけることを納得させるのは、ちょっと大変かもしれませんね。

資料の続きを読みましょう。「ソールの最も古い記憶は、3歳のころ、祖母の家を訪ねたときに、おねしょをして母親にお仕置きされたことだ。母親によれば、彼は、ふだんはおねしょをしないという」。この一件は、彼が初めて「自分が大事にされていない」と感じたできごとの一つと考えていいでしょう。彼はおねしょをすることで母親の注意を引こうとしましたが、それどころか、お仕置きを受けるはめになったということでしょう。

資料の記述はこう続いています。「また、4歳のときの次のようなできごとも記憶していた。――彼は、父親といっしょに、引っ越しのトラックのなかにいる。そして、父親が見ていないときに、トラックのなかのたくさんの小さな物品を、トラックから降ろす手伝いをした。どうやらソールは、手伝いができて、大いに満足したようだ」。

彼は、協力的な態度を見せていますね。彼がこのできごとを覚えていたことから判断すると、彼には、お父さんに認めてもらいたいという欲求があると考えていいでしょう。

資料の続きを読みましょう。「彼は妹が生まれたときのことも覚えていた。彼が3歳半のときのことだ。そのとき、母親からキャンディーをもらったと、彼は語っている」。妹さんが生まれたことで、彼はほんとうの問題に直面することになりました。キャンディーぐらいで、妹さんの存在に折り合いをつけられたかどうか、疑問ですね。

資料を読み進めましょう。「夜に見た夢についてたずねたところ、彼はたくさんの夢を覚えていた。彼はこう語った。『カウボーイといっしょにいる夢を見たよ。ぼくは馬に乗っていた。馬はめすヤギに変わった。ぼくはカウボーイのけん銃を持っていた。1発撃ったら、発射した。でも2発目を撃ったら、それはにせの銃で、発射しなかったんだ』」。この夢では「トリック」が強調されていますね。馬がめすヤギに変わったり、にせの銃が発射しなかったりしています。ソールは自分を変えるためのトリックを探し求めているのではないでしょうか。

資料の記述はこう続いています。「『それから、ぼくがルドルフ・ヴァレンチノになって、馬に乗ってる夢も見たよ。ぼくは、人が死ぬときに、その人の夢を見るんだよ』」（ルドルフ・ヴァレンチノ（1895～1926年）は、サイレント映画期にハリウッドで活躍したイタリア出身の美男俳優。絶大な人気を誇り、腹膜炎により31歳で死去した際には、後追い自殺する女性まで出たという）。

明らかに彼は、映画スターに自分を重ね合わせていますね。資料の続きを読みましょう。「『ウィリアム・S・ハートの夢も見たよ。彼がぼくを誘拐した。そしてぼくを連れて逃げたんだ』」〔ウィリアム・S・ハート(1864~1946年)は、サイレント映画期の俳優、映画監督。西部劇映画のスター〕。

映画のリスクの一つが、この夢に見られると言えるでしょう。「誘拐」というものが、彼にとって重要なものになりすぎています。「人が死ぬときに、その人の夢を見る」ということでしたね。人が死んだあとに、その人の夢を見るなら、ソールは、死を回避しようとしていると考えていいでしょう。ですが、人が死ぬ前にその人の夢を見るという意味なら、彼は予言者になろうと努めていると考えていいでしょう。資料を読み進めましょう。「彼は将来、映画俳優になることを志望している。彼は映画俳優たちに興味津々で、彼にとってのヒーローはトム・ミックスである」〔トム・ミックス(1880~1940年)は、サイレント映画期の西部劇映画のスター〕。

「映画俳優になりたい」という将来の志望は、彼が学校で演じている役のことを考えれば、驚くことではありません。彼は道化の役、コメディアンの役、つまり、トリックに関係がある役者の役を演じています。彼は「危険をくぐり抜けたい」「強くなりたい」と思っていて、おそらく、映画俳優になれば、そうしたことが叶うと思っているのではないでしょうか。

資料を読み進めましょう。「ソールとわたし（担任教師）との次のようなやり取りが、彼の恐怖を示している。ソール『ぼくはルドルフ・ヴァレンチノが怖い。眠っていると、彼が見えるんだ』。わたし『彼が亡くなったこと、知らないの？』。ソール『知ってるよ。なんで死んだかも知ってる。彼はほんとにカッコよかった。女の人たちはみんな彼が好きだった』」。

みなさん、ソールが8歳半の少年であることを思い出してください。そんな早い時期に、恋愛や女性たちへの恐怖が、明らかに子どものライフパターンの一部になっているのですから驚きです。ですが、なぜそうした恐怖を抱くようになったかは容易に想像できます。ソールには、とても強力なお母さんがいます。そして、すでに何度かお伝えした通り、支配的なお母さんがいる男の子は、女性を怖がることがよくあります。そういう男の子は、後年、女性への恐怖、あるいは女性を排除するという考えが定着し、同性愛者になることがあります。ソールもその過程にあるように思えます。そして彼が同性愛者になるのを防ぐには、お母さんが彼をあまり支配しないよう、わたしたちが働きかける必要があります。

資料の記述はこう続いています。「ソール『ある日、一人の女の人がルドルフ・ヴァレンチノの食べものに毒を入れた。そしてその女の人が毎日少しずつ毒を入れるうちに、彼は死んでしまったんだ。お父さんが、死んだ彼の写真を見せてくれた。彼の奥さんが目覚めたときには、彼はもう生きていなかった』。わたし『奥さんが毒を入れたの？』。ソール『違う、別の女の人だよ』」。

ここにも、映画の影響が見られます。資料の続きを読みましょう。「わたしはこのケースについて、次のように考えている。『わたしは3週間ほど前、ソールが教室でみんなを楽しませる役者になろうとしている様子が、八方ふさがりになって弱気になっている子どもについての説明と一致することに気づいた。そこでわたしは、彼の成績がふるわなくとも彼をほめ、過剰なほど励ました。今では、その効果が見え始めている。たとえば、彼の目から、どんよりした感じが消えたし、野心のあるところも見せている。よい成績表を家に持ち帰るようになり、お母さんに、さらに成績を上げることを約束しているという。彼は勇気のある子どものようだ。というのも、彼からこんな話を聞いたからだ。——ある日お母さんが、真っ暗な庭にせんたくばさみを落としてしまった。彼は怖がることもなく、階段を下りていき、せんたくばさみを拾ってきた』」。

彼は、お母さんが見ているときには、英雄になりたいのですね。

資料の記述はこう続いています。「『彼の戦い方を見ても、彼には勇気があることがわかる。

彼は臆病ではないし、臆病なふりもしない。彼は、宿題が何なのかわからないと言っている。視力に問題がある可能性があるが、もし問題があるとしても、今週、矯正できるだろう。彼は、クラスの男の子たちからつけられたあだ名を嫌がっているが、あだ名を快く受ける方法を学んだら、気持ちが変わるのではないだろうか。彼にはこう伝えている。――男の子たちは互いにあだ名で呼び合うことが多いのよ。たとえば、クラスには黒人の男の子がいて、〝ファリーナ（小麦粉）〟って呼ばれているけど、彼はそのあだ名を気に入っているのよ』」。

あだ名についてですが、確かに男の子は、何か「強み」を持っていたら、あだ名はあまり気にならないものです。ソールの担任の先生は、彼を感化する最高の方法を見つけられたんですね。彼女はきっと成功しますよ。お母さんが彼を支配するのをやめ、彼が、自分には成長する機会がいくらでもあり、妹さんに追い越されるという心配は杞憂にすぎないと確信することができたら、先生の成功はさらに確実なものになるでしょう。ソールには、女の子は男の子より成長が早いことや、もう少し大きくなったら、今度は彼のほうが妹さんより成長が早くなることをわかってもらう必要があります。お母さんには、彼の言うことをもっと真剣に受け止めるよう、説得すべきでしょう。お母さんが彼に言うことを聞かせすぎるのは、賢明とは言えません。お母さんには、ご自分のプランなどについて、彼と話し合ってもらいましょう。それから、自分が彼に望んでいるというだけの理由で、彼に何かを求めるのはやめてもらいましょう。お母さんは彼にもっと胸襟を開き、ものごとを今まで以上に詳しく説明すべきですし、彼にアドバイスを求めるようなこともすべきでしょう。彼にこう言ってみればいいんです。「ねえソール、一人で体を洗い、一人で服を着たほうがいいと思わない？」「これ、あなたの妹に似合うかしら？」。

面談

お母さまが、このケースの相談を持ち込んだ担任教師といっしょに教室に入り、アドラーに紹介されました。

アドラー　あなたは多くの点で、息子さんにとても分別のある接し方をしてこられましたね。息子さんはあなたのご指導によって、多くの子どもが克服できないいくつかの危機を乗り越えてきました。

お母さま　あの子がいい子に育つよう努めてきました。

アドラー　息子さんはいい子ですが、学校でかなり苦労しているようです。おそらく、彼が今、苦労しているのは、生まれて3年半ほどは一人っ子で、そのころは今よりも、楽に生きていたことが発端になっていると思われます。彼は臆病ではないですし、彼と同じような状況に置かれたほかの子どもたちに見られるような間違いを犯していません。それでも彼には、心の奥底に隠れてはいるものの、「妹と競争しても、とても勝ち目はない」という気持ちがあり、たぶん、「お母さんは妹のほうが好きだ」と思い込んでいます。彼はこれまでに、そういうことについて、何か言ったことがありますか？

お母さま　いいえ、あの子がやきもちを焼いたことはありません。

アドラー　彼は、妹さんの保護者になりたいと思っています。それでも、妹さんが自分よりも早く成長していることに不安を覚えているのではないでしょうか。何しろ、妹さんも、彼を守ろうとしていますからね。ソールは、支配をあまり受けなくなったら、成長を遂げると思います。お母さんには、彼が「自分も家族の重要な一員」と思えるよう、働きかけていただきたいと思います。彼が家を離れて、独自の経験を積む機会を十分に与えてください。そしてときには、彼に助言を求めてください。そうすることで、あなたは彼の批判力（批判精神）を伸ばすことができます。

お母さま　わたし、そうしたことをやってみます。

アドラー　彼がもう一つ、とても悩んでいるのは、太りすぎていることです。おそらく彼は、別の食生活を送るべきでした。彼は甘いものを、ことのほか好みますか?

お母さま　いいえ、甘いものはそんなに好きではありません。あの子は、朝、学校で牛乳を飲み、お昼に昼食を食べ、夜、夕食を食べます。

アドラー　彼はパンやバター、ペストリーを摂りすぎてはいませんか?

お母さまは、ソールが甘いものを食べすぎていることを、断固として否定しました。

アドラー　じゃあ、彼がほんとうに太っているなら、食べすぎているのでしょう。お母さんには、彼への食事の量を減らすことをお勧めします。彼の担任の先生は、彼のことをとてもよく理解しているので、わたしは、必ず彼女が彼の力になってくれると思っています。もしあなたが彼の扱い方にお悩みになるようなことがあったら、先生が喜んで相談に乗るでしょう。

ソールがにっこり笑いながら、自信に満ちた様子で、教室に入りました。ですが、受講者たちを見て、ちょっと戸惑ったようです。若者が着るようなトラウザースーツ（パンツスーツ）を着ているので、実際の年齢よりも年上に見えます。

アドラー　（ソールと握手をしながら）こんにちは、坊や、ごきげんよう。ここに座って、わたしと話をしませんか？　きみにちょっと面白い話があるんですよ。

ソール　はい。

アドラー　年はいくつですか？

ソール　えーと、もう少しで9歳です。

アドラー　それはよかった。わたしはね、これからのきみは、学校の勉強がとても順調に進むと思っているんですよ。きみは、自分はいい生徒になんて、とてもなれないと思っていたんじゃないですか。

ソール　たぶんそうです。

アドラー　でもわたしは、きみはほんとうはいい生徒になれるし、これまで抱えていた問題は、もうじき全部なくなると思っています。これからのきみは、先生の話をもっとよく聞くようになりますし、先生の話がもっとよくわかるようになります。そうなったら、きみは成績がよくなりますし、学校のみんなに好きになってもらえるんですよ。

ソール　（感銘を受けて）はい。

アドラー　きみは運動が好きですか？

ソール　はい、好きです。

アドラー　妹さんはすごくかわいい女の子なんですか？

ソールはうなずいて、肯定の意を示しました。

アドラー　小さいころは、ふつう、女の子のほうが男の子よりも成長が早いんですよ。でもきみは、妹さんのほうが自分より利口だなどと思う必要はありません。きみは妹さんに追い越されそうだと思ったかもしれませんが、すぐに、きみが彼女より前に居続けるようになりますよ。いつだって、きみのほうが年上なんですから、これからもずっと妹さんを守ってあげましょう。

ソール　はい、先生。

アドラー　きみは通りで、少年たちから「デブ」と呼ばれることを気にしているそうですね。わたしもきみぐらいの年のころは、いつも「デブ」と呼ばれたものです。でも気にしませんでしたよ。だって、わたしは学校で一生懸命勉強しましたから、デブ呼ばわりする子たちに、こう言ってやったんです。「ぼくはあだ名で呼ばれたって、いい成績を取るからね」。では、きみは大きくなったら何になりたいですか？

ソール　俳優になりたいです。

アドラー　だったら、読み書きと、注意深い話し方ができるようになる必要がありますね。今では、映画俳優だって、上手に話さなければなりません。道化役をやって授業の邪魔をするより、一生懸命勉強したほうが、きみのためになると思いますよ。まわりのみんなを笑わせるのは、きみが大きくなって俳優になるまで、待ったほうがいいですよ。きみの今の仕事は、担任の先生に注意を払うこと、それから、自力で友だちを作ることです。お母さんはきみにとても厳しいですか？

ソール　はい。

アドラー　これからはお母さんも、これまでほど厳しくはなくなりますよ。きみがいい成績を取ったらなおさらです。そうなったらいいと思いませんか？

ソール　思います。

アドラー　（退出するソールに）きみはとってもすてきな男の子です。

ソール　（ドアのところで振り返って、何度もおじぎをしながら）ありがとうございました。

その後、質疑応答に入りました。

受講者　彼は「小さいころの記憶」として、祖母宅でおねしょをして、お母さんにお仕置きされたと話しています。お母さんはどうして、彼はおねしょをしたことがないなんて言ったのでしょう？

アドラー　お母さんは、ふだんはおねしょをしないと説明しています。彼女は、おねしょは治まったと考えたのでしょう。

受講者　彼が、長身で細身の映画スターを自分のヒーローに選んだのは、何か意味があるのでしょうか？

アドラー　わたしは名前が挙がった俳優たちを存じ上げておりません。ですが、彼らが長身で細身というのは、興味深いですね。みなさんもご承知でしょうが、子どもたちは、実に素早く自分の目標を見つけるものです。彼は太っているのが嫌なものだから、長身で細身になりたいと思っているのでしょう。子どもは、弱かったら強くなりたがり、貧しかったら金持ちになりたがるものです。そして病弱だったら、医者になりたがるんですよ。何しろ、医者というものはいつも健康だと思い込んでますからね。

第10章　不登校に陥る子ども

——なにが、神経症の下地を作るのか

今夜の講義で取り上げる少女について相談を持ち込んだ研究者は、彼女の行動は不可解だと言っていますが、彼女の行動を、できるだけわかりやすく解明するために、今できることをやってみましょう。

では、その研究者が作成した資料を読みましょう。「レイチェルは12歳。現在の問題は不登校に陥っていること。彼女は、授業がわからないという理由で登校を拒否している」。この冒頭の一節は、彼女が「劣等コンプレックス」に陥っていることをはっきりと示しています。とはいえ、「劣等コンプレックス」に陥っていると判断しただけでは十分ではありません。わたしたちは、それによる悪影響をすべて見つけ出し、子どもに足りないところを補えるような対処法を編み出す必要があるのです。レイチェルが不登校に陥っているなら、彼女のまわりに、彼女を何とか登校させようとしている大人たちがいると考えていいでしょう。彼女

はそうした大人たちに「ノー」と言っています。そして「イエス」と言えないことに、主観的な「劣等感」を覚えているのではないでしょうか。資料を読み進めましょう。「レイチェルはずっと問題児であった。彼女の現在の問題は、彼女の教室での態度の延長線上にある」。「ずっと」というのは、かなりきつい言い方ですね。彼女が生まれたときから問題児だったとは思えません。何か、彼女が反発するようなできごとがあったのでしょう。そしてその不運なできごとは、たぶん、弟さんか妹さんの誕生でしょう。

資料の続きを読みましょう。「レイチェルは今年（1929年）の2月に、小学校から中学校に進級した。小学校では、彼女は自分の欲求に沿った勉強をし、自分の欲求に沿った対応を受けてきたが、中学校では、科目別の授業が行われている。レイチェルは、中学校の教室で泣き出し、勉強がむずかしすぎて、自分はついていけないと訴えた。クラス担任の教師や、ほかの何人かの教師たちが、彼女が勉強をスムーズに進められるよう尽力したが、レイチェルは、自分は以前に在籍していた小学校に戻る必要があると主張した。だが、小学校に戻ることは許可されなかった。なぜなら、彼女が新しい環境のなかで自分の問題に向き合うことを期待されたからだ」。

教室で泣き出すこともないように思います。「勉強がむずかしい」と言えば済むことです。

彼女が泣いたのは、授業の邪魔をし、「自分にはできない」ということをアピールするためではないでしょうか。彼女がやったことは、ある程度は独創的な行動です。彼女はそうした独創的なこともできますし、12歳で中学校に入れる程度の知性も持ち合わせているのですから、自分の主張が却下されることはわかっていたと考えていいでしょう。だれかが彼女の信頼を勝ち取ることができたら、その人が彼女に、中学校での自分の問題に向き合うよう説得することができると思います。自分は授業についていけないのではないかという不安が、彼女の不登校のほんとうの理由とは思えません。彼女はずっといい生徒でしたし、彼女の今の先生たちも、親切な方々のようにお見受けします。

資料の続きを読みましょう。「するとレイチェルは、もし中学校のもっとレベルの低いクラスに入れてくれるなら、登校すると言い出した」。

わたしたちがこの「もし」という言葉を聞いたら、そのあとには、実現不可能な条件が設定されると考えていいでしょう。レイチェルが授業に出たがらず、今の環境に不安を抱いているほんとうの原因は、新しい状況に向き合う勇気がないことです。彼女は「自分にはできない」ということをアピールしていますが、彼女が「自分には勉強がわからない」と主張すればするほど、先生方や親御さんはその反対のことを主張するでしょう。ですから、「自分にはできない」と主張することは、「劣等コンプレックス」を「優越コンプレックス」に変える一つの手段になっていると考えていいでしょう。

資料を読み進めましょう。「彼女は小学校のときのクラスと似た感じのクラスに移された。ところが彼女は、（レベルの低いクラスに入れてくれるなら登校するという）約束を守らなかった。母親は小学校に行って、レイチェルを戻してくれるよう頼んだが、その移動についてはきっぱりと断られた。

父親はレイチェルを殴った。それでも彼女は登校を拒否した。とうとうビューロー・オブ・アテンダンス（通学管理局）による聴聞会が開かれ、レイチェルは大病院の一つに併設されている子どもクリニックで診てもらうことになった。そのクリニックで、しばらくのあいだ家にいることを許可された」。

レイチェルの一件は、事が大きくなって、かかわる人も増えていますね。この一件が新聞に載ることになってもおかしくはありません。彼女はクリニックを自分の策略に陥れることができました。しかし、レイチェルに家にいることを許可しただけでは十分ではありません。彼女自身は何も変わっていませんし、彼女のライフパターンも変わっていないからです。

資料の続きを読みましょう。「レイチェルに、この資料を作成するための質問に答えてもらうために、小学校に来てもらった。彼女は、友だちに選んだとみられる女の子といっしょにやって来た。この友だちに、レイチェルに登校する気になるよう、働きかけてもらった。レイチェルはこの秋から、登校することにしている。

レイチェルは、こんなことも訴えた。『もし友だちと同じクラスになるのを許可してもらえたら、わたし、学校に行くのに』。しかし、この要望は却下された。今では、友だちは6月に進級することになるだろうから、自分は彼女と同じクラスになれないのではないかと、ひどく心配している」。

レイチェルが、友だちについてきてもらう必要があったり、学校に行く日を先延ばししたりしているのは、劣等感があるからです。神経症の一つに「広場恐怖症」というのがあって、これを抱えている人は、つねにつき添いとサポートを求めます。この神経症を発症するのは、彼女のようなタイプです（「広場恐怖症」は、不安障害の一種で、外出すると、ほぼ毎回恐怖や不安が生まれるため、広い場所や狭い空間、公共交通機関などを避ける症状。広い場所や狭い空間にいるときはもちろん、そこにいることを想像しただけで恐怖や不安が起こることもある）。彼女は、巧妙に条件を設定することで、自分の「目標」を維持し、学校の先生方や、医師、親御さんたちを、どうすることもできない状況に追いやっています。結局、彼女が「勝者」なのです。

資料を読み進めましょう。「レイチェルは、臆病な態度を取ることもあるが、学校で何かを拒否するときの態度は、意気地のない態度からはほど遠いようだ。彼女は何度か、非常に失礼な態度を取っているという」。

わたしは、彼女は支配的なタイプで、まわりの人たちと戦うことをまったく嫌がらないのではないかと考えていたのですが、この興味深い記述が、その考えを裏づけてくれました。彼女が唯一恐れているのが、「新しい状況に一人で向き合うこと」ではないでしょうか。

資料を読み進めましょう。「小学校低学年のころには、彼女の行動に何の欠点も見られなかったが、1年半ほど前に、教師が彼女の学業について批判した」。

やっぱり、先ほどの「ずっと問題児であった」という記述は訂正しなくてはいけませんね。どうやらレイチェルは、自分が上位に立つ（人より優れる）ための「究極の目標」を達成したいようです。つまり彼女は、「神（全能の存在）」を演じたいのではないでしょうか。「神」という役を演じるには、欠点のない、支配的な存在にならなければなりません。そして、もう自分は「神」を演じることができないと思ったときに、演じることを一切拒否したのではないでしょうか。

資料の続きを読みましょう。「その時期に、彼女の現在の問題行動が、初めて見られた。

彼女は学校の勉強がうまくいかないと公言し、ときどき学校を休んだ。家族は学校を休むことに反対したが、彼女は、『学校に行く準備ができていない、学校に行くのが怖い』と言い張った。彼女は、健康上の理由で、学校を休むことが許可された。最近になって、その教師への怒りを6カ月にわたって心のなかにしまい込み、その後、怒りを表に出したことを明らかにした」。

この6カ月間には、大きな意味があります。それが、彼女が神経症的な行動を取るための準備期間になったからです。神経症は一夜にして発症するものではありません。神経症も、開花するには、必ず育てられる必要があるのです。

資料を読み進めましょう。「小学校時代の1927年2月、彼女は上級のクラスに移った。それまでのクラスでは、(教師を助ける) クラス委員を務めていたが、新しいクラスでは、クラス委員に任命されなかった。担任は、別の教師になっていた。だが彼女は、その時点では、自分の気持ちを隠したので、新しい担任教師は、彼女がクラス委員に任命されなかったことで恨みを抱えているとは思ってもみなかったし、彼女も、問題になるような行動は取らなかった。問題が見られるようになったのは、新しいクラスになって6カ月後のことだった。しばらくのあいだ学校を休んだのだ。その後、1928年2月には、習熟の遅いクラスに替わり、担任も、そうした子どもたちを受け持った経験が豊富で、思いやりのある教師に替わり、彼女は登校するようになった。レイチェルは1年間、その女性教師とともに過ごして、彼女の仕事に興味を持つようになり、見たところ、臆病さを克服したようだった。また、グループ活動に参加するよう勧められて、コーラスグループに参加し、ソロを任されるまでになった。彼女はソロを務めるのを楽しんでいるように見えたという。レイチェルが教室で心地よく過ごせるようになってからは、彼女はときどき、以前の臆病な態度とは正反対の態度を見せた。たとえば、担任の教師が、彼女が縫ったもの（縫うべきもの）を見つけられなかったときには、ひどく失礼な態度を取ったという」。

レイチェルは、好ましい状況にあるときには、行動パターン全体をいとも簡単に変えられるんですね。

資料を読み進めましょう。「両親は健在である。家族は両親と19歳の姉、17歳の兄、12歳のレイチェル、7歳の妹、5歳の弟で構成されている」。

レイチェルは、すぐ上のお兄さんより5歳も年下だったんですね。それなら、けっこう年の差があるので、彼女は「一番上の子ども」と似たような立場にあると考えていいでしょう。そして彼女の妹さんは5歳年下、弟さんは7歳年下です。レイチェルは、よくあるように、以前は家族の中心的な立場にあったのに、妹さんが誕生して、座を奪われたと考えていいでしょう。

資料の続きを読みましょう。「父親が家族を支配している。かつては、長男が父親のお気に入りであった。母親はえこひいきをしない。だが、子どもたちが大きくなるにつれ、子どもたち全員と衝突するようになった」。

おそらくお母さんは、子どもたちが小さいうちは、彼らが欲しがるものを与えることができて、彼らとうまくいっていたのでしょう。でも子どもたちが大きくなるにつれて、欲しがるものを与えることができなくなり、子どもたちともめるようになったのでしょう。たぶんレイチェルは、病気がちでもあったと思われます。そのせいで、必要以上に甘やかされたのではないでしょうか。

資料の続きを読みましょう。「子どもたちがからかい合うことはないが、レイチェルは『醜いアヒルの子』になっているように見える」。たぶん、「醜いアヒルの子」というのは、彼女は怒りっぽくて支配的だという意味ではないでしょうか。彼女が、きょうだいたちの衝突を招いている可能性が高いです。

資料の続きを読みましょう。「彼女の兄には爪を噛む癖があり、彼女は、兄がそれをやっているのを見ると、ひどく怒って悲鳴をあげる。兄は、自分がレイチェルの気に障っていることに気づいているが、爪を噛むのをやめようとしない。母親は、そうした状況をどうすることもできない。姉は、レイチェルにとても優しく、母親のような態度で接している。レイチェルに服を作ってあげたり、彼女を映画に連れていったりしている。レイチェルは姉が優しくしてくれることをありがたく思っているように見える。レイチェルは妹と仲がよく、遊んであげている。というのも、妹は、家族のほかのみんなと同じように、レイチェルを敬い、服従するからだ」。

この記述によって、レイチェルの行動パターンについてのわたしの推測がさらに裏づけられることになりました。彼女は家族全体を支配しています。そしてだれかが彼女に逆らったら、悲鳴をあげるのでしょう。

資料の続きを読みましょう。「父親と姉は働いている。家には部屋が5室あり、レイチェルは姉と寝ている。レイチェルは正常分娩で誕生し、3カ月間は母乳で育てられた。母乳をやめてからは、お腹をこわすようになった。彼女はくる病だったのではないかとみられる。また、生まれてから3年間は心臓が弱かったため、数カ月にわたって毎週ポスト・グラジュエイト・ホスピタルに通った時期もあった。10歳のときには心臓病を患って、短期間、ベッドでの生活を送っている。彼女はお腹をこわすことが多いが、現在はよくなってきている。路面電車に乗ったときを除けば、吐くことはない」。

彼女は病気だったために、たぶん、どんなわがままも聞いてもらえたのでしょう。そして、そうした幸せな状態を維持するために、体の不調を利用するようになったのではないでしょうか。そうした姿勢は、路面電車に乗ったときの反応にも現れています。彼女は路面電車を意のままに操ることはできません。だからイライラします。そのイライラが、彼女の弱い器官系――胃腸系――の反応という形で現れると考えていいでしょう。路面電車に乗ると吐くというのは、広場恐怖症の始まりかもしれません。

資料の続きを読みましょう。「彼女は家で食事を取ろうとせず、近所の人の家で食事をするのを好んでいる」。

これも、「弱いお腹」にものを言わせているのでしょう。この場合は、それを利用して、お母さんを非難しています。

資料の記述はこう続いています。「もしかしたら、彼女の家の食事は食欲をそそらないのかもしれない。レイチェルについて調査した人によれば、昼食は、サケの缶詰1品だったという。体があまり丈夫ではない子どもにとっては、そうした食事は魅力がないのではないだろうか。妹も、レイチェルのまねをして、家で食事をするのを嫌がっている」。

彼女の家では、「食べること」の重要性が強調されすぎているのかもしれません。それで子どもたちは、お母さんを攻撃する材料として、「食事」を選んだのではないでしょうか。

資料を読み進めましょう。「レイチェルは1歳1カ月で歩き始め、しゃべり始めた。1歳半のときに、のどに膿瘍（膿《うみ》のかたまり）ができたため、へんとう腺を除去した。ごく幼いころに、はしかにかかっている。母親はこう語っている。『レイチェルは赤ちゃんのころ、人を怖がり、悲鳴をあげることで恐怖を示しました』。また、母親によれば、レイチェルは清潔好き、きれい好きだという。学校では、身だしなみがきちんとしていて、授業に遅刻することはなく、とてもていねいな文字を書く」。

彼女が赤ちゃんのころは、好ましい状況を維持するのに「恐怖（心）」が役立っていました。学校に入ってからは、「きちんとしていること」で、好ましい状況を維持しようとしているのでしょう。

資料の続きを読みましょう。「学校に行かないということについては、家族が何を望んでもまったく意に介さない。小学校時代は、クラスメートとてもうまくやっており、最終学年の2学期には、問題を抱えたほかの生徒たちへの同情さえ見せていた」。レイチェルが同情を示すのは、「自分は問題児ではない」と言いたいからではないでしょうか。

資料を読み進めましょう。「2学期中は、モリーという児童と仲よくしていた。モリーはもうじき12歳だが、頭はレイチェルほどよくなく、かなりおとなしい女の子で、リーダータイプではない」。明らかにレイチェルは、そのクラスメートを支配することに成功しています。それができなければ、二人の友情は続かなかったはずです。

資料を読み進めましょう。「レイチェルはゲームはしないが、映画を見に行く。彼女のお気に入りの本や、彼女が内容を説明できる話は、おとぎ話であった」。

映画を見るのに「共同体感覚」は必要ないですし、映画のヒロインに自分を重ね合わせることで、「自分には価値がある」という気分になれます。一方、ゲームで競争するには、「自信」と「努力」が必要です。

資料を読み進めましょう。「現時点では、彼女は学校に行こうとせず、食べることや、薬を飲むことを拒否している。母親が妹に靴下を買った。その靴下はレイチェルにはサイズが合わないが、彼女はその靴下に強く執着し、父親が出かけると、その靴下をわざとはいている」。

彼女の家では、明らかに、お父さんがみんなを支配しています。ですが、お父さんが出かけたとたんに、彼女が「支配者」になるようです。

資料を読み進めましょう。「きょうだいたちは彼女の状態を理解し、彼女を受け入れている。彼らは彼女を思いやり、優しく接している。レイチェルは、わがままをある程度聞いてもらえた低学年時代や、最終学年の2学期には、完ぺきにうまくやっていた。最終学年の担任教師によれば、彼女は授業がわからなくなると、恐怖を示したという。あるとき、彼女が恐怖に陥って泣き出し、両手で口を覆ったことがあり、そのときは、両手が小刻みに震えていたそうだ。教師は母親のように彼女の世話をし、自分のデスクにつかせ、クラスメートたちには、彼女にちょっかいを出さないようくぎを刺したという」。レイチェルは「恐怖」が強力な武器になっていますね。彼女は「恐怖」を使って、まわりの人たちをコントロールしています。

資料の続きを読みましょう。「彼女は、1学期は非常に手がかかったが、2学期は、ほかの生徒たちと変わりはなく、環境にうまく適応できたように見えたという」。レイチェルが望みのものを手に入れているときには、トラブルを起こさないのは明らかです。

資料を読み進めましょう。「レイチェルの最も古い記憶は、3歳のころ、姉のメアリーが友人からローラースケートをもらったので、レイチェルはそれを使いたいと思ったが、許してもらえなかったことだという」。妹さんの靴下であれ、お姉さんのローラースケートであれ、レイチェルはその品が欲しかったわけではなく、自分が持っていないものを姉妹たちが持っていることが気に入らなかったのでしょう。

資料を読み進めましょう。「彼女は最近、こんな夢を見たという。『わたしはうちにいて、地下室へのドアを通り抜けなければならなかった。ドアをあけると、なかは真っ暗で、とても怖かった』。また、次のような夢も見たという。『わたしは家の外に出るのを怖がっている。それは、地下室へのドアを通り抜けないと外に出られないから。お母さんは寝ていて、わたしたちきょうだいは、起こさないでくれって言われているの。でも友だちが何人か遊びに来たので、静かにできなくなって、お母さんを起こしてしまった。お母さんはベッドから起き上がって、わたしたちのところにやって来た。手にはハンマーを持っていた。わたしは妹と弟を守るために、二人を連れて外に出ようとした。そしてあの怖いドアを通ろうとしたとき、ドアからこんな声が聞こえてきたの。〝戻りなさい。お母さんは、きみたちを傷つけたりしないよ〟わたしはホッとして、そこで目が覚めたの』」。

この夢は、彼女が、家の外に出るのを拒むための心の準備をしていることを、如実に物語っています。こうした夢を見るのは、広場恐怖症にかかり始めていることのもう一つのサインと考えていいでしょう。この夢では、彼女は、非常に大きな恐怖に見舞われたときだけ、ドア――危険を知らせるドア――を通り抜けようとします。しかし、そのドアそのものから声が聞こえてきて、お母さんの脅しを真に受けなくてもいいと言われます。この夢は、彼女にこう伝えています。「家にいなさい。たとえ家にいるのがつまらなくても、そうしなさい。家のなかでは、大変なことなんて起こりませんから」。

資料の続きを読みましょう。「彼女は、将来はタイピストになりたいと思っている。また彼女は、黒人への恐怖を抱えている」。もし彼女がウィーンに住んでいたら、それほど黒人への恐怖を抱かなかったでしょう。ウィーンでは黒人を見ることはめったにないですから。ですがアメリカでは「黒人」が、不安を生み出す大きな要因になっているようですね。黒人が怖いというのは、ほかの理由と同じくらい、通りに出ない十分な理由になるのでしょう。

資料を読み進めましょう。「この資料を作成した研究者(わたし)は、次のように考えている。――レイチェルは『甘やかされた子ども』で、体の不調を利用して、まわりの人たちに自分の意志を押し付けている。彼女は自分の弱さをアピールすることで権力を得たいと思っている。彼女が見た夢から判断すると、彼女には、妹や弟――この二人は、彼女の両親のように彼女の邪魔をすることはない――を守ろうという気持ちがあるようだ。彼女の将来の志望から判断すると、文章で自分を表現したいという欲求があるようだ。彼女は、文章を作るのが得意だと思っているのではないだろうか。彼女が学校で問題を起こすのは、計算問題が解けないことと関係していることが多い」。
わたしが見たところでは、この資料を作成した女性研究者は、レイチェルの状況をよく理解していると思います。彼女がこの資料を提出したあとに、レイチェルのお母さんと話をして、次のような事実が判明したそうです。——レイチェルが中学校に入って最初の日、教師が彼女を黒板の前に来させ、彼女にあるセンテンスを黒板に書くよう命じた。彼女はそのセンテンスを書くことができなかった。彼女は泣き出し、教師はこう言ったという。「バカだな、席に戻りなさい」。レイチェルは家に帰ってこう訴えた。「お母さん、わたし、学校に行きたくない。だって先生がひどいの。わたし、もう行きたくない」。このときから、彼女は登校を拒否しているのだという。

面談

レイチェルがお母さまといっしょに教室に入りました。

アドラー　どうぞ、こちらに座ってください。はじめまして。きみは、こういうところは好きですか？　学校のように見えるでしょ？

レイチェル　はい。

アドラー　ここにいるみんなは、きみのことを気に入っていますよ。みんながきみに注目していますす。そういうのって、うれしいですか？

レイチェル　はい。

アドラー　きみはどこにいても、ものごとを自分の思い通りにしようとしすぎるんじゃないでしょうか。きみは、自分がみんなに注目してもらえないと思う場所があったら、そこに行かないようにするための口実を見つけようとしますよね。きみは、通りに出なくて済むように、「黒人が怖い」という口実を作ったのではありませんか。いつも世界じゅうの人々の注意を引きつけておける人なんて、だれもいませんよ。でも、もしきみがフレンドリーで人の手助けをするようになったら、みんながきみを好きになります。学校の先生が、きみはバカだって言ったそうですが、そんなことはありません。きみはとても頭のいいお嬢さんだと、わたしは思っています。わたしは学校の先生たちにいつも「お前は大バカだ」って言われていたんですよ。でもわたしは笑い飛ばしました。学校の勉強はだれでもわかるようになるものです。わたしたちはみんな、きみも必ずわかるようになると思っています。でももしきみが、黒人が怖いなどと言って、家に引きこもっているなら、結局きみはたいして頭がよくないと思い始めるでしょうね。わたしがきみなら、自分のお父さんと仲よしになりますね。お父さんはきみのことが大好きなんだと思います。きみがご両親のことに興味があると、ご両親が知ったら、きみがあらゆる奥の手を使って、自分を家族で一番重要な人間のように見せたりするより、よっぽどきみを好きになりますよ。きみはいい生徒になりたいですか？

レイチェル　はい。

アドラー　きみがいい生徒になろうとしたら、1週間でなれるでしょう。わたしに手紙を書いて、きみがうまくやっているかどうか、わたしに知らせてもらえませんか？

レイチェルとお母さまが退出しました。

アドラー　（受講者たちに）お母さんやレイチェルに、わたしの話をよく理解してもらえたかどうかわかりませんが、みなさんには、わたしが何をやろうとしていたか、わかっていただけたのではないかと思います。だれかレイチェルと親しい人に、ぜひ彼女の「奥の手」についてもっと詳しく説明して、それを手放すよう働きかけていただけたらと思います。彼女がお父さんや学校の先生に抑圧されていると思えば思うほど、家族や学校を支配したいという思いが強くなるのは明らかです。彼女が、自分の目指している「目標」が不毛であることに気づいたら、そのとたんに、彼女の状態はよくなるでしょう。今回のケースは、学校の先生の協力が得られたら、いい結果につながると思います。

この面談の1週間後に、レイチェルから次のような手紙が届きました。

1929年5月22日
ドクター・アルフレッド・アドラー

親愛なるアドラー先生
今週はまったく違う1週間でした。わたし、ずっと外にいたんですよ。先生のところにうかがったことがわたしのプラスになったんだと思います。ミス○○は、ミス○○のスクールの小さい子どもたちの教師をやってみるよう、アドラー先生からわたしに勧めていただければ、と思ってるんですよ。わたし、PSに呼ばれました。この手紙を書くためです。これは、わたしがタイプライターを使って書いた初めての手紙です。
それでは、さようなら。

レイチェル

第11章　知的障害を疑われる子ども

——先天的な知的障害の見分け方

今夜の講義では、子どもが知的障害かどうかを判断するというむずかしいケースを扱うことになります。みなさんも覚えていらっしゃると思いますが、以前の講義でも似たようなケース〔第2章〕を扱いました。ですから今日は、知的障害の判断のしかたや、考慮すべき医学的症状についての詳しい説明は省こうと思います。今回の少年は、学校に通っていなくて、家庭でも勉強を教わっていないということです。彼には学校に通っているお姉さんがいるそうです。

今回のケースは、家庭での様子しかわからない唯一のケースです。今夜、彼に知能検査をしてみましょう。その結果が、知能の発達の程度を判断する一つの目安になると思います。今夜行う検査が、唯一の知能検査ではありませんし、一番いい検査だと言うつもりもありません。ですが、この少年に知的障害があるかないかを判断するには十分でしょう。知能検査が終わったら、わたしが「個人心理学」の手法を使って彼を調査し、彼に明確なライフスタイルがあるか、つまり、彼の立ち居振る舞い、態度、気持ち、考え方などが何らかの明確な「目標」につながっているかどうかを見極めたいと思います。こうしたむずかしいケースは、非常に多くのことが学べるのではないかと思います。

では、この少年についての資料を読んでいきましょう。

「シドニーは10歳の少年で、読むことも書くこともできない。彼に本を読んであげると、彼はかんしゃくを起こす。記憶力が非常に悪く、知的障害の疑いがある」。

「読み書き」ができないというだけでは、知的障害の決め手にはなりません。この少年は、学校の授業への準備がまったくできていないのかもしれません。知的障害の子どものほとんどが「読み書き」ができないのは事実ですが、もしシドニーが、「読むこと」をあまりにも大変な作業とみなし、免れたいと思っているとしたら、彼は知的能力のある子どもと考えていいでしょう。知的障害の子どもなら、困難を免れる努力はせずに、学校に通い続けている可能性のほうが高いと思います。

資料を読み進めましょう。「彼は、筋肉が十分に発達しておらず、神経と筋肉がうまく連動しない。服を自分で着ることも脱ぐこともできず、つねに補助を必要とする」。

これも、これだけでは、知的障害があるのか、それとも、つねにサポートしてもらいたいだけなのかは判断できません。ですが、もし彼が「甘やかされた子ども」だとしたら、かなり深刻なケースです。

資料の続きを読みましょう。「彼はくる病を患っている。歯も十分に発達しておらず、数年前に、医師から9本の歯を抜くよう勧められた。シドニーは、3歳半になるまで歩くことができず、5歳になるまでしゃべれなかった」。

くる病は骨に問題が起こる病気ですが、彼の年齢になるまで続いている場合は、たいてい、ほかにも何らかの身体的な欠陥を抱えています。歯は、おそらく歯並びが悪いために抜いたのでしょう。5歳までしゃべれなかったことが、知的障害のせいなのか、それともひどく甘やかされただけなのかは、判断できません。

資料の続きを読みましょう。「ずっとおねしょをしてきて、今も続いている。彼は頻繁におしっこをし、緊張状態にあるときには、とくに回数が多くなる」。

おねしょは甘やかされた子ども、とくに弟や妹がいる甘やかされた子どもによく見られます。日中に頻繁におしっこをするのは、注目されたいからでしょう。頻繁におしっこをすることで、「ぼくはまだ大きくなってなんかいない。ぼくを見守ってよ」と、訴えているのではないでしょうか。

資料を読み進めましょう。「父親と母親のあいだに血縁関係はない。家族同士は仲がよい。家庭内に、けんかや叱責、小言といったものは見られない。シドニーは父親が大好きだ。2年ほど前までは、母親が仕事に出ていたため、メイドが子どもたちの面倒を見ていた。家には部屋が4室あり、子ども用の小さいベッドが二つある。信仰している宗教は、ユダヤ教の改革派である」。

おそらく、お母さんが仕事に出ていてシドニーの面倒を見なかったために、彼はお父さんのほうに向かうことになったのでしょう。メイドがシドニーに信頼されていたのかどうか、ご両親に確認する必要がありますね。

資料を読み進めましょう。「小さいころの記憶はない。彼はときどき、2年前に亡くなった祖父の夢を見るという。祖父のどんな夢を見るかは、聞き出すことができなかった」。

彼にとっては、おじいさんの死が大変なショックだったのかもしれません。おじいさんが亡くなったのは8歳のときですね。彼は「死」を恐れていると考えていいでしょう。子どもにとって、怖がったほうが都合がいいなら、子どもは夢でいろいろな怖いものを見て、自分を怖がらせるのにうってつけの光景を見つけ出すものです。その結果、だれかがその子どものそばにいて、守ってあげなければならなくなるのです。資料のなかに、彼のライフパターンらしきものを示す記述が初めて出てきました。

資料の続きを読みましょう。「彼は、男の子の友だちとけんかをする夢も見るという（彼には、女の子の友だちはいない）」。けんかをしている夢を見る子どもは、たいていの場合、臆病です。子どもは、自分が臆病であることが歯がゆくてたまりません。そこで、夢や空想のなかで、自分を英雄に仕立て上げ、自分はほんとうはすごいんだと自分自身を納得させるのです。こうした夢を見るのも、一応は一種の「訓練」ですが、最高の訓練とはとても言えません。

資料の続きを読みましょう。「彼の将来の志望は『兵士』だが、『おまわりさん』になることも考えている。戦争に行って、殺されるのが怖いからだ。彼は『配管工』になってもいいと思っている。なぜかというと、女性たちのために働きたいからだという」。

やはり彼は「死」を恐れていますね。そして、彼がポジティブなライフパターンの持ち主であるというさらなる証拠が得られました。彼のような臆病な子どもが、どうして戦闘的な職業を志望するようになったのか、ぜひ聞いてみたいものです。とはいえ、シドニーは「兵士」になるのは自分には荷が重すぎるようで、ちょっと怖いようです。そこで「おまわりさん」

で満足することにしたのでしょう。そして「配管工」になりたがっていることからも、彼に勇気がないことがわかります。彼は女性のために働くほうが楽だと思って、志望する職業のレベルを、「兵士」から「おまわりさん」に、さらには「配管工」に下げたのでしょう。彼はつねに勇気が持てない状態のように思えます。勇気がある面と、勇気がない面の二面性を持っているわけではありません。彼が将来「兵士」になるか「臆病者」になるかは明らかです。「臆病者」の一択です。

資料を読み進めましょう。「彼は、陸軍の楽団の『ドラム奏者』にもなりたがっている。彼はさまざまな曲を聞き分けることができ、ミュージシャンとその人の曲を結びつけることができる。彼の友だちは男の子だけで、年下の男の子が多い」。

10歳の男の子が同性の友だちしか欲しがらない場合は、たいていは、自分が演じるステージをできるだけ小さくしたいと望んでいるからです。それは、彼のような立場なら、もっともなことです。また、彼がお母さんよりお父さんと仲がいいことから考えても、彼は女性を恐れ、信頼していないのかもしれません。おそらく、女性のせいで不快な経験をしているのでしょう。お母さんが彼にどう接しているか、調べる必要がありますね。お母さんはお父さんよりも彼に厳しいのかもしれません。

資料の続きを読みましょう。「彼は学校に行くことを恐れている。その理由は、子どもたちが彼を『バカ』と呼ぶからだという」。

この理由がほんとうかどうか疑わしいものです。子どもたちは、たいていの場合、驚くほど人を見る目があります。その一方で、彼らは残酷であることが多く、よく大げさなことを言うものです。資料の続きを読みましょう。「彼はあらゆることについてたくさんの質問をする。ボールやビー玉で遊び、レクリエーションを好んでいる」。フロイト派の方々は、そうしたたくさんの質問は「性」についてのものだと当然のように考えるでしょうが、わたしはそうは思いません。また、彼が情報を欲しがっている可能性があるとも思いません。彼は、だれかを自分にかかりきりにさせるために、くだらない質問をしている可能性のほうがはるかに高いでしょう。

資料を読み進めましょう。「彼はお金を稼ぐのが好きだ。自分に必要なものとか、キャンディーやアイスクリームを買うためだ」。それなら、知的能力があるように見えますね。

資料の続きを読みましょう。「彼の日課は次の通りである。――朝食を取り、その後、近所にあるバスの車庫に行って、整備士たちがバスの整備をしたり、バスを走らせたりするのを見る。整備士たちと自動車の話をしたりもする。彼は最近まで、一度に4～6時間以上は眠れなかった。しかし数カ月前からカイロプラクティック治療を受け、今では、途中で目覚めずに、9時間眠るようになっている」。

この観察が正しく、彼がほんとうは眠ることが好きじゃないのだとしたら、それが、彼が甘やかされているというさらなる証拠になるでしょう。甘やかされている子どもが眠るのが好きじゃないのは、まわりの大人たちとのつながりを失うのが嫌だからです。資料を読み進めましょう。「彼は1年ほど前に、亡くなった叔父の写真が、彼のベッドのそばに掛けられている夢を見た。それからは毎日のように、朝起きると不安にかられ、元気をなくすようになった。彼はその叔父が自分を殺そうとしていると思い込んでいるからだ」。

この記述にも、「死」についての思いや「死」に対する恐怖が見られますね。この少年がとても「怖がり」なのは確かでしょう。ときには、使用人たちが子どもたちを服従させるために脅すこともありますが、それはきわめて危険なやり方です。

資料を読み進めましょう。「彼は『今何時か』は言えるが、『今日は何日か』は言えない。彼は楽しい映画が好きである。母親は、『彼は大きくなったら困難を乗り越えるだろうから、治療は必要ない』と言われたという」。

資料の記述はこれで終わりですが、これでは、ちょっと物足りませんね。もっと情報を収集して、この資料を補わねばなりません。まずは、彼が生まれてから1歳ぐらいまでのことや、どうしてこれほど臆病になったかを把握する必要があります。また、どうしておじいさんの死に大きな影響を受けたか、どうして叔父さんに殺されると怖がっているか、といったことも知りたいところです。お母さんが彼にどう接しているかを知る必要もあります。このケースでは、ご両親との面談が不可欠です。

面談

ご両親が教室に入りました。

アドラー　わたしたちは、息子さんについてもう少し詳しく知りたいと思っています。とくに、家庭でどのように振る舞っているか知りたいのですが。

お父さま　あの子は外が大好きで、同じくらいの年の男の子たちと、あちこち走り回っています。あの子は、彼らのことを好きですが、どうして彼らが自分をからかうのか、わかっていません。

アドラー　その子どもたちは、彼と自分たちとの大きな差に気づいているのでしょうか？

お父さま　はい。あの子はほかの子どもたちほど、ものごとをよく理解していません。でもあの子はとても優しくて温厚ですし、とても愛嬌のある子どもです。家庭での振る舞いについてですが、あの子はとてもいい子で、音楽がことのほか大好きです。どんな曲についても、リズムを理解しています。妻のほうが、わたしより音楽好きです。とはいえ、うちには楽器は何もありません。ラジオがあるだけです。

アドラー　彼は、それ以外では、どんなものに興味がありますか？

お父さま　音楽にしか興味がないように見えます。何になりたいかについては、かなり独特です。ある日「車掌」になりたいと言ったかと思えば、次の日は「おまわりさん」に変わるんです。制服を着る仕事なら何にでも興味があるようです。

アドラー　彼はどうして仕事に行きたいのでしょう？

お父さま　仕事に行けば、制服を着られるからです。

アドラー　お姉さんに対しては、どう振る舞っていますか？

お父さま　とても仲よくやってます。

アドラー　夜中に叫び声をあげることはありますか？　お母さんは夜中に起きて、彼の様子を見ますか？

お母さま　起きるのは、あの子がトイレに行きたいときだけです。

アドラー　朝はどんな様子ですか？

お母さま　一人で起きて、歌を歌い出します。あの子はいつもとても楽しそうです。ラジオで聴いた曲を何でも歌うんですよ。

アドラー　彼がもっと小さかったころ、あなたには彼が正常に見えましたか？　それとも、うつろな表情をすることがあると思いましたか？

お母さま　あの子が3歳ぐらいのころ、ものごとを把握していないように見えました。

アドラー　3歳になる前は、そのことに気づかなかったのですか？

お母さま　生まれてから1年間ぐらいは、普通の子どもと変わりはなかったと思います。でもそのあと、わたしたちは、あの子が歩けるようにならないことや、いつも聞いてばかりいることに気づくようになりました。あの子は歩くことはできませんでしたが、部屋のなかでのできごとに興味を示しました。

アドラー　知らない人に対しては、どう振る舞いましたか？

お父さま　知らない人たちに対して、とてもフレンドリーでした。

アドラー　学校に連れていってはみたのですか？

お父さま　去年までは連れていきませんでした。それは、わたしたちがあの子にアルファベットを教えることができなかったからです。

アドラー　発達の遅れた子ども用の学校があることをご存じなかったですか？　そういう学校の先生たちは特別な訓練を積んでいて、発達の遅れた子どもたちを教えるのがうまいですよ。

お父さま　そういう学校を見つけようとしたのですが、うまくいかなかったんです。

アドラー　お姉さんはどうしていますか？

お父さま　姉のほうは健康そのもので、今年、高校を卒業します。

アドラー　シドニーは臆病な子どもでしょうか？

お父さま　いいえ。あの子はどんなことも恐れていないようです。若い女性に、あの子の面倒を見てもらっているんですが、彼女のほうがあの子よりよっぽど臆病ですよ。彼女はほかの子どもたちが彼に暴力をふるうんじゃないかと恐れています。あの子は暗闇も犬も怖がりません。

アドラー　わたしは彼を診察し、彼の体全体を拝見したいと思います。

お父さま　一つお伝えしておいたほうがいいかもしれません。あの子が3歳のとき、いっしょに遊んでいた子どもが、熊手であの子の頭を殴ったんです。それで何かダメージを受けたかどうかはわかりませんが。

アドラー　そのとき、彼は気を失ったり、吐いたりしましたか？

お父さま　いいえ。

アドラー　彼にどこか奇形はありますか？

お父さま　奇形とまでは言いませんが、あの子はとても痩せていて、耳が突き出ています。

アドラー　ではこれから、彼を診察しましょう。

ご両親が退出しました。

アドラー　（受講者たちに）ご両親とこれ以上話をするより、子どもを実際に見たほうが、多くのことがわかると思います。

シドニーが教室に入りました。

シドニー　先生、こんばんは。
アドラー　やあ、こんばんは。きみは大きくなったら何になりたいですか？
シドニー　ぼく、兵士になりたいです。
アドラー　おやそうなんですか。わたしたちは、もう戦争はごめんですけどね！
シドニー　どういう意味ですか？
アドラー　人々は平和なときのほうがずっと幸せだということです。

アドラーはこうした会話をしながら、シドニーの頭部を調べています。

アドラー　きみは友だちの男の子たちと、どんなことをして遊ぶんですか？
シドニー　いろんなこと。
アドラー　今は何月だと思いますか？
シドニー　今日は土曜日です。
アドラー　どの月でしょう？

シドニー　8月（実際には5月です）。

アドラー　（硬貨を何枚か見せながら）これとこれでは、どちらが値打ちがありますか？

シドニーは、10セント硬貨より25セント硬貨のほうが値打ちがあることをわかっていました。

アドラー　アメリカで一番大きな都市はどこでしょう？　きみは知っていますか？

シドニー　アメリカが一番大きな都市です。次がイギリス。

アドラー　学校に通って、読み書きを習いたいと思いますか？

シドニー　はい。

アドラー　じゃあ、お父さんがきみを入れられる学校を、わたしからお父さんに伝えておきますね。きみの住所は？

シドニー　アメリカのイースト170丁目。

アドラー　きみの家の番地は？

シドニー　番地は忘れました。

アドラー　一人で家に帰れますか？

シドニー　帰れません。

アドラー　ここは何の建物でしょう?

シドニー　ここは大学です。

アドラー　大学って何をするところでしょう?

シドニー　質問をしたり、書きものをしたり、いろんなことをやるところ。

シドニーが退出しました。

アドラー　（受講者たちに）彼にいろいろな質問をしながら、彼の身体を調べてみました。その結果、機能が著しく低下している兆候がいくつか見つかりました。とくに重要な所見は、頭が異常に小さいこと。わたしたち医師はこれを「小頭症」と呼んでいます。それと、頭蓋骨の左側が非対称になっていることです。彼に知的障害があることは間違いないでしょう。もし彼がほんとうのライフスタイルを持ち合わせていたら、「恐れ」を抱いたはずです。ですが、彼がこの教室に入ってきたときの様子からも、お父さんのお話からも、彼が臆病ではないことがわかります。

「恐れ」を抱いていないかどうかで、子どもが「知的障害」なのか「適応障害」なのかを見分けられることがよくあります。シドニーには、自分が危険な状態にあるとわかるだけの知力がありません。ですが、知的障害が疑われたもう一人の子どもを思い出してください。臆病で甘やかされた彼は、この教室に連れてこられたとたんに、お母さんを求めて泣き叫びましたね。彼はわたしのほうを見ることさえむずかしかったですから、わたしに話しかけるなんて、とうてい無理だったでしょう。でもシドニーはまったく違っていました。この教室に恐れることなく入ってきて、自ら会話を始めました。彼に知的障害があることは、まず間違いないでしょう。そうした知能の遅れた子ども用の学級を教育委員会が用意していることは、わたしも存じております。この資料を作成した先生からお父さんに、彼をそうした学級の一つに入れるようアドバイスしていただきたいと思います。

第12章　残酷で多動な子ども

――病気の症状による絶対権力

今夜の講義では、５歳半の男の子ミルトンのケースについて考えてみましょう。資料によれば、彼の現在の問題は、言うことを聞かず、残酷で多動であること、それと「呼吸を落ち着かせることができない」ことだそうです。

子どもが言うことを聞かず、残酷で多動である場合は、そうした振る舞いが、だれかを狙ったものであることは明らかです。おそらくミルトンのお母さんは、よく気がつくきちんとした女性で、子どもにもある程度の協力を要求するタイプではないでしょうか。

一方、ミルトンには、お母さんに従う気はないようです。それは、「お母さんはぼくには厳しくて、不公平だ」と思い込んでいるからでしょう。彼はその仕返しとして、お母さんの心を最もかき乱すタイプの行動を選んだのではないでしょうか。つまり、家を完ぺきな状態にしておきたい主婦なら、椅子からテーブルに飛び乗るわ、カーテンを引っ張るわ、お皿を割るわの多動の男の子に、当然ながら腹を立てるというわけです。

「呼吸を落ち着かせることができない」というのも、残酷であることや多動であることと同じような抗議行動でしょう。彼が多動になっているときには、筋肉を使って抗議し、呼吸を落ち着かせることができないときには、肺を使って抗議しています。わたしたちは、そうした身体のさまざまな器官が発する言葉の意味を理解できるようになるべきです。とはいえ、ミルトンがぜんそく——おそらく、タンパク質に反応して起こる気管支ぜんそく——を抱えている可能性もあります。でもわたしは、ミルトンがほんとうのぜんそくだったら、かなり驚くでしょうね。というのも、呼吸で抗議することは、彼にとって重要で、理にかなった行動パターンの一つになっていると思われるからです。


では資料を読み進めましょう。「ミルトンは3人きょうだいの末っ子で、12歳半と9歳半の姉がいる。姉二人は、周囲の環境にとてもうまく適応しているように見え、末っ子が、家庭内の問題の主な原因となっている。父親には週に45ドルの収入があり、月25ドルの賃貸住宅に住んでいる。母親は働きに出ていない。家には部屋が4室、ベッドが三つあり、部屋はいつもきれいである。この一家は、オーソドックスなユダヤ人家族である」。

お姉さんたちはきちんとしているでしょうから、おそらくお母さんは彼女たちをほめ、ミルトンはお姉さんたちと張り合うことはあきらめているでしょう。そして彼は、甘やかされている可能性が高いです。もし彼が何度か病気をしているなら、病気のあいだは大いに大事にしてもらえて気分がいいことを学んでいるでしょう。その場合は、お母さんの注意を引くために、病気のふりをするという手を使っているかもしれません。

資料の続きを読みましょう。「上の姉は一人で寝ているが、ミルトンは両親のどちらかといっしょに寝ており、母親といっしょに寝ることのほうが多い」。5歳半の男の子は一人で寝るべきです。もし彼が一人で寝るよりお母さんといっしょのほうがいいと思っているなら、彼はお母さんに執着しすぎていると考えていいでしょう。彼は、日中は「多動」によってお母さんの注意を引き、夜間も、お母さんとのつながりを維持することに成功しています。

この年齢の子どもが両親といっしょに寝ているなら、その子どもにとって、家庭という舞台の真ん中に陣取るのは朝飯前です。おそらくミルトンは、お母さんに見守ってもらい、ひいきしてもらうことを、人生の「目標」にしているのではないでしょうか。お母さんは息子に、まわりの人たちにうまく適応し、健康で、きちんとしていてほしいと思い、子どものほうは赤ちゃんのままでいようと必死になっています。それが、この家族内のゴタゴタの原因でしょう。

資料を読み進めましょう。「ミルトンの身体的発達は次の通りである。——彼は満期出産（妊娠37週以降の出産）の赤ちゃんで、母親は、出産時の苦労は経験していない。誕生時の体重も覚えていない。彼を混合授乳で育て、母乳がメインで、ミルクを補った。彼は、7カ月のときに、何度かひきつけを起こした。幼少期のあいだに、気管支炎、肺炎、胸膜炎、へんとう腺炎、くる病にかかっている」。この記述から判断すると、彼は副甲状腺の発育が遅れていて、パーソナリティー全体が不安定なままなのかもしれません。ですが、これから大きくなるにつれて、そうした問題は解決するでしょう。子どもがひきつけを起こしたら、親御さんはすごく怖いと思うでしょうから、ミルトンは、ひきつけを起こしてからは、厳重に見守られてきたと考えて間違いないでしょう。親御さんは、子どもに、病気の怖さを何度も味わわせたくはないはずです。

みなさんも覚えておられるでしょうが、わたしは先ほど、ミルトンが「呼吸を落ち着かせることができない」というのは、呼吸器の言語を使った抗議行動ではないかと予測しました。彼がいくつもの呼吸器の病気にかかっていたという記述が、その予測を裏づけています。胸膜炎や気管支炎にかかると、呼吸がきわめてむずかしくなり、そうした病気にかかった子どもは苦しくて不快な様子を見せるので、親御さんはとても不安に思うものです。

ミルトンが病気のあいだは、彼のひと息ひと息が注意と配慮の対象だったでしょう。そして今の彼は、自分よりもうまく適応している姉たちとの競争に不都合な状況に陥ったら、言ってみれば、肺を使ってお母さんを脅すようなことをしているのではないでしょうか。彼は呼吸器の言語で、こう言っているのだと思います。「ぼくを大事にしてよ。じゃないと、ぼくは病気になって、お母さんは後悔することになるからね」。

資料を読み進めましょう。「彼は生まれたときに、短舌だったので、舌小帯〔舌の裏側にあるスジのこと〕を切断した。彼がひきつけを起こした初期の段階で、母親は、『彼は蒙古白痴（ダウン症）で、ろくな人間になれない』と言われたという」〔かつては偏見により、「蒙古白痴」「蒙古症」などの呼び名があったが、1965年から「ダウン症候群」が正式名称になった。「白痴」は、主に20世紀前半に使われた心理学用語でもあったが、侮蔑的意味合いがあり、偏見につながるため、専門用語としては使われなくなった〕。

わたしとしては、舌小帯の切断が必要なことはめったにないと考えています。（切断するなら）ミルトンのご家族が、彼に発話障害があることに気づいてからにすべきでした。お母さんは、彼が蒙古白痴かもしれないと知ったときには、さぞかしショックだったでしょう。まだ資料の一部しか読んでいませんが、その可能性は低いように思えます。蒙古白痴の子どもは、いつもおりこうさんで、言うことを聞きます。問題児になることはめったにありません。とてもおとなしくて、決してけんかをしないからです。

蒙古白痴の子どもは、非常に優秀な家系にも見られ、蒙古白痴であることに気づくためのサインがたくさんあります。たとえば、蒙古白痴の子どもは、たいていの場合「頭がとても小さい」とか、「鼻が丸く、鼻先が上を向いている」「舌の幅がとても広い」「舌にたくさんの亀裂がある」「舌がとても長いため、頬に触れることができる」「乾燥肌である」といった特徴を備えています。また、たまに、手や足の指のあいだに水かきがある子どももいます。

資料を読み進めましょう。「ミルトンは母親にはべったりだが、姉たちとはかなり対立し、彼女たちに意地悪をする。彼は、姉たちにも、ほかの子どもたちにも残酷なことをする。趣味はとくにないが、外で遊ぶことが大好きだ」。

おそらくミルトンは、赤ちゃん時代や病気だった時期にひどく甘やかされ、その後、大きくなるにつれて、お母さんからの愛情や配慮を失うことになったのでしょう。たいていのお母さんは、子どもが生まれて最初の1、2年は、四六時中子どもといっしょの生活を送りますが、その後は、いろいろなことを子どもに一人でやらせるようにします。6歳の子どもを小さな赤ちゃんと同じくらい甘やかすことなんてできません。ですがミルトンは、赤ちゃん時代とは、家族の気持ちに温度差があることを感じ取っていたのでしょう。そして、それを感じ取ったときから、反抗するようになったのではないでしょうか。

お姉さんたちはおそらくミルトンをいら立たせ、彼は仕返しに意地悪をするのでしょう。資料には、「彼は残酷なことをする」と書かれています。それを心理学の言葉で言えば、「彼は失望している」となるでしょう。残酷なことをしたがる子どもは、弱い子どもたちや、疑うことを知らない子どもたち、動物たちに、自分の力をぶつけることが多いです。そうすることで、「自分には価値がある」と思えなくなった自分を慰めるのです。

資料を読み進めましょう。「母親はミルトンがぜんそくのような息切れを起こすことを非常に心配している。小児科の医師は、ミルトンの器官（臓器）には、息切れを起こす原因が見当たらなかったため、彼を児童相談所に紹介した」。

子どもの場合、器官の疾患によってぜんそくのような息切れを起こすことは、めったにありません。そうした息切れを起こすのは、多くの場合、ミルトンのような、胸膜炎や肺炎にかかったことのある子どもたちです。彼らは、ぜんそくのふりをすることで、親たちを支配するのです。息切れを起こしているのを目の当たりにすると、とても不安になりますからね。ぜんそくのふりをする子どもたちは、自分の「弱み」から、「強み」を作り出しているというわけです。ミルトンは、自分のほうが優れていること（上位に立っていること）を示すのに苦労しているときや、お母さんを攻撃して、彼女の注意を引きたいときには、いつもこの症状を利用するのではないでしょうか。ぜんそくのような息切れは、彼の「切り札」なのです。

資料を読み進めましょう。「母親はこう訴えている。『あの子はいつもあたりを飛び跳ねているので、わたし、あの子がけがをしないかとつねに心配しています』。彼女は、ミルトンの健康に気を使いすぎている。ミルトンは、午前中はずっと母親と過ごしているが、そのあいだ、つねに面倒を起こしている」。

この記述が、ミルトンの行動がお母さんを狙ったものであることの決定的な証拠になるでしょう。彼は、お母さんに気を使いすぎる傾向があることに気づいていて、強がって軽業《かるわざ》を演じることで、彼女の一番の弱点を突いているのです。

資料の続きを読みましょう。「午後は幼稚園で過ごしていて、そこにはかなりうまく適応しているように見える。ミルトンは、自分には遊び相手が一人もいないと訴えている。父親も母親も、彼が言うことを聞かないので、ときどき彼を叩くという。ミルトンはつねに、『これをやったらだめ』とか『あれをやったらだめ』という言葉の壁に囲まれている。彼は制止されると、たいていは、『息切れ』が止まらなくなる。母親は、自分が具合悪くなるので、息切れを起こさないでほしいと、彼に懇願している」。

　この記述で、彼が置かれた状況の本質が見えてきました。ご両親、とくにお母さんは、ミルトンの健康を心配するあまり、彼がほかの男の子たちのように外で遊ぶのを許していないようです。そのため、ミルトンは、友だちづき合いをしたいという欲求を満たせていません。彼は、同じぐらいの年の遊び相手がいないから、自分のいたずらにお母さんをつき合わせているのでしょう。そして、お母さんが自分の期待に背いたら、「息切れ」を起こすという形で、お母さんを攻撃するのでしょう。彼はそうしたことを意識的に行っているわけではありませんが、息切れを起こしたらどんなものが得られるかは、無意識のうちに悟っています。お母さんは彼の息切れが身体的なものではないことがわかっているのですから、わたしたちは彼女をなかなかの「心理学者」だと認めなければなりませんね。身体的な病気による息切れだと思っていたら、やめるよう懇願してはいなかったでしょう。懇願しても無駄ですから。

　足が悪い人に、足を引きずらないでくれって懇願する人はいません。とはいえ、彼女は悪手を打ってしまいました。子どもの手に、危険な道具を乗せてしまったからです。何しろ彼女は、自分の具合が悪くなること、つまり自分の健康は、彼の気まぐれ次第だと言ってしまったのですから。

資料を読み進めましょう。「彼は自転車を持っている。叔父からプレゼントされたものだ。ところが、その自転車を使うことができない。母親が自転車を4階から地上まで運ばなければならず、彼女にはその作業が重労働すぎて、耐えられないからだ」。

資料の最初のほうに書かれていましたが、ミルトンはくる病にかかったことがあります。そのことは、彼が多動であることから推測できました。自転車は、そういう子どもにとってはとても大事なものでしょうし、彼はそれを使えないことに腹を立てているといいでしょう。

資料を読み進めましょう。「ミルトンは、布団を目までかぶって眠り、一人で寝ることを拒否している」。こうしたことに、彼の臆病な気持ちが表れています。彼は、布団を目までかぶることで、敵対的な世界をシャットアウトし、親といっしょに寝ることで、日中は「息切れ」や「多動」によって維持していた親との関係を、夜間も維持しています。

資料の続きを読みましょう。「ミルトンは、一番古い記憶として、こう語った。『ぼくがちっちゃい赤ちゃんのとき、歩いていたこと』」。

彼が「歩くこと」に興味があることも、くる病が彼の人生に大きな影響を与えたことのさらなる証拠になるでしょう。こうしたタイプの子どもはいつも非常に活動的です。そういう子どもには、体を動かす活動の機会を与えなければなりません。

資料を読み進めましょう。「ミルトンの将来の志望は医者になること。彼は『診察をしたい』と語っている。彼は『大きな学校に入りたい』と思っている。また、書き方を学びたいとも思っている。すでに、文字列を手本通りに書けるようになっている。ただし、その意味はわかっていない」。

ミルトンのように何度も病気を経験している子どもは、医師の役割を非常に高く評価するものです。親御さんは、子どもが病気になると、医者を呼ばねばなりません。そして、謎につつまれた診察が終わると、医者の指示に従います。実を言うと、わたしも子どものころ、彼と同じような病気を経験しました。わたしが医者になりたいと最初に思ったのは、小さいころに肺炎になったあとでした。わたしは「死」というものを征服したいと思っていました。医者ならそれができると思ったのです。

資料を読み進めましょう。「ミルトンは、体を自分で洗わないし、服も自分で着ない。しかし、道はわかっていて、お使いをすることもできる。自分の家を見分けることもできる」。

自分の家を見分けられるかどうかを調べるのは、知能が正常かどうかを判断する格好のテストと言えるでしょう。彼が自分で体を洗ったり服を着たりしないのは、そうすれば、お母さんが、自分のために働き続けてくれるからでしょう。
　このケースはかなり有益な事例で、多くのことを教えていると思います。今日の面談は、個人心理学の基本的な考え方を理解している人なら、容易に想像がつくのではないでしょうか。お母さんに、ミルトンをもっと自立させるよう働きかけねばなりません。お母さんは、彼を非難すべきではありませんし、彼の将来についての不安は自分の心にしまっておくべきです。みなさんもお気づきでしょうが、彼は、家から出ていたほうがいい子にしています。お母さんには、彼は、ほかの子どもたちともっと接触できる環境のほうが、状態がよくなると説明しなければなりません。面談では、お母さんを非難するのではなく、新しい見方をするよう働きかけねばなりません。

面談

お母さまが教室に入りました。

アドラー　こんばんは、マダム。息子さんのミルトンについての資料を拝見して、あなたが、いろんなことに注意が行き届く、まじめなお母さんであることに気づきました。おそらく、あなたの主な問題は、あまりにも用心深いことでしょう。ミルトンのような賢い子どもは、もう自分で体を洗ったり、服を着たりしたほうがいいと思いませんか。

お母さま　あの子は自分で体を洗ったり、服を着たりすることもできるんですが、あまりにも時間がかかるので、幼稚園に間に合わないと思います。あの子にはほんとうにイライラします。

アドラー　もし彼が幼稚園に遅れたら、自分がのろかったせいで嫌な思いをすることになります。あえて、そうさせたほうがいいと思います。彼は家にいるときより、ほかの場所にいるときのほうがいい子にしていることにお気づきでしたか?

お母さま　あの子は家では、はるかに悪い子です。ロールスクリーンを引っ張って破いたり、テーブルから椅子に飛び降りたり、ときにはテーブルをひっくり返すこともあります。

アドラー　なぜそんなことをするかは、簡単に説明できます。息子さんは小さいころ、くる病にかかってましたよね。くる病を経験した子どもは、筋肉運動をたくさんしたがるものなのです。彼は、ハッピーになるには、つねに何かをしていなければならないタイプなのです。もっと彼を、家の外で自由にさせてあげてはいかがでしょう。彼は自転車とか、ローラースケートを持っていますか?

お母さま　自転車を持っています。でも、あの子が自転車に乗りたがるたびに、それを階下まで運ぶのは、わたしには無理です。それに、あの子が自転車に乗っていたら、車に轢かれるんじゃないかと心配なんです。

アドラー　たぶんお母さんは、ちょっと慎重になりすぎています。息子さんには知的能力があるのですから、あなたが危険性を説明してあげれば、彼がけがをするようなことはないんじゃないでしょうか。これは、あなたが彼の能力を信頼していることを示す、いい機会です。あなたが彼を信頼するようになったら、彼は、もっと責任感を持つようになるという形で、あなたに報いることになるでしょう。

お母さま　あの子が家のあちこちを跳ね回ることについては、どう対処したらいいでしょう?

アドラー　午前中は、彼がどこかの遊び場グループに加われるよう、あなたがお膳立てするのが賢明ではないかと思います。彼には、そういう種類の活動が必要です。彼をあなたと家で過ごさせないようにすればするほど、彼の成長にプラスになるんです。ご近所の少年に自転車を階下まで運んでもらえるよう、あなたが手配してはいかがでしょう。あなたにわかっていただきたいのですが、ミルトンはほんとうのぜんそくを抱えているわけではありません。あなたの注意を引き、あなたを脅すために、息切れの症状を作り出しているのです。あなたは、彼が病気だったときに、彼をものすごく大事に扱い、甘やかしたのではありませんか？

お母さま　ええ、わたしはあの子をすごく大事に扱わねばなりませんでした。あの子は体がとても弱かったので。

アドラー　今の彼は、以前はとても病弱だったことをあなたに思い出させることで、当時のように大事にされ、気にかけてもらえる状態を再現しようとしているのです。あなたが、彼が息切れを起こしても無視し、気にかけなかったら、彼は息切れを起こさなくなるでしょう。それから、彼を一人で寝かせたほうがいいと思います。彼はもう、お母さんといっしょに寝るような年齢ではありません。今、あなたが彼に自立することを教えれば、彼はまったく正常な少年に成長する可能性があります。あなたが彼よりも二人のお姉さんたちが好きなわけではないということや、彼が成長して社会に役立つ人間になることをあなたが期待していることを、彼に気づかせる必要もあります。

お母さま　先生、彼の知能には問題がないのでしょうか？

アドラー　彼の主治医の先生が彼についての資料を作ってくださったのですが、その資料を読んだ限りでは、彼が蒙古白痴だという兆候はありません。彼は知的能力を持ち、とても賢いです。彼の問題は、赤ちゃんのままでいたがることなのです。赤ちゃんのままでいるより、大きくなったほうがいいことを、あなたが教える必要があります。あなたが困ったときには、主治医の先生が手を貸してくれるはずです。彼の状態をよくしようと努力するのは、とても有意義なことです。あなたがわたしたちに協力してくださったら、彼は目覚ましい進歩を遂げるでしょう。

ミルトンが教室に入りました。受講者たちがいるので、ちょっと驚いたようです。お母さんを目に留めると、彼女のところに走りました。そしてお母さんから離れようとせず、アドラーは彼の体を診察させてもらえません。アドラーが質問すると、彼はお母さんを見上げて、「答えて」と頼むというありさまです。彼はアドラーのほうを見ようともせず、お母さんのスカートで顔を隠していま す。彼にいくら説得しても、アドラーと話をさせることができません。アドラーは二人を帰らせました。

アドラー　わたしはいつも教え子たちに、「クライエントの話に耳を傾けるのではなく、パントマイム（無言劇）を見ているつもりで、クライエントの振る舞いを観察しなさい」と教えています。ミルトンは「こんばんは」も「さようなら」も言おうとしませんでしたね。わたしがとても優しく話しかけたのに、彼は、わたしとの接触を一切拒否しました。でも、だからといって、がっかりすることもありません。2回目は、もっと簡単にうまくいくでしょう。彼の主治医の先生は、明らかに、彼の友情を勝ち取る方法がわかっていますね。ミルトンへの受けがとてもよかったのでしょう。みなさんのなかに、彼がお母さんに強く執着していることを疑っていた方がいたとしても、彼の振る舞いを見て、そんな疑いは吹き飛んだでしょう。もしお母さんがあのシャンデリアのあたりに吊るされていたとしても、彼はお母さんの近くに行く方法を見つけ出したでしょう。彼はお母さんだけが頼りなのです。お母さんがいないと、体を洗うことも服を着ることもできないばかりか、質問にも答えられないのですから。

それから、彼のぜんそくのような症状についてですが、これもお母さんへの執着を呼吸器の言語で表したものと考えていいでしょう。わたしはこうした現象、つまり、人が自分の振る舞いを言葉で表さず、何らかの器官や器官系の異常な働きで表すことを「器官言語」と呼んでいます。ぜんそくの症状を治す薬はたくさんありますが、そうした薬では、彼は治りません。彼が治るには、自尊心（自己肯定感）を高める必要があるのです。
わたしはよく、「人のライフパターンは5歳までに定着する」と言っているのですが、教え子の多くがこのことに疑問を持っています。
今回のケースは、5歳でそうしたパターンが完成した経緯を見事に示しています。ミルトンは、自分が支配できない人はすべて、自分の人づき合いの輪（交際範囲）から排除しています。たぶん、幼稚園ではかわいがられているので、1年目は、問題を起こすような兆候を見せていないのでしょう。ですが、彼が後年、人づき合いに関して問題を抱えるのは、まず間違いないですし、おそらく性行為に関しても問題を抱えることになるでしょう。

受講者　先生が彼をお母さんから離そうとしたとき、彼はどうして泣いたんでしょう？

アドラー　ツタがつる棚に長いあいだ張りついていたら、そのツタは、つる棚から引き離されるのを恐れるというのは、あなたも想像できますよね。ミルトンが泣くことは、彼の「権力への意志」のもう一つの表れにすぎません。ミルトンがお母さんをほんとうに愛していると思ってはいけません。彼がお母さんに興味を持つのは、寄生生物が宿主に興味を持つようなものです。興味を持っているだけで、愛しているわけではないので、人間の寄生者は、宿主が自分を満足させなかったら、宿主を懲らしめます。「涙」は「弱さ」のサインだと思い込んでいる人がたくさんいますが、彼の場合は、間違いなく「権力」のサインです。ミルトンはお母さん以外、だれも見ず、だれの言うことも聞かず、だれとも話をしませんでした。お母さんにあれほど徹底的に執着しているところを見ると、神経症が始まっているかもしれません。彼の態度全体がこう語っているように見えます。「あなたはぼくに何も要求してはいけない。ぼくは病弱なんだからね」。彼は将来、自殺したり、犯罪者になる可能性があります。今後、彼が持ち合わせていない「主体性」や「強さ」を必要とする大きな問題に直面したら、彼は自殺するかもしれません。あるいは、お母さん以外、まわりのだれにも興味がないという姿勢が犯罪という形で現れるかもしれません。わたしは、強盗などの犯罪者たちが、獄中で、犯罪を働いたことを母親のせいにしたり、自分の欠点をお酒やモルヒネ、失恋などのせいにしたりする内容の詩を書くのを、何度も見たことがあります。彼らに「勇気」がないことは明らかです。

受講者　先生は、ミルトンのように、先生に話をすることも目を向けることもしようとしない子どもに対して、どんなふうに対処なさっていますか?

アドラー　個人心理学では、カウンセリングのときに使うちょっとした「手」がいろいろあるのですが、そのすべてをここで紹介することはできません。そもそも、最初のうちは子どもと話をする必要はないんです。子どもの協力を得られなかったとしても、こちらに子どもについての情報が十分にあるなら、お母さんに、子どもにどう接したらいいかを教えることで、子どもを感化することができるんです。また、ミルトンのような子どもの好奇心をそそるのは、むずかしいことではありません。こちらがあえてその子どもに注意を払わなければいいのです。その子どもは、舞台の真ん中にいたいと思っているので、わたしがその子どもに気づきもせずに、大きな絵本とか、機械仕掛けのおもちゃなどに夢中になっていたら、彼はたちまち、興味を持たずにはいられなくなるでしょう。

編集者からの報告

この講義のあと、このケースについては、わたし（編集者）のカウンセリングクリニックが担当しました。お母さまからは、なかなか賢明なご協力を得られなかったのですが、最終的には、ミルトンに多大な自由と主体性を与えることを納得してもらうことができました。お母さまは、ミルトンの「息切れ」を客観的に捉えることがまったくできなかったので、わたしから、ミルトンが息切れを起こしたら、必ず部屋を出るよう伝えました。それから2週間で、ぜんそくの症状は完全になくなりました。ですがミルトンは、環境（まわりの人たち）を支配することをあきらめはしませんでした。お母さんが息切れに関心を示さなくなったことに対抗して、今度は、咳をし続けずにはいられなくなったのです。この場合もやはり、お母さんはすぐに誤解しました。ミルトンは（自分はぜんそくなのだという）主張を通すことができました。というのも、以前は息切れを1日に5、6回起こすだけだったのに、今度は、つねに咳をし続けるようになったからです。彼は入院し、担当の看護師さんは、彼の咳に一切注意を払わないよう厳命されました。ミルトンは、入院初日の午前中いっぱい、咳をし続けました。

入院中は、彼と非常にいいやり取りができました。彼には聴診器が与えられ、「診察」することが許されました。彼が診察する相手は、病棟内の、それほど重い病気ではない子どもたちです。おそらくこの体験は、ミルトンにとって、初めて心から「自分には価値がある」と思えた体験だったと思われます。わたしも彼の診察に何回か同行し、彼に「この子は治ると思いますか」などとたずねたものです。

すると彼は、彼の担当医の一人の真剣な顔つきをまねて、こう言いました。「この子はかなり具合が悪いですが、ぼくは治ると思います」。そして彼は、医師たちは、ほかの人たちの治療にあまりにも忙しいので、自分が病気になってなどいられないということに、感銘を受けたようです。しかし、自宅に戻ったとたんに、また咳をするようになりました。ですが、お母さまは、彼の病院での様子を聞いて励みになっていたので、咳に一切注意を払いませんでした。するとミルトンはすぐに、「呼吸器の言語」で訴えることをあきらめました。

そして翌週、彼がやって来たときには、まったく新しい症状を抱えていました。彼はずっと、いろいろな変顔をしたり、顔面のチックの症状（目をパチパチさせる、鼻をヒクヒクさせるなど）を見せたりしたのです。興味深いことに、彼がそうした症状を見せるのは、人前にいるときだけでした。そのため、お母さまにひどくきまり悪い思いをさせることになりました。この症状も、2、3週間の治療でなくなりました。その後、ミルトンにサマーキャンプに参加してもらいました。彼には、キャンプ責任者への手紙を持たせました。キャンプでの最初の数日間、彼はふてくされ、食べるのを拒否し、たくさんの面倒を起こし、しまいには、「キャンプ生活にまったく適応できない」ということで、家に送り返されました。家に帰ったときには、以前にも増して「多動」が見られました。

カウンセラーが彼と何回か面談をし、家にいるより、キャンプにいるほうがずっと彼のためになるということを、彼に納得させることができました。彼はキャンプに戻り、残りの夏はるかにうまく適応することができました。それができたのは、いくつかのレースに勝たせてもらえたことで、運動面である程度の自信をつけたことが大きかったと思います。秋に帰ってきたときには、彼にかなりの「自尊心」が備わったように見えました。その後は、一日じゅう、幼稚園で過ごすようになりました。ミルトンは、これまでのところ、児童相談所と教師の指導のもとで、環境にうまく適応しています。

※本書は、１９３０年にアメリカ合衆国で刊行された『The Pattern of Life』を訳したものです。

※本書には、今日では人権擁護の見地から不適切と思われる表現が含まれています。しかしながら、著者に差別助長の意図がないことに加え、作品の書かれた時代背景や著者が故人であることを考え、原書のまま翻訳いたしました。

※〔　〕は訳者による注を示します。

アルフレッド・アドラー（Alfred Adler 1870年~1937年）
オーストリア出身の精神科医、心理学者、社会理論家。
フロイトおよびユングとともに現代のパーソナリティ理論や心理療法を確立し、個人心理学を創始した。実践的な心理学は、多くの人々の共感を呼び、アドラーリバイバルともいうべき流行を生んでいる。
代表作に『生きる意味』『なぜ心は病むのか』『人間の本性』『性格の法則』（ともに長谷川早苗 訳）、『生きる勇気』（坂東智子 訳）（5作とも興陽館）などがある。

坂東智子（ばんどう ともこ）
上智大学文学部英文学科卒業。東京都在住。訳書に『なぜ、エグゼクティブはゴルフをするのか？』（ゴマブックス）、『性欲の科学』（CCCメディアハウス）、『脳が冴える最高の習慣術』（大和書房）などがある。

問題《もんだい》のある子《こ》ども なにが、神経症《しんけいしょう》を引《ひ》き起《お》こすのか

2021年1月15日 初版第1刷発行

著　者　アルフレッド・アドラー
訳　者　坂東智子（ばんどう ともこ）
翻訳協力　株式会社トランネット https://www.trannet.co.jp

発行者　笹田大治
発行所　株式会社興陽館
〒113-0024　東京都文京区西片1-17-8 KSビル
TEL 03-5840-7820　FAX 03-5840-7954
URL：https://www.koyokan.co.jp

装　丁　山口昌弘
校　正　新名哲明
編集補助　久木田理奈子＋渡邉かおり
編集人　本田道生

印　刷　恵友印刷株式会社
ＤＴＰ　有限会社天龍社
製　本　ナショナル製本協同組合

ISBN978-4-87723-267-2 C0011

なにが人生を
決めるのか

生きる勇気

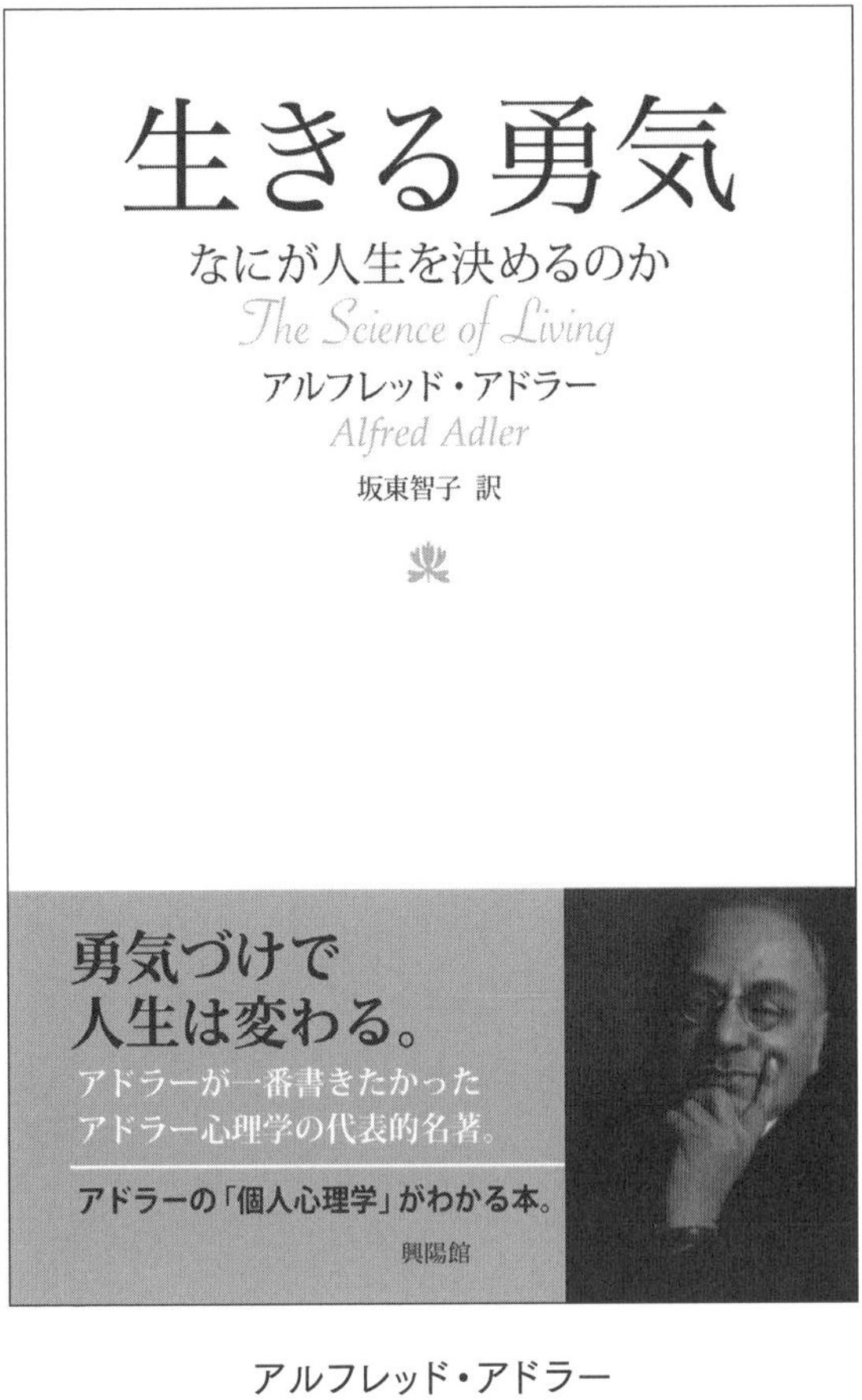

アルフレッド・アドラー
坂東智子＝訳

本体 1,700円+税
ISBN978-4-87723-261-0 C0011

人は幼少期の経験に一生を左右される。
子ども時代をいかに乗り越えて大人になるのか。
アドラーが、乗り越えるべき人生を科学的に解明した勇気の書。

いつも不安な
ひとの心理

なぜ心は病むのか

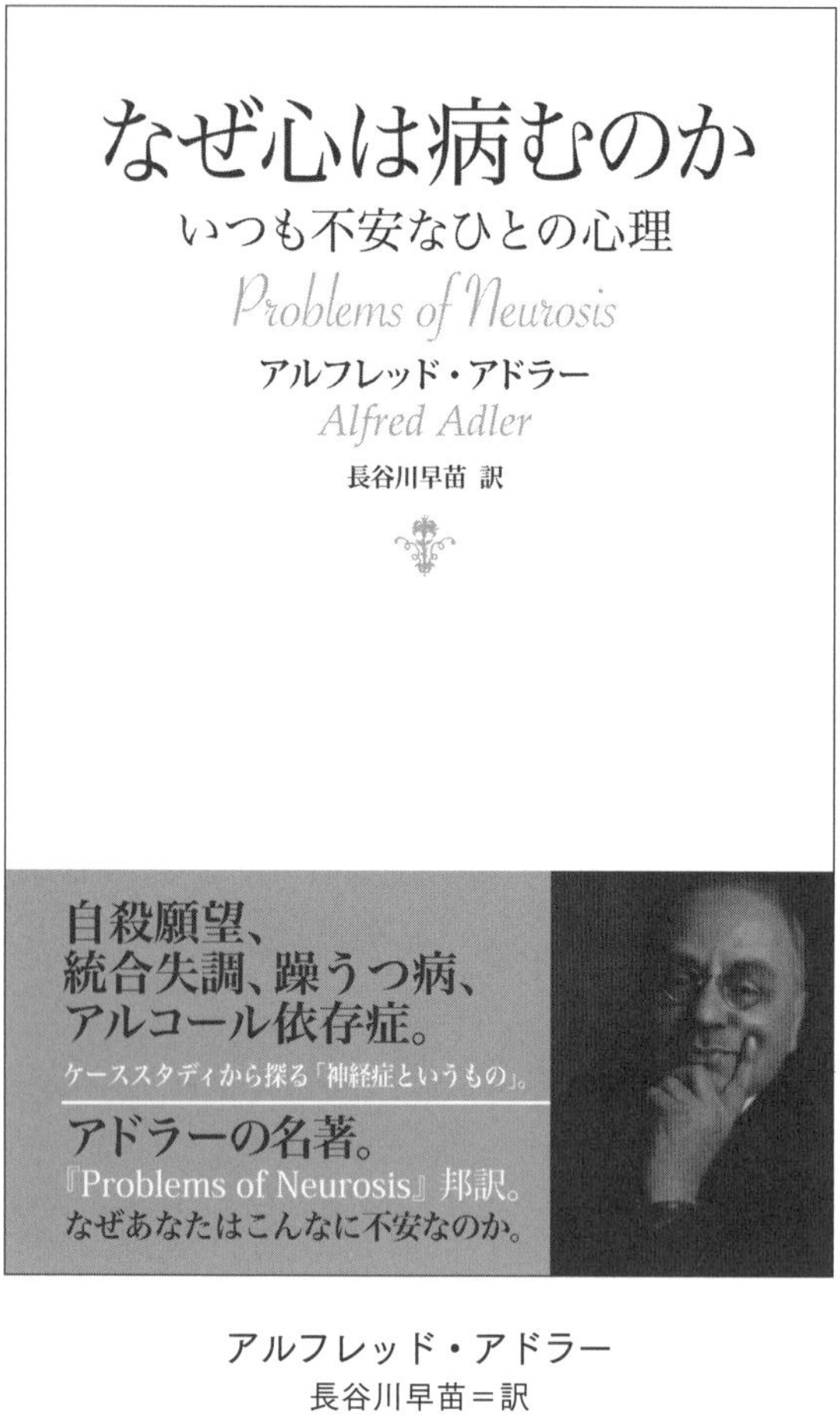

アルフレッド・アドラー
長谷川早苗＝訳

本体 1,600円+税

ISBN978-4-87723-242-9 C0095

「ずっと心に不安を抱えている人は、必ず“あまやかされた”子ども時代を送ってきている」

本書は数少ないアドラー原書の翻訳である。